都市新区城镇用地
扩展的时空异质性研究

RESEARCH ON THE SPATIOTEMPORAL HETEROGENEITY AND
OF URBAN LAND EXPANSION IN NEW METROPOLITAN SUBURB

吴 巍◎著

经济管理出版社
ECONOMY & MANAGEMENT PUBLISHING HOUSE

图书在版编目（CIP）数据

都市新区城镇用地扩展的时空异质性研究/吴巍著．—北京：经济管理出版社，2017.11

ISBN 978-7-5096-5519-1

Ⅰ.①都… Ⅱ.①吴… Ⅲ.①城市土地—土地利用—研究—中国 Ⅳ.①F299.23

中国版本图书馆CIP数据核字(2017)第290822号

组稿编辑：杜 菲
责任编辑：杜 菲
责任印制：黄章平
责任校对：董杉珊

出版发行：经济管理出版社
（北京市海淀区北蜂窝8号中雅大厦A座11层 100038）
网 址：www.E-mp.com.cn
电 话：(010) 51915602
印 刷：北京玺诚印务有限公司
经 销：新华书店
开 本：720mm×1000mm/16
印 张：14.5
字 数：208千字
版 次：2017年11月第1版 2017年11月第1次印刷
书 号：ISBN 978-7-5096-5519-1
定 价：68.00元

前言

美国诺贝尔经济学奖获得者斯蒂格利兹教授曾指出，中国的城镇化与美国的高科技将是深刻影响21世纪人类发展的两大主题。改革开放以来，我国经济社会发展迅速，城镇化大步推进，仅用30余年时间就达到了欧美国家历时100余年才能实现的城镇化水平，在取得丰硕成果的同时也导致了各种较之西方国家更错综复杂的城市问题，如城市蔓延、住房紧缺、交通拥挤等。进入21世纪后，我国城镇化步入了加速发展阶段，城镇化率由2000年的36.2%提升至2016年的57.4%，年均提升1.3%（国家统计局公布数据），人口城镇化带动土地城镇化，引致城市建设用地的快速增长，2015年底城市建设用地达到51584.1平方千米，较之2000年增长了1.3倍（《中国城市建设统计年鉴（2016）》数据）。在此背景下，我国的快速城镇化进程为全球城市研究提供了良好的素材与实证的地域，吸引了众多国内外学者的广泛关注。

随着经济的全球化以及管治分权化导致的地方政府发展冲动，城市边缘区尤其是都市新区成为城市发展的重点地区和新的经济增长极，城镇用地扩展显现出新的特征与规律，其用地扩展过程、机理具有特殊性，研究都市新区城镇用地扩展的时空异质性具有重要的理论与实践意义。本书以南京市江宁区为例，构建了城镇用地扩展的总体态势—过程格局—驱动机制—预测管控分析框架，在分析转型期江宁都市新区城镇用地扩展总体态势的基础上，重点关注研究区城镇用地扩展的时空异质性特征，对其用地扩展过程、驱动机制、未来扩展的时空变化进行研究，并有针对性地提出相应的管控对策，研究结果可为都市新区的城市发展决策和土地管理工作提供有益的参考与借鉴。

本书总共包括九个章节：第一章为绪论部分，主要对研究的选题背景与意义、主要研究内容与方法、研究技术路线进行概要介绍。第二章为国内外相关研究进展介绍，主要从城镇用地扩展的过程格局、驱动机制、模拟预测三个方面阐述相关研究进展并进行评述。第三章为都市新区城镇用地扩展的理论分析，在系统回顾城镇用地扩展领域的相关理论发展，阐述中国经济转型背景及其对城镇用地扩展促进作用的基础上，重点从扩展动态过程、驱动机制两个方面对都市新区城镇用地扩展的时空异质性展开理论探讨，将其城镇用地扩展过程划分为不同的扩展阶段与扩展形式，并从城镇用地的总量增长、空间扩展两个方面建立都市新区城镇用地扩展动力分析的理论框架。第四章主要介绍研究区地理区位与自然、经济社会发展、城市沿革概况，并从土地利用结构、土地利用效益、用地功能演变三个方面阐述研究区土地利用的基本态势。第五章为研究区城镇用地扩展的总体态势，通过表征城镇用地扩展速率、方向、形态特征的全局指数，研究城镇用地扩展的总体态势，并基于中国经济转型理论探究城镇用地扩展的外部动力，利用主成分回归分析方法，对研究区城镇用地增长进行动力建模与定量分析。第六章为研究区城镇用地扩展过程格局的时空异质性，在城镇用地扩展总体态势分析的基础上，从城镇用地扩展的分布、形式和梯度等方面，对研究区城镇用地扩展过程格局的时空异质性进行研究。第七章为研究区城镇用地扩展驱动机制的时空异质性，主要借助 GIS 空间建模方法，剖析研究区城镇用地扩展驱动机制的时间与空间异质性，揭示不同扩展阶段及对应扩展形式的主控因子，并分析因子驱动效应的空间非平稳性特征。第八章为研究区未来城镇用地扩展的时空格局与管控，融合 SLEUTH 模型和 GWLR 模型对研究区未来城镇用地扩展进行预测，剖析其时空格局演进特征，提出未来城镇用地发展的管控对策。第九章总结本书的研究结论，并对未来的研究方向进行展望。

本书得出的研究结论如下：

（1）1986~2010 年，江宁都市新区城镇用地扩展迅速，城镇用地面积增长了6.68倍，呈现强劲的发展态势。通过以中国经济转型理论为指导，构建城镇用地扩展的四维动力框架并建模分析，发现研究区建设用地增长的四维动力作用的大小依次为社会力、行政力、市场力和外向力。其中，社会力主要通过人口的城镇化推进城镇用地扩展；行政力作用显著，体现了分权化下地方政府对城镇用地扩展的积极性与主导性，未来应加快政府职能转变，发挥市场对资源配置的决定性作用；外资以开发园区为载体，是外向力的主体，但其土地利用普遍粗放，今后应向内涵式、集约化转变。

（2）研究区城镇用地扩展经历了慢速扩展（1986~1992年）、起步扩展（1992~1999年）与快速扩展（1999~2010年）三个阶段，空间结构由单中心向“一主、三核、多组团”转型，扩展形式上有外延式、飞地式、填充式等多种形式并存。在慢速扩展和起步扩展阶段，城镇用地扩展速率较慢且具各向异性的空间特点，扩展形式以外延式为主，飞地式特征也较明显。在快速扩展阶段，受开发区及新城建设的引导，城镇用地扩展速率加快且偏西南方向，扩展形式仍以外延式为主，填充式也占有相当比例并逐渐加大；城乡梯度带的景观格局发生剧烈变化，多中心格局显现，城镇用地扩展受到耕地保护、用地指标、生态环境等的制约。

（3）在慢速扩展与起步扩展阶段（1986~1999年），交通网络的牵引与城镇斑块的“繁殖”是研究区城镇用地扩展的主要内部驱动力。在这两个阶段中，除受次干道、城镇斑块两个主控因子影响外，填充式、外延式扩展还分别受到城市主次中心、主干道的影响；飞地式扩展则主要受交通可达性的影响。在快速扩展阶段（1999~2010年），工业聚集效应逐渐增强，政府主导的开发区建设、自上而下成片推进成为城镇用地扩展的主导模式。另外，城市内部交通、核心城区集聚效应也对城镇用地扩展的驱动明显。在该阶段中，开发园区、次干道、城镇斑块是填充式、外延式扩展的主控因子，地铁站点、镇街中心对填充式扩展的驱动作用也不容忽视；飞地式扩展则主要受镇街中心、空间规划的影响。

（4）较之空间扩展逻辑回归（SELR）模型，地理加权逻辑回归

（GWLR）模型能够更好地揭示城镇用地扩展内部机制的空间异质性。开发园区作为关键的主控因子之一，对周边土地城镇化的促进作用显著，体现了研究区城镇用地扩展集中集聚成片推进的特征。其中，远郊滨江开发区、空港工业园的扩展是大量工业用地需求引致，近郊江宁科学园的扩展则与大学城各高校新校区的建设密切相关。次干道对研究区中部区域的城镇用地扩展促进强烈，表明“交通引导开发”的交通先行策略在该区域土地开发中起关键作用。受工业集聚效应的影响，城镇斑块的“繁殖”作用在远郊滨江开发区最强，城镇用地扩展具有连续性。地铁作为江宁都市新区的新空间要素，对区域城镇用地转变的效应显著，有力地促进了沿线土地城镇化和地价的升值，拉伸了城市的发展框架。

（5）受坡度、农地转用政策、生态保护的制约，研究区未来城镇用地扩展速率将逐渐下降，城市空间形态的复杂性将降低，城镇用地趋于紧凑。局域特征方面，未来研究区城镇用地扩展的热点区域将会发生变化，2010～2020年，城镇用地扩展热点区、次热点区分布呈现“一核四元双环式”结构；2020～2030年，则向外推移，总体分布较发散，呈斜Z字形，城市发展的核心边缘化特征明显。为有效管控城镇用地扩展、提升用地效益，应划定城市增长边界、整合城市内部交通、把握重点发展用地、节约集约利用土地等。

在研究创新性方面，本书建立了都市新区城镇用地扩展的动力分析理论框架，并运用数量模型论证了集聚性、通达性、适宜性、空间规划四类要素对研究区城镇用地扩展的影响，在理论与实证上具有创新性；同时，本书进行了城镇用地扩展预测的方法融合与改进，在研究方法上也具有新意。

目　录

第一章　绪论 …… 1
一、研究背景 …… 1
二、研究意义 …… 6
三、研究内容 …… 7
四、研究技术路线 …… 9
五、研究方法 …… 11

第二章　国内外相关研究进展 …… 14
一、城镇用地扩展过程格局的研究进展 …… 14
二、城镇用地扩展驱动机制的研究进展 …… 20
三、城镇用地扩展模拟预测的研究进展 …… 26
四、文献评述与研究定位 …… 31

第三章　都市新区城镇用地扩展的理论分析 …… 35
一、城镇用地扩展相关理论回顾 …… 35
二、城市土地利用扩展理论 …… 39
三、经济转型背景与城市空间扩展 …… 42
四、都市新区城镇用地扩展过程及其时空异质性 …… 47
五、都市新区城镇用地扩展机制及其时空异质性 …… 54

第四章　研究区概况和土地利用态势 …… 62
一、研究区概况 …… 62
二、研究区土地利用态势 …… 72
三、研究区土地利用特征与问题 …… 79

第五章　转型期研究区城镇用地扩展的总体态势 …… 84
一、研究区城镇用地扩展的总体态势 …… 84
二、转型期研究区城镇用地的总量增长分析 …… 94
三、城镇用地扩展的动力建模与定量分析 …… 103

第六章　研究区城镇用地扩展过程格局的时空异质性 …… 107
一、研究区城镇用地扩展分布的时空异质性 …… 107
二、研究区城镇用地扩展形式的时空异质性 …… 113
三、研究区城镇用地扩展梯度的时空异质性 …… 120

第七章　研究区城镇用地扩展驱动机制的时空异质性 …… 128
一、研究方案与数据处理 …… 128
二、研究区城镇用地扩展驱动机制的时间异质性 …… 136
三、研究区城镇用地扩展驱动机制的空间异质性 …… 149

第八章　研究区未来城镇用地扩展的时空格局与管控 …… 160
一、研究方案与模型选取 …… 161
二、融合 GWLR 模型和 SLEUTH 模型的城镇用地扩展预测 …… 170
三、研究区未来城镇用地扩展的时空格局 …… 175
四、研究区未来城镇用地扩展的管控对策 …… 183

第九章　研究结论与展望 …… 188
一、研究结论 …… 188

二、研究创新点…………………………………………………………………… 191
三、未来研究展望 ………………………………………………………………… 192

参考文献…………………………………………………………………………… 194

后　记……………………………………………………………………………… 221

第一章　绪论

一、研究背景

（一）城镇化对土地覆被变化影响剧烈，是全球变化研究的核心主题之一

在全球范围内，城市地区以约0.5%的土地面积，却集聚了超过50%的人口以及70%～90%的经济活动（Schneider et al.，2010）。城镇化是由乡村向城市逐渐转变的过程，其本质是一类作用于地球表面可见的、强有力的且不可逆转的力量，在区域尺度上表征了经济、社会结构和生产、生活方式的根本性转变（陆大道，2007；解利剑等，2010）。城镇化内涵体现在人口、土地、经济、社会等方面（欧向军等，2008），通过非农人口增长、建成区扩展、社会经济发展等方式与途径对全球环境变化产生剧烈的影响，引发诸如土地覆被变化、资源过度消耗、生态环境退化等一系列问题，受到全球学者的广泛重视（Green et al.，1994；Lambin et al.，2001；史培军等，2006；Angel et al.，2011）。其中，快速城镇化背景下的土地覆被变化是全球变化研究的核心主题之一（Weng，2002；Foley et al.，2005；刘纪远等，2011），特别是在“国际全球环境变化人文因素计划”（International Human Dimensions Programme on Global Environmental Change，IHDP）和“国际地圈生物圈计划”（International Geosphere - biosphere Program，IGBP）两大组织分别于1995年、2005年联合提出“土地利用/土地覆被变化”（Land Use and Land Cover Change，LUCC）和“全球土地计划”（Global Land Project，GLP）之后，该领域研究系统有序推进，取得了大量成果，其中，变化最快速、环境影响最剧烈的城镇用地扩展问题日益成为该领域研究关注的焦点（Seto and Kaufmann，2003；Herold et al.，2005；Lu and Weng，2006；刘纪远等，2005；陈爽等，2009；Zhang et al.，2011；Bagan and Yamagata，2012）。

城镇用地扩展是城镇化对土地覆被变化影响的具体表现，对全球生物圈造成了不可逆转的影响，是第二次世界大战后社会经济发展和平时期全球土地利用覆被变化的最主要特征（雒占福，2009；Seto et al.，2011）。以往的研究受制于数据获取的困难性，不能及时、准确地掌握研究区域的土地利用信息，致使不能较好地开展城镇用地扩展的时空动态过程研究。GIS与RS技术的大力发展，为城市土地利用空间制图与动态监测提供了海量的数据源和强有力的技术支持，使城镇用地扩展研究逐渐成为21世纪国内外学术界关注的热点问题之一（Zhao et al.，2004；黎夏和叶嘉安，2005；龙瀛等，2008；Bhatta，2009；Yuan，2010；Park et al.，2011）。这些研究的最终目的是，充分认识和理解城市这个复杂的耗散结构系统，把握快速城镇化进程中城镇用地扩展的动态过程与规律，并通过相关政策与措施最终实现城市的理性发展。

（二）当前我国城镇化进程加速，城镇用地快速扩展并占用大量耕地

美国诺贝尔经济学奖获得者斯蒂格利兹教授曾经指出，中国的城镇化

与美国的高科技，将是深刻影响21世纪人类发展的两大主题[①]。2011年，我国城镇化率首次突破50%，达到51.27%《中国统计年鉴（2012）》，城镇人口历史上第一次赶超农村人口，该数据在我国城镇化道路上具有里程碑意义。人口的城镇化带动土地的城镇化，引致我国城市建设用地的高速增长。研究表明，1981～2009年中国城市建成区面积由7438平方千米扩展到38107平方千米，增长了4.12倍（程茂吉，2012），总体表现为东部沿海地区快于中西部地区，其中以长三角、珠三角、京津冀三大城市群的建设用地扩展最迅速，其增长面积约占全国总量的一半（闫小培和林彰平，2004；刘纪远等，2009；Zhang et al.，2011）。据麦肯锡全球研究院、中国社会科学院等机构的预测，至2030年中国的城镇化率将提升至70%左右，届时将有近10亿人居住在城镇区域（麦肯锡全球研究院，2008；魏后凯和张燕，2011）。由此可预计，我国的人口城镇化、土地城镇化趋势将继续保持，并将持续引发密切关注与广泛讨论。

中国的城镇化进程已步入了加速发展阶段，在社会经济发展、城市建设方面取得了丰硕的成果（吴良镛，2004；陆大道，2007），但同时也导致各种错综复杂问题的出现，尤其是“冒进式”的城镇化，给社会经济的可持续发展带来了巨大挑战，在未来的城市发展中需要引起足够重视（陆大道和姚士谋，2007；姚士谋等，2011）。“冒进式”的城镇化不仅导致城市的“摊大饼”发展，形成粗放式、外延式的土地利用模式，而且致使大量的优质耕地和生态资源遭到侵占。研究表明，1990～2010年的20年间，全国约有177.50万公顷的耕地被城镇建设所占用，某些地区新增城镇用地的凌乱布局导致耕地破碎度增加，降低了农地利用效率，成为威胁国家粮食安全的重大问题（王雷等，2012；刘纪远等，2014）。为此，政府部门出台了一系列政策与措施，对耕地资源保护以及建设用地的集约利用发挥了一定程度的作用，但并未有效遏制中国经济快速发展对城市建设用地的需求。王雷等（2012）的研究发现，21世纪初期十年（2000～2010

---

① China to Push forward Urbanization Steadily［EB/OL］. http：//english. peopledaily. com. cn.

年）城镇用地扩展面积为 20 世纪 90 年代（1990 ~ 2000 年）的 1.95 倍，其中，江苏、广东、山东、浙江是扩展最快的省份。

（三）都市新区是城镇用地扩展的热点地区，但扩展时空异质性研究相对不足

都市新区，由都市区（Metropolitan Area）的概念演变而来。中国官方没有对都市区的概念进行界定，众多学者展开了广泛讨论，认为都市区是由一个核心城区以及周边与其有着紧密经济社会联系的邻接地域的组合（胡序威等，2000；唐路等，2006）。谢守红（2008）和宁越敏（2011）在已有研究的基础上认为，都市区由中心市和外围区县组成，前者的人口下限为 50 万人，后者的非农业增加值占 GDP 比重在 75% 以上，城镇化水平需达到 60% 以上，目前全国仅有 50 个城市具有此类都市区的完整结构。一般而言，都市新区是构成都市区的外围区级行政单元，与主城区接壤或有便捷交通设施连通，是接受主城辐射、承接主城功能扩散与产业转移的前沿阵地。另外，都市新区作为一个独立的行政单元，对周边地区产生辐射，同时也保留原有的城乡用地格局，有别于传统的城市边缘区或城乡接合部。总之，都市新区是都市区基础较好的外围郊区，经济发达、城镇化率高，具备从属性、独立性双重特征，是都市区城镇用地扩展的热点地区，其本质是一类特殊的城市边缘区。

20 世纪 90 年代初国内开始城市边缘区的研究，通过引入国外相关概念并结合中国的城镇化实践，详细地分析了城乡接合部的人口、社会、经济特征，对其空间演化规律与机制以及土地利用问题等展开了系统地研究（顾朝林等，1993；沈阳等，1999；杨山和陈升，2009；宋家宁和张家勇，2009；黄宝荣和张慧智，2012），但对经济转型背景下城镇化的热点地区——都市新区城镇用地扩展时空异质性的相关研究相对开展不足。伴随全球资本的趋利转移以及产业结构的逐渐升级，大都市的区域带动与扩散效应越发显著（张晓明，2006；毕秀晶等，2011）。在此背景下，随着城市建设资金的不断积累以及地方政府发展自主权的增加，作为大都市区城

镇用地扩展重点区域的都市新区获得了前所未有的发展机遇，成为大都市区的新经济增长极，一些新的城市空间要素如高新技术开发区、大学城、地铁和体育中心等在都市新区不断出现，显现出新的土地利用特征与用地发展规律，其城镇用地扩展的过程与机理不断发生演变，也即具有时空异质性特征。然而，已有研究对经济转型背景下都市新区城镇用地扩展过程、机理的时空异质性特征探讨甚少，因此有必要加强该领域的研究以丰富城市地理学科的内容，充实国内城镇用地扩展的理论与实证研究。

（四）江宁区的都市新区特征显著，是开展城镇用地扩展研究的理想地区

江宁区位于南京市中南部，是《南京城市总体规划（2007～2030年）》提出的"南北向城镇发展轴"向南延伸的重要枢纽，具有承北接南、内联外引的作用，其核心城区为南京市三大副城之一的东山副城。自2002年撤县设区以来，江宁在南京都市区的地位不断得到提升，已逐渐成为南京市最重要的新经济增长极，是发展最快、基础最好的郊区。2011年，全区实现地区生产总值759.10亿元，占南京市的17.12%，在南京各区县中名列前茅；第二、第三产业的增加值分别为476.67亿元、244.23亿元，非农业增加值占GDP比重高达94.97%。社会经济的快速发展引发了非农业人口的流动，大量农村人口与外来人口不断向城镇区域转移与集聚。2011年江宁区总人口为116.49万人，其中非农业人口达到79.34万人，城镇化率达68.11%。作为南京都市区的重要发展附地，江宁区不断承接主城的要素扩散与产业转移；同时，又具备相对独立的城镇发展体系，并对区域内广大农村地区产生影响，具有都市新区典型的从属性和独立性双重特征，是开展都市新区城镇用地扩展研究的理想地区。

概括而言，江宁都市新区的新主要体现在三个方面：①2002年撤县设区加速了江宁融入主城的步伐，在主城区扩散效应的带动下逐渐演变成南京都市区的新经济增长极；②在城市发展过程中，行政区域内相继出现了南京禄口国际机场、江宁高新技术产业区、江宁大学城、南京地铁1号线

南延线等新城市空间要素，其中高新技术产业区和大学城构成了研究区的产、学、研基地，即江宁科学园；③中国经济转型背景下，新的城市发展与土地利用特征可能决定其有别于大都市区的城镇用地扩展过程与机理。由于存在土地取得成本、劳动力价格、环境容量等多方面的优势，大批开发区以及新建住宅区选址于此，城镇用地扩展活跃。1978～2007年，南京建成区面积扩大了近6.50倍，其中江宁区扩展面积所占比例达36.92%（数据来源于中科院资源环境科学数据中心）。地铁、大学城等新城市空间要素的出现，不断带动周边区域的城镇用地扩展与土地增值，江宁都市新区显现出新的土地利用特征与规律，其用地扩展的过程与机理不断发生演变。以南京市江宁区为例，开展都市新区城镇用地扩展的时空异质性研究，有利于深刻理解并揭示我国大都市郊区化发展的动态规律，可为都市新区的规划管理和发展决策提供有益参考。

二、研究意义

（一）理论意义

城镇用地扩展可视为一个空间非平稳过程，不同区域的自然、社会、经济特征各不相同，城市空间结构差异显著，城镇用地扩展的过程格局、驱动机制也不尽一致。作为大都市重点扩展区域和新经济增长极的都市新区，具有用地复杂性、发展动态性的特征，决定其可能存在不同于大都市的特有的城镇用地扩展过程与机理。另外，伴随市场经济的不断深入，地方政府的发展冲动以及全球资本的趋利转移，位于大都市城乡接合部的都市新区获得了前所未有的发展机遇，显现新的土地利用特征与规律，其城镇用地扩展的过程格局、驱动机制不断演变，具有时空异质性特征。故开展都市新区城镇用地扩展的时空异质性研究，利于深刻理解我国大都市郊区化发展的基本特征与动态规律，丰富城市地理、城市土地利用学科的相关研究内容。同时，本书也属于多学科相互融合、多方法交叉运用的综合研究，在一定程度上充实城镇用地扩展的理论与实证研究，丰富该领域的基本分析方法与调控策略工具。

（二）实践意义

江宁区作为南京都市新区，受主城要素持续扩散的影响，社会经济和城市化发展迅速，同时，作为南京“南向发展轴”的增长中心又对周边广大农村地域产生影响，具有从属性和独立性双重特征，是都市新区城镇用地扩展研究的理想地区。本书以南京市江宁区为例，开展都市新区城镇用地扩展的时空异质性研究，利于有效把握历史时期研究区城镇用地扩展的时空过程与格局，深刻揭示其用地扩展的动态特征与规律，为研究区的城市发展决策和土地管理工作提供有益参考。另外，通过模拟与预测手段对未来城镇用地扩展的时空演进格局进行分析，可为江宁都市新区土地资源的合理配置，空间规划的编制实施提供有益借鉴，有助于引导与控制城镇用地扩展的方向与规模，把握未来城市重点发展用地，并最终实现城市空间的理性发展。同时，本书的研究方法与结论也可为其他类似都市新区的城市发展实践提供参考与借鉴。

三、研究内容

本书通过构建总体态势—过程格局—驱动机制—预测管控框架，开展江宁都市新区城镇用地扩展的时空异质性研究，主要内容包括以下四个部分：

（一）转型期江宁都市新区城镇用地扩展的总体态势研究

基于遥感影像解译得到的土地利用数据，借助全局指数分析方法，从城镇用地扩展的过程与阶段、方向与形态两个方面探究江宁都市新区城镇用地扩展的总体态势，并在我国经济转型背景下，从人口城镇化、市场化、分权化、全球化四个方面构建研究区城镇用地总量增长的四维动力分析框架，这四维动力依次为社会力、市场力、行政力、外向力，关注各类社会经济因素在研究区城镇用地扩展中的推动作用。

（二）江宁都市新区城镇用地扩展过程格局的时空异质性研究

该部分内容是基于上一部分城镇用地扩展的总体态势展开的，包括城镇用地扩展分布、扩展形式和扩展梯度的时空异质性三个方面的内容。扩展分布的时空异质性研究借助扇面与同心圆分析方法探讨不同扇区、不同圈层的城镇用地扩展时空差异；扩展形式的时空异质性研究则采用拓扑空间边界法，在空间上划分填充式、外延式和飞地式三种扩展形式，并分析其时空演变过程；扩展梯度的时空异质性研究利用景观梯度分析方法，分析城乡梯度带上的景观格局和城镇斑块的时空变化特征。

（三）江宁都市新区城镇用地扩展驱动机制的时空异质性研究

城镇用地扩展驱动机制的研究以空间上的城镇用地转变为对象，重点关注影响城镇用地扩展的地理区位因子。借助 Logistic 模型、空间异质模型等 GIS 空间建模方法，剖析江宁都市新区城镇用地扩展驱动机制的时间与空间异质性特征，以期挖掘不同扩展阶段（慢速和增速扩展阶段、快速扩展阶段）及其对应扩展形式（填充式、外延式、飞地式）的主控因子变化过程，并进一步讨论各地理区位因子对研究区城镇用地扩展驱动效应的空间非平稳性特征。

（四）江宁都市新区未来城镇用地扩展的时空格局与管控研究

融合 GWLR 模型和 SLEUTH 模型，对江宁都市新区的未来城镇用地扩展过程进行模拟与预测，选取关键年份（2020 年、2030 年）的城镇用地扩展预测图，从全局、局域尺度剖析研究区城镇用地扩展的时空格局演进特征，全局尺度主要把握未来城镇用地扩展的总体态势，局域尺度则主要识别城镇用地扩展的热点区域和冷点区域。借鉴城市“精明增长”的理念，对研究区未来城镇用地扩展进行管控，以期达到控制城镇用地规模，引导城镇用地扩展方向，把握重点发展用地，实现城市空间理性增长的目标。

四、研究技术路线

本书在分析转型期江宁都市新区城镇用地扩展总体态势的基础上，重点关注研究区城镇用地扩展的时空异质性特征，对其扩展过程、驱动机制、未来扩展的时空变化进行研究，并有针对性地提出相应管控对策，研究的技术路线如图 1 - 1 所示。

首先，利用监督分类和目视解译相结合的方法，解译不同年份的遥感影像并进行精度验证，得到对应年份的土地利用类型图，在此基础上对研究区城镇用地扩展的总体态势以及城镇用地总量增长的影响因素展开宏观分析。其次，借助扇面与同心圆分析法、拓扑空间边界法、景观梯度分析法，分别对城镇用地扩展分布、扩展形式以及扩展梯度的时空异质性特征进行分析，揭示研究区城镇用地扩展的时空动态过程与格局。再次，城镇用地扩展驱动机制的时空异质性研究包括时间异质性研究和空间异质性研究两部分内容，前者借助 Logistic 模型以期识别不同扩展阶段及其对应扩展形式（填充式、外延式、飞地式）的城镇用地扩展主控因子；后者则利用空间异质模型探讨各因子对城镇用地扩展驱动作用的空间非平稳性特征。最后，融合 GWLR（地理加权逻辑回归）模型和 SLEUTH 元胞自动机模型，对研究区未来城镇用地扩展进行预测，利用空间关联方法重点识别预测年份城镇用地扩展的冷、热点区域，并提出未来城镇用地扩展的管控对策。

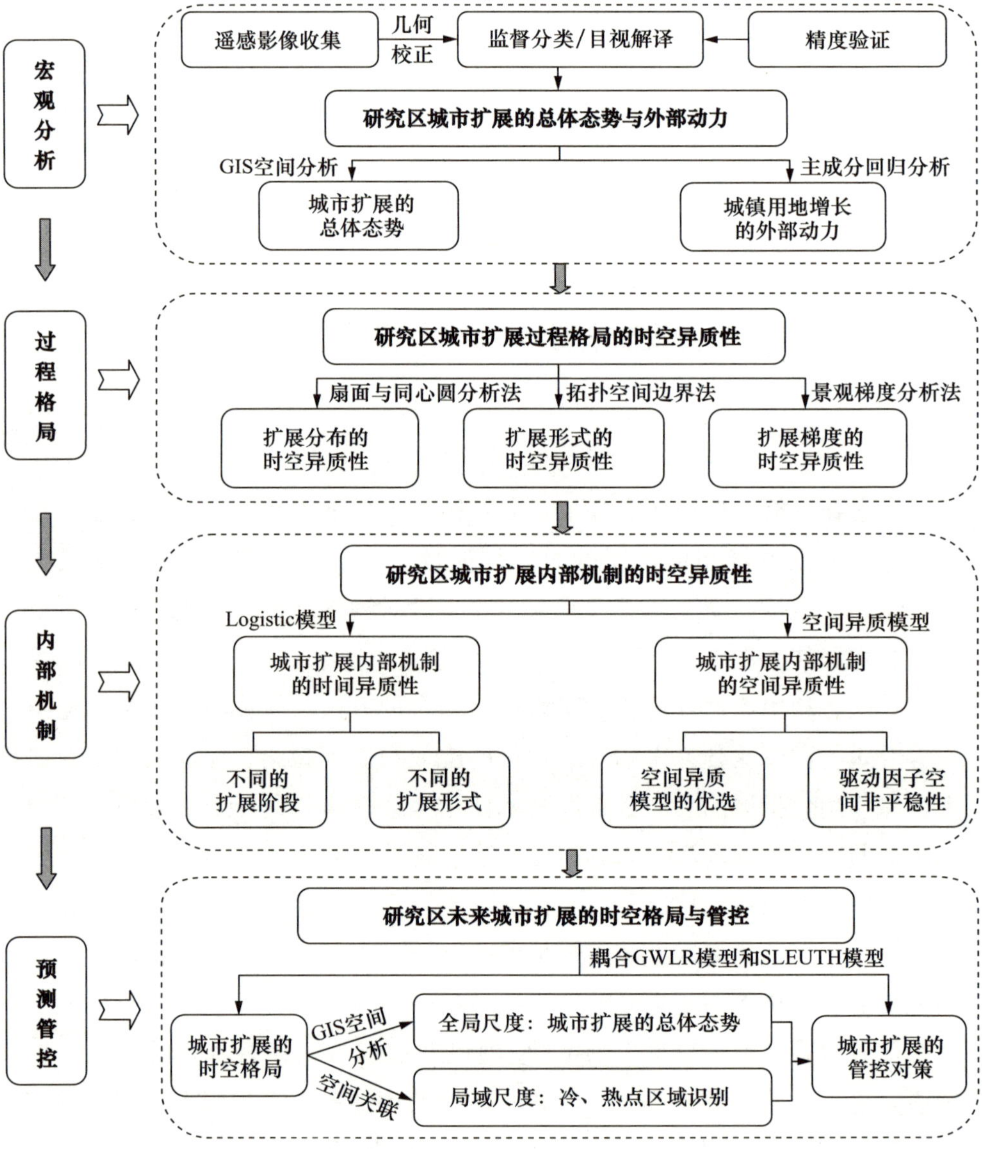

图 1-1　研究技术路线

五、研究方法

本书是多方法交叉运用的综合性研究，遥感与 GIS 技术贯穿全文各个核心章节，其他研究方法还包括计量统计学方法、空间异质回归模型、元胞自动机模型以及空间关联分析方法等。

（一）遥感与 GIS 技术

遥感是指通过人工发射的空间传感器装置，在不与研究对象（如地层表面）直接接触的情况下获取其特征信息，并将这些信息进行提取、加工、表达和应用的空间处理技术。多时相、多分辨率的遥感影像数据为城镇用地扩展相关研究提供了丰富的数据源，本书收集了研究区 1986 年、1992 年、1999 年、2005 年、2010 年的 TM 和 ETM 影像数据，通过监督分类并结合人机目视解译获取了对应年份的土地利用矢量图。GIS 则是一个重要的空间数据处理平台，空间数据的可视化、存储编辑、空间分析是其重要的功能，作为城市研究的新技术与方法得到了广泛的应用。本研究中，GIS 空间分析功能贯穿全文，在城镇用地扩展过程模式、驱动机制与动态演化中都得到了充分的应用。

（二）计量统计学方法

本书研究采用的计量统计学方法主要包括相关分析、多元回归分析以及逻辑回归分析等。相关分析（Correlation Analysis）是判断变量之间是否具有依存关系的重要统计方法，是进行回归分析前不可或缺的步骤，相关系数的大小与正负是反映变量之间相关程度、相关方向的重要指标。多元回归分析（Regression Analysis）则是研究两个变量或者多个变量之间因果关系的常用统计方法，其主要思想为：在相关分析的基础上，对具有相关关系的两个或者多个变量之间的数量变化的一般关系进行测定，确立一个合适的数学模型，以便从已知变量来推断未知变量的方法。在回归分析中，如果有两个或两个以上的自变量，则称为多元回归分析；逻辑回归分析则是一种特殊的多元回归分析，其因变量为 0 或 1，对自变量也无连续性要求，被广泛应用于城镇用地扩展领域的相关研究中。在本书研究中，计量统计学方法主要应用于研究区城镇用地扩展的驱动机制探讨中。

（三）空间异质回归模型

空间扩展（Spatial Expansion Method，SEM）模型与地理加权回归（Geographically Weighted Regression，GWR）模型是两种较常用的空间异质模型，已被广泛应用于房地产市场的空间异质性研究中，而在城市增长领域的应用则鲜见报道，本书尝试性地将两类空间异质模型应用于研究区城镇用地扩展的模拟与空间驱动模式的探究中，并对其拟合效果进行比较。空间扩展模型由俄亥俄州立大学地理系的 Cassetti 教授提出，利用空间坐标扩展自变量系数以建立驱动因素与地理位置的联系，是一种考虑空间区位并依然采用传统 OLS 分析框架的多元回归模型，适用于探索地理区域的空间异质性问题。扩展模型的运行分为起始阶段、扩展阶段和最终阶段三个阶段。地理加权回归模型也是一种探测空间非平稳性的有效方法，允许自变量系数存在空间分异，其实质是利用基于距离加权的局部样本估计出每个样本点各自独立的参数值，在局域立地尺度上的存在空间回归优势。

（四）元胞自动机模型

元胞自动机（Cellular Automata，CA）概念最早由 Ulam 在 20 世纪 40 年代提出，很快被 Von Neumann 用于解决自复制系统的演化特征。对于元胞自动机的概念，不同的学科有着不同的解释与定义，但总体特征可以表述为：元胞是其基本组成单元，且每个元胞对应于一个状态，元胞状态取决于上一时刻该元胞的状态以及该元胞所有邻居的状态，元胞空间内的元胞按照这样的局部规则进行同步的状态更新，整个元胞空间则表现为离散的时间维上的变化。在城市扩张模拟中，最经典的元胞自动机模型是由美国 Keith Clarke 教授等提出的 SLEUTH 模型，并据此先后对旧金山和华盛顿都市区进行了成功模拟和长期预测。SLEUTH 模型的研究区域可从单个小城镇到整体都市圈，空间分辨率从数十米至上千米不等，可利用历史数据建立的大型空间数据库，在宏观和微观尺度上确保了模型输入和校准的精确性，在城市模拟中具有很大的适用性。

（五）空间关联分析方法

在城市土地利用研究中，空间关联分析旨在探究各土地利用类型的中心（高值集聚，热点区）和洼地（低值集聚，冷点区），主要基于空间计量地理学的空间自相关思想，其数理依据为 Anselin 于 1995 年所提出的空间局部自相关统计量（Local Indicators of Spatial Association，LISA）。本书研究中，空间关联分析方法主要用于研究区城镇用地扩展模拟与预测中建设用地的空间格局演化分析，用于识别新增建设用地的空间热/冷点布局。通过引入局域 Getis – Ord Gi ∗ 关联指数揭示城镇用地扩展中的新增建设用地的空间集聚现象，识别不同的空间位置上的高值簇与低值簇，也即热点区（Hot Spots）与冷点区（Cold Spots）的空间分布。

第二章　国内外相关研究进展

城市建设用地扩展是城市土地利用变化的主要特征和表现形式，按扩展方向可以将其划分为横向扩展和纵向扩展两类。横向城镇用地扩展指水平方向上的土地城镇化过程，产生新增建设用地，也即城市空间扩展；纵向城镇用地扩展则为垂直方向上的地上空间与地下空间的利用，提高原有城镇用地的容积率而不产生新增建设用地，如旧城改造等。本书中的城镇用地扩展特指横向城镇用地扩展。在查阅国内外相关研究文献的基础上，本章着重从城镇用地扩展的过程格局、驱动机制、模拟预测三个方面阐述相关研究进展并进行评述。

一、城镇用地扩展过程格局的研究进展

探讨城镇用地扩展的时空异质性，能够定量、定位地描述城镇用地的时空分布特征，可为研究者提供翔实、直观的基础信息，有利于准确地掌握城镇用地扩展的时空动态过程与格局。城镇用地扩展的过程格局研究按地理尺度可将其划分为全球与区域尺度、个案城市尺度的研究，不同的尺度关注的重点有所差异，前者主要关注城镇用地扩展的数量特征，后者则关注城镇用地扩展的空间特征（马荣华等，2004；Zhang and Wu，2006；

Yue et al.，2010；Tian et al.，2011）。

（一）全球与区域尺度：关注城镇用地扩展的数量特征

城镇用地扩展是人类对全球环境影响最剧烈的活动之一，在给人类带来城市文明的同时，也导致一系列生态环境效应的产生（Foley et al.，2005）。在全球范围内，不同国家的城镇用地扩展特征差异显著，反映出不同的扩展数量、速率的变化，为此，学者们开展了大量的实证研究。总体而言，位于亚洲、南美洲的发展中国家是全球建设用地增长最快的地区（Lopez et al.，2001；Li and Zhao，2003；Schneider and Woodcock，2008；Angel et al.，2011），其中，在亚洲又以中国和印度的城镇用地扩展问题最显著（Fazal，2000；Seto et al.，2011）。Angel 等（2005）在对全球城镇用地扩展进行研究时发现，与发达国家对比，发展中国家面临着更严重的城市土地利用扩展问题，侵占了大量的农业用地与生态用地。Lambin（2006）在其著作 *Land - use and Land - cover Change* 中指出，全球城市的快速扩展伴随着人口向城市的大量迁移，这种现象在发展中国家尤为明显，东亚、西欧和美国沿海是城镇用地扩展研究的重点区域。Seto 等（2011）在全球范围内选取 326 个城市开展全球城市的用地扩展研究，发现 1970～2000 年，全球范围内城镇用地面积共增加 58000 平方千米，不同区域的城镇用地扩展速率存在空间差异，其中，城镇用地扩展平均速率最高的区域为中国，紧随其后的是印度、非洲，最低的区域则为欧洲、北美洲和大洋洲。

中国是世界上最大的发展中国家，改革开放以来，社会经济发展迅速，伴随户籍制度逐步放开，大量的农村人口流入城市，人口城镇化引发土地城镇化，从而带动了大量的城市建设。中国的快速城镇化进程为全球城市研究提供了良好的研究素材与实证地域，引起了国内外学者的广泛关注。在市场化、分权化、全球化、中国经济转型背景下，受开发区建设热潮的带动，20 世纪 90 年代以来中国城市建设用地扩张速度明显加快，期间受耕地保护政策的影响略有波动，这种宏观增长态势一直延续至今，被大量研究所证实。Ji 等（2001）以中国 100 个地级市为例开展实证研究，结果表明：1990～1996 年，中国南部区域与沿海地带城镇用地扩展最迅速，快速的工业化与城镇化步伐导致了农业用地的大量锐减。田光进和庄大方（2004）、刘纪远等（2005）以及 Liu 等（2005）基于中国科学院的资源环境遥感数据，在全国尺度上分析了 20 世纪 90 年代初期至末期的中国城镇用地扩展特征，研究发现该时期全国城镇用地面积增加约 81.7 万公顷，其中前一阶段（1990～1995 年）受经济高速发展和对外开放政策的影响城镇用地扩展速率较快，扩展面积占比为 80.8%；后一阶段（1995～2000 年）在国家耕地保护政策的作用下，城镇用地扩展速率大幅下降，扩展面积占比仅为 19.2%。在省际差异方面，90 年代中国城镇用地扩展较快的省份前四位依次为广东、山东、江苏、河南，所占用的土地大部分来源于耕地资源（田光进，2003；田光进和庄大方，2003）。在东、中、西部的城镇用地扩展区域差异方面，谈明洪等（2004）、Tan 等（2005）发现 90 年代中国东部城镇用地扩展最快，西部次之，中部扩展最慢甚至出现城市人均用地大幅下降的现象。黄季焜等（2007）的研究也验证了 Tan 等的结论，且进一步发现该时期随着年份的推移，东部地区城镇用地扩展的速率有所减缓，而中西部地区则不断加速。

进入 21 世纪后，在经济高速增长以及新一轮国土开发政策的驱动下，中国城镇用地扩展不断提速。李丽等（2009）对全国超过 50 万人口的 135 个城市的主建成区进行动态监测，结果表明，2007 年主建成区总面积是 90 年代初期的 2.84 倍，其中主建成区面积排在前四位的城市依次为北京、上海、广州和南京。匡文慧等（2013）在中国科学院资源环境遥感数据的支持下继续监测 21 世纪前 8 年（2000～2008 年）中国城镇用地扩展的动态特征，发现该时期我国城镇用地以年均 1788.2 平方千米的速率快速增长，受经济高速发展、宏观政策调整、国土开发战略以及沿海区位优势的综合影响，长三角区域扩展最快，珠三角区域次之，京津冀和西部部分省份紧随其后。刘纪远等（2014）进一步总结了 1990～2010 年的 20 年间我国土地利用变化的过程与格局，指出城乡建设用地变化的特征为“扩展提速，以东部为重心，向中西部蔓延”，黄淮海地区、东南部沿海地区、长江中游地区和四川盆地的城镇用地扩展更迅速。

长三角、珠三角、京津冀地区是我国经济最发达的地区，其城镇用地扩展问题也引起了众多学者的重视（Ye and Li，1999；Seto et al.，2002；Zhang and Wu，2006；Guo et al.，2009；隆学文和马新辉，2011）。Tan 等（2005）基于 TM 影像数据对 20 世纪 90 年代京津冀区域的城镇用地扩展进行研究，发现 1990～2000 年城镇用地面积增长了 71%，新增城镇用地中有 74% 的比例来自耕地的转变。李加林（2007）引入缓冲区分析模型、城市生长极核与极带等分析方法，得出自改革开放以来，长三角地区城镇用地扩展速率呈现加速趋势，不同行政等级城市的扩展强度并不同，城镇用地发展呈现出“多核多带”的点轴发展模式。Fan 等（2008）以珠三角走廊地带为研究对象，对其 1998～2003 年的城市土地利用变化特征进行分析，该时期新增城镇用地面积为 15068.16 公顷，主要沿已城镇化地区和交通轴线分布，侵占大量的农业用地并导致耕地破碎度大幅增加。另外，张雪峰等（2011）、刘登娥和陈爽（2012）对苏州、无锡、常州地区的城镇用地扩展过程与规律也进行了相关研究。

总体而言，中国城镇用地扩展过程具有时间异质性，呈分阶段递进的趋势。改革开放后，我国城市建设才算真正起步；20 世纪 90 年代，在“开发区热”的带动下，城镇用地扩展明显加快，而该时期后半段由于受到严格耕地保护政策的制约扩展速率有所下降；进入 21 世纪后，受经济高速发展的驱动，城镇用地扩展进一步提速，城市建设步伐不断加快。在城镇用地扩展的区域差异方面，东部地区扩展规模高于中西部地区，并呈现由东部向中西部逐渐蔓延的态势，三大城市群（长三角、珠三角、京津冀），四个大都市（北京、上海、广州和南京）是我国城镇用地扩展的重点区域。

（二）个案城市尺度：关注城镇用地扩展的空间特征

在个案城市尺度上，国内外多数文献主要关注东、中部特大都市的空间扩展过程与格局，如上海（李晓文等，2003；刘曙华和沈玉芳，2006；

尹占娥等，2011；Yin et al.，2011）、杭州（王伟武等，2009；Yue et al.，2010，廖从健等，2013）、南京（李飞雪等，2007；陈爽等，2009；Luo and Wei，2009；陈江龙等，2013）等，总体呈现交通脉动规律、定向开发规律、经济集聚与扩散规律，分别对应轴向开发、开发区与新城建设、核心城区边缘扩展三种城市土地开发方式（姚士谋等，2009），然而不同的城市又呈现各自不同的用地扩展时空过程与动态特征。近年来，中西部一些中等发达城市的空间扩展问题也逐渐引起重视，如杨存建等（2008）提出差值建筑物覆盖指数法，以成都及其周边城镇为研究对象，分别基于行政单元与环路圈层单元开展城镇用地扩展的比较研究。Long 等（2008）、潮洛濛等（2010）、姚玉龙等（2013）借助 GIS 与 RS 手段分别对重庆、呼和浩特、合肥等市的城镇用地扩展做了相应的研究。

在城镇用地扩展总体特征的测度方面，已有文献除采用城镇用地扩展速率、扩展强度、重心转移指数、紧凑度等常用度量指标外，还广泛引入了景观生态学的分析手段，通过计算景观格局指数充分挖掘城镇用地扩展的潜在信息。Xiao 等（2006）采用年均扩展速率指数，对 1934～2001 年石家庄的城镇用地扩展过程进行分析，发现其空间模式呈现目标导向、政治干预以及普通增长三种类型；董廷旭等（2011）采用扩展强度、扩展方位、紧凑度等 5 个计量指数，研究了近 30 年来四川省绵阳市城镇用地的扩展模式。景观格局分析是指通过计算景观格局指数充分挖掘城镇用地扩展的潜在信息的一类分析方法，可从斑块（Patch）、类型（Class）和景观（Landscape）三个层面定量化分析景观的空间格局及动态变化过程（肖笃宁，2001 年；傅伯杰，2011 年）。刘江等（2010）以厦门市集美区为例，选取斑块类型水平和景观水平上的景观指数，定量研究其景观格局演变过程，发现研究区景观格局演变具有快速性、不稳定性、异质性和过渡性特征。郗凤明等（2010）从景观生态学视角出发，选取斑块数量、聚集度、面积加权平均斑块分维数和最大斑块指数进行分析，深刻地揭示了辽宁中部城市群的城市空间扩展过程。

个案城市尺度的相关研究更加重视城镇用地扩展的空间特征，以揭示城镇用地扩展的时空分异规律，常用的GIS空间分析方法包括分行政单元比较法、方位比较法、类型判别法、景观梯度法和网格单元析法。

第一，分行政单元比较法是探究城镇用地扩展速率指标在研究区不同子行政单元的空间差异特征的一类方法。刘盛和等（2000）将1982～1992年及1992～1997年两个时期的北京城市土地利用扩展图与乡镇行政区划图进行叠合，借助年均扩展强度指数获得各时期城市土地利用扩展的空间差异图。马荣华等（2004）以常熟市为例，基于乡镇级行政单元，借助扩展强度指数将研究区城镇用地扩展在空间上划分为慢速扩展、中速扩展、快速扩展、高速扩展区域，探讨了常熟市1984～2002年四个时期的城镇用地扩展时空异质性特征。廖和平等（2007）利用年均扩展速率指标，以区、县为评价单元，揭示了1998～2004年自重庆设立为直辖市以来的城市空间扩展的分异规律。

第二，方位比较法是分析城镇用地扩展在不同方位的空间差异的常用方法，它能够在总体上勾画出城镇用地扩展的空间形态，具有直观简明的优点，同心圆分析与扇面分析则是方位比较的常用手段。尹占娥等（2011）利用1978年改革开放以来四个时期的遥感数据，借助城镇用地扩展强度指数并结合同心圆分析和扇面分析，探讨转型期上海各城镇用地扩展阶段的时空格局演变特征。封建民等（2013）、乔伟峰等（2016）同样借助同心圆分析和扇面分析方法，开展了30余年来西安市、南京市的城镇用地扩展时空异质性研究。

第三，类型判别法是通过划分城镇用地扩展的不同类型，进而分析城镇用地扩展空间差异的一类方法，城镇用地扩展类型的判别方法众多，如刘纪远等（2003）利用凸壳原理将城镇用地扩展划分为填充类型和延伸类型两类。Xu等（2007）和程兰等（2009）利用拓扑空间边界法将城镇用地扩展划分为填充式、外延式、飞地式三类，并分别对南京、东莞的扩展类型进行识别。

第四，景观梯度分析起源于植被科学研究（李俊祥等，2004；张景华等，2008），是将景观指数与梯度分析相结合的方法，用于对城镇化进程中的建设用地扩展过程及城乡梯度上的景观特征进行分析（喻红等，2001）。Seto 和 Fragkias（2005）通过计算城乡梯度带上的斑块数量、平均斑块面积、斑块分形维数等 6 个景观指数对珠三角四个中心城市开展对比研究，发现各城市在空间形态上具有趋同走向。Yu 和 Ng（2007）将景观格局分析与梯度分析相结合，选取不同方向的两条城乡梯度带深入研究了广州市城镇用地扩展的动态过程与时空格局。吕志强等（2014）以重庆市轨道交通三号线为样带，将景观格局分析与梯度分析相结合，研究了交通廊道的景观特征变化及其对区域空间格局演变的影响。

第五，网格单元分析法通过在整个区域内均匀布置大小一致的网格单元，计算各网格样方的空间度量指数以反映城镇用地扩展的时空异质性特征。肖捷颖等（2003）以石家庄为例，将研究区进行 1 千米 ×1 千米的网格化（Gridding）分割，计算各网格的年均扩展速率，突出城镇用地扩展的时空异质性特征。吴铮争等（2008）同样借助网格分析方法，以建设用地密度指标表征城镇用地扩展的梯度，将北京城市边缘区的空间扩展划分为高速扩展带、快速扩展带、低速扩展带。渠爱雪和仇方道（2013）以徐州市为例，运用网格分析技术，研究 1979 ~ 2008 年城市居住用地、工业用地、商业用地的时空格局特征，发现该时期居住用地持续快速扩展，工业用地维持稳定扩展，商业服务业用地的扩展则相对滞后。王钊等（2016）以苏州、无锡、常州地区为研究对象，引入最小阻力模型对区域城镇用地扩展进行预测，基于 GIS 网格分析技术并结合空间关联指数揭示未来研究区城镇用地扩展冷、热点区的演变规律。

二、城镇用地扩展驱动机制的研究进展

探究城镇用地扩展的驱动机制是土地利用/覆被变化研究（LUCC）的

重要内容之一，它能够有力地揭示土地城镇化的深层原因、作用方式与历史规律，可为城市空间扩展预测以及管理政策制定提供科学依据。城镇用地扩展的驱动机制按因素作用方式的差异可以划分为外部机制和内部机制（史培军等，2000；刘纪远等，2005；刘纪远和邓祥征，2009）。外部机制是指促进城镇用地增长的外部动因，具体包括经济发展、人口增长、制度演进、政策实施等具有动态性特征的因素，与社会经济因素相对应；内部机制则是指影响城镇用地转变的内部动因，具体包括坡度、高程、适宜性、经济与交通区位等具有静态性特征的因素，与地理区位因子相对应。外部社会经济因素是城镇用地扩展的诱因与原动力，决定城镇用地的总量增长，而具体某一局域地块单元是否转变为城镇用地，则由内部地理区位因子所控制。

（一）外部驱动机制：关注城镇用地扩展的社会经济因素

外部机制是指促进城镇用地增长的外部动因，具体包括经济发展、人口增长、制度演进、政策实施等具有动态性特征的因素，与社会经济因素相对应，相对于自然因素而言更活跃且易于探测（刘涛和曹广忠，2010；王婧和方创琳，2011；Wu and Zhang，2012）。数据源以社会经济统计数据为主，多源遥感影像数据为辅。已有文献多借助相关分析、回归分析等数学统计分析方法，建立城镇用地扩展的概念模型或数学模型，探讨引起城市建设用地增长的主导因素（Tan et al.，2005；Deng et al.，2008）。

在全国尺度的城镇用地扩展外部驱动机制研究中，谈明洪等（2003）认为经济发展与收入增加将极大地刺激21世纪中国城镇用地需求，这与Zhang（2001）、Camagni等（2002）对美国与欧洲城市区域的研究结论相吻合。Liu等（2005）对20世纪90年代中国城镇用地扩展的研究表明，人口增长、经济发展以及土地政策是我国城镇用地快速增长的重要驱动力。Deng等（2010）基于面板数据模型的实证研究验证了经济发展、居民收入增长在中国城镇用地扩展中的关键作用，GDP总量每增加10%，城镇用地将扩展3%，另外，建成区扩张与中国经济结构也即工业化的发展以及服务业的兴起密切相关。Liu 等（2010）、匡文慧等（2013）指出，21 世纪初中国的城镇用地扩展是西部大开发、“东北复兴”等国家宏观政策与经济高速发展共同作用的结果。

区域尺度城镇用地扩展的外部驱动因素则呈现多元化特征，外资、开发区、技术等因素的作用逐渐凸显。Seto 和 Kaufmann（2003）的研究发现，外商直接投资（FDI）的增加，农业、城市土地生产率之比的递减是珠三角地区城镇用地扩展的主要原因。唐礼智等（2007）以长三角和珠三角地区为例，建立面板数据模型分析发现非农业人口、绿化面积、地区生产总值以及基本建设支出是研究区城镇用地扩展的重要驱动因素。郗凤明等（2010）对辽宁中部城市群的研究表明，非农人口、经济发展、开发区建设以及城市群的空间引力是研究区城镇用地扩展的核心驱动力，不同城镇用地扩展阶段又呈现各自的用地发展特征。

在个案城市尺度研究中，东、中部特大城市用地扩展迅速，已引起了学者们的广泛关注。李飞雪等（2007）对南京的研究表明，经济发展、交通设施、行政区划、规划政策等多种因素共同驱动其城镇用地扩展；张振龙（2007）则更加突出了交通基础设施、新城建设在南京城镇用地扩展过程的关键作用。牟凤云等（2007）以北京为例，认为经济发展与人口增长对其建成区扩展具有显著的刺激作用，交通设施拉大了城市发展框架，政策制度因素则决定了北京城镇用地扩展的宏观格局；匡文慧等（2009）的研究则更加强调重大事件对北京城市空间扩展的作用，如北京奥运会的举办、新版城市规划的编制与实施等。王伟武等（2009）分析了杭州市 1991 ~2008 年城镇用地扩展的形态特征与驱动机制，认为经济发展与人口增长是其根本动力，开发区、大学城以及房地产开发郊区化引发了新一轮的城镇用地扩展，大型基础设施如跨江大桥、城际交通的建设则突破了城市增长的门槛效应。Yue 等（2010）判断出 21 世纪后杭州城市发展呈现多中心结构，这是在政府与市场共同作用下形成的，其中，政府的作用主要表现为规划的制定、行政区划的调整、开发区的设立。崔雪竹等（2012）采用主成分回归分析方法建立了上海城镇用地扩展的宏观驱动模型，发现产业结构调整、城市公交客运量与非农人口比重等社会经济指标是其城市增长的主导因素，而用地政策的促进效应并不明显，这验证了 Han 等（2009）对上海城镇用地扩展关键驱动因素为人口、经济、交通的判断。

中、西部一些中等发达城市的城市空间扩展过程与机制也逐渐引起了部分学者的关注。薛东前（2002）以西安市为例，认为经济发展、交通联系和管理规划分别是其城镇用地扩展的内在动力、外部推力和中间力量，土地城镇化实质上是集聚发展到一定程度后社会经济要素向外扩散的结果。张新焕等（2005）分析了新中国成立以来乌鲁木齐城镇用地扩展的外部驱动机制，发现不同经济发展阶段存在各自的关键驱动因素，计划经济、转型经济、市场经济阶段下的主控因子依次为政治与政策因素、人口与经济因素、市场与规划因素。Long 等（2008）认为，在城镇化、工业化背景下重庆 1995 ~ 2006 年城镇用地快速扩展是由各项宏观政策驱动的，具体包括直辖市的设立、三峡工程的建设、西部大开发战略以及退耕还林政策等。王涛等（2011）将南通市七个区县划分为四大类：第一、第二类城市包括南通市区、海安和如皋，城镇用地扩展速度较快，主要受到政策制度和人口增长的影响；第三、第四类城市包括如东、海门、启东和通州，城市规模较小且扩展速度较慢，经济发展和人均收入是其城镇用地扩展的核心驱动因素。

总体而言，外部机制研究继承了经济区位学派的思想，国内外学者在不同空间尺度开展了大量实证研究，充分讨论人口增长、经济发展、产业结构、政策规划等社会经济因素对中国城镇用地扩展的影响。经济发展与人口增长是城镇用地扩展的原动力，基础设施的完善与开发区的建设是城镇用地扩展的加速器，空间规划与政策制度则是城镇用地扩展的引导阀，不同城市与区域城镇用地扩展的主导因素又不尽相同。然而，已有研究在构建分析模型时较缺乏理论支撑，社会经济指标的选取存在主观性，往往根据研究者的经验确定，导致研究结果的可比性较差。

（二）内部驱动机制：关注城镇用地扩展的地理区位因子

城镇用地扩展的内部驱动机制，也即影响城镇用地转变的内部动因，是指基于地块单元尺度在微观层面探究影响城市空间扩展的地理区位因子，具体包括坡度、适宜性、区位等具有静态性特征的因素，其数据源以多源遥感影像及GIS空间数据为主。地理区位因子对城镇用地扩展具有显著的空间指向作用，受城市集聚和扩散作用以及交通可达性的影响，城镇用地扩展向郊区、临开发区、临路网、临江河以及平原地区等优势区位集聚（吴巍等，2013；徐杰等，2016）。

Logistic模型是城镇用地扩展内部驱动机制研究中最常用的方法，其因变量为二元变量（将地块单元发生城镇用地转变定义为1、未发生转变定义为0），能够较好地表达城镇用地转变的过程，已被广泛应用于国内外多个城市的用地扩展内部机制研究中。Cheng和Masser（2003）运用Logistic模型发现城市交通设施，已城镇化用地密度是1993～2000年武汉市城镇用地扩展的关键驱动因素，而空间规划在该时期并未发挥应有的引导作用。Braimoh等（2007）以尼日利亚拉各斯市为例，通过构建Logistic回归模型，发现邻近性、集聚效应以及空间政策是研究区土地利用变化的重要驱动因素，但住宅用地与工商业用地扩展的主控因子有所不同。Liu等（2011）的研究表明，1995～2009年杭州城市空间结构已由单中心结构向多中心结构转变，借助Logistic模型对其驱动机制进行分析，发现距离交通设施、工业区的远近是其土地城镇化的主控因子，空间规划可以有效地遏制杭州的城市无序蔓延问题，且在城市发展的不同阶段，驱动因子的作用方式与强度也会随之改变。Li等（2013）在对北京近40年（1972～2010年）的城镇用地扩展驱动机制研究中，利用Logistic模型比较自然因子、经济因子、邻域因子以及政策因子四类因子的重要性，发现用距离城市中心、交通设施的远近来表征的经济因子对城镇用地扩展的驱动作用最显著。以上这些研究较系统深刻，可为国内城镇用地扩展驱动机制研究提供理论与方法的参考与借鉴。

总体而言，国内城镇用地扩展驱动机制的研究较少涉及微观尺度的地块单元，多数文献忽视了城镇用地扩展的内部驱动机制，近年来，才逐渐引起部分学者的重视。谢花林和李波（2008）从地理环境、区位条件以及人口变动三方面选取了多个变量建立 Logistic 模型，定量分析了内蒙古翁牛特旗土地覆盖变化的核心驱动因素。刘瑞等（2009）综合考虑城镇用地扩展的内部与外部动因，利用 Logistic 模型对山东德州 1996～2005 年城镇用地扩展的驱动力进行分析，研究发现代表政策制度因素的城市规划是城镇用地扩展的核心驱动因素。黄庆旭等（2009）以北京市为例，同样借助 Logistic 模型开展的城镇用地扩展内部机制研究表明，距离高速公路的远近是土地城镇化的关键驱动因素，高速公路对研究区城镇用地扩展具有重要的指向性作用，沿公路两侧区域土地城镇化的概率较高。

另外，还有一些回归分析模型，如空间误差模型、空间滞后模型、增强回归树等，也成功地应用于城镇用地扩展的内部机制研究。空间误差模型和空间滞后模型是在传统 OLS 回归的基础上考虑空间相关效应，加入空间权重矩阵进行修正得到（柳思维和周洪洋，2016）。陈江龙等（2013）基于成本—收益理论分析框架，构建空间误差模型对南京 1995～2007 年城镇用地扩展的驱动机制进行研究，发现收益要素对城镇用地扩展的作用力要显著大于成本要素，空间政策的指引与约束作用不断凸显。高金龙等（2014）同样以南京市为例，借助空间误差模型、空间滞后模型对外延式、飞地式、填充式三种城镇用地扩展类型的驱动机制进行分析，发现填充与蔓延扩展属于收益驱动型，飞地扩展更多地受成本制约且约束作用呈逐渐加强趋势。增强回归树是基于分类回归树算法的一种自学习方法，通过随机选择和自学习方法产生多重回归树，能够提高模型的稳定性和预测精度，李春林等（2014）将该方法应用于沈阳城镇用地扩展的动力机制研究，得到影响其城镇用地转变的主控因子为临城区距离、临河流距离、地形坡度及临高速公路距离。

综上所述，国内外学者针对中国不同城市展开了大量实证研究，在微观层面城镇用地转变的关键因素可大致概括为四个方面：第一，适宜性要素，如地块自身属性、邻近地块特征；第二，集聚性要素，如与城市中心、开发区的距离；第三，通达性要素，如邻近高速公路、城市主次干道的距离；第四，空间规划要素，如是否与城市规划、土地利用规划相符。然而，不同城市之间以及同一城市的不同发展时期，其城镇用地扩展的主控因子不同。Logistic 等回归模型的应用隐含着城市均质地域的假设，其变量系数只能在整体上判断各驱动因子的相对重要性，或者为平均作用大小，而不能把握其空间非平稳性特征。

三、城镇用地扩展模拟预测的研究进展

城镇用地扩展的动态模拟与预测是城市土地利用研究的重要内容之一，旨在回答新增城镇用地在何时、何地产生，城镇土地利用转变的原因、方式以及产生的环境效应等，选择一个合适的城市增长模型是解决这些问题的关键所在。城市增长模型（Urban Growth Model，UGM）作为理解复杂城市系统变化过程与机理的重要手段，能够有效地模拟未来城镇用地扩展过程，对城镇用地的合理布局与空间优化具有积极的推动作用（周伟林和严冀，2004；邓婧等，2013）。本节从城市增长模型发展的视角对城镇用地扩展的动态模拟与预测研究进行文献综述。

（一）系统动力学模型

城市是一个巨型复杂系统，具有动态性、开放性等耗散结构特征，理想状态下的城市静态模型在解释现实城市增长过程中遭遇到困境，城市动态模型的研究正成为当前地理学研究的热点与难点问题（Kim et al.，2006；Cho et al.，2007）。作为传统的城市动态模型，系统动力学模型是从系统分析的角度，采取自上而下的建模方式，适合研究复杂的城市土地

利用变化系统。早期的城市系统动力学模型主要基于数学微分方程进行构建，可在一定程度上反映城市土地利用变化的动态特征。经典的模型有Forrester（1969）的城市系统动力学模型、Wilson（1971）通过改进Lowry模型提出的城市动态模型、Wegener（1994）建立的Dortmund模型等。20世纪90年代以来，随着复杂性学科的发展，马尔科夫模型、灰色关联模型、遗传算法及人工神经网络模型等系统动力学方法逐渐应用于城镇用地扩展的模拟与预测研究中。例如，王良健等（2008）选取城镇用地扩展的社会经济驱动因子，采用BP神经网络结合小波处理方法对长沙市区的城镇用地扩展过程进行预测，结果表明该方法的预测精度较传统回归模型有一定程度的提高。肖翔等（2011）利用区域社会经济指标对马尔科夫模型进行改进，提出了基于土地利用驱动力分析的加权马尔科夫模型，并以苏州太仓为例展开实证研究，取得了较准确的预测结果。

（二）经验统计模型

系统动力学模型在处理地理学某些复杂的非线性问题方面存在优势，但其在城镇用地扩展模拟与预测中缺乏空间信息表达能力，仅将地理空间简化为一个均质区域，难以刻画地理要素之间的空间相互作用关系，在此背景下基于经验统计的预测模型和元胞自动机模型应运而生。经验统计模型是指通过建立土地利用空间分配和驱动因子之间的统计关系来模拟与预测未来土地利用变化过程的一类模型，通过与GIS平台的松散耦合能够方便地表征地理空间信息，具有较强的空间问题处理能力。常见的经验统计模型包括Logistic模型（吴桂平等，2008；Lamparte et al.，2010）、CLUE模型和CLUE－S模型（Lin et al.，2008；Park et al.，2012）、EuClueScanner模型（Mubareka et al.，2011）、Metronamica模型（Lauf et al.，2012）等，其中，Logistic模型、CLUE－S（Conversion of Land Use and It's Effects at Small Region Extent）模型最常用。Logistic模型在前述城镇用地扩展内部驱动机制中已作介绍，本节将主要阐述CLUE－S模型在城镇用地扩展与土地利用变化中的应用。

CLUE－S 模型由荷兰瓦赫宁根大学的 Verburg 教授等提出（Verburg et al.，2002；Verburg et al.，2003），在小尺度区域具有较大的适用性，引起了地理、规划学领域的广泛关注。Overmars 等（2007）、Castella 和 Verburg（2007）分别将 CLUE－S 模型应用于菲律宾、越南等国家内部不同类型区域的土地利用变化模拟与预测研究中。在国内，该模型也有较多的应用实例。魏伟等（2006）以武汉市洪山区为例，在建立 DPSIR 模型分析城市工业、居住、服务设施等用地类型驱动机制的基础上，采用 CLUE－S 模型预测其未来城市用地的动态变化过程。吴桂平等（2010）引入空间自相关变量对 CLUE－S 模型进行改进，并以张家界市永定区为例展开了实证研究，经验证发现改进后的 CLUE－S 模型在拟合优度和预测精度上均有较大的提高。黄明等（2012）从不同的空间数据分辨率出发，寻找 CLUE－S 模型的最优尺度，并设置自然增长、经济发展、生态保护三类情景预测甘肃省天水市罗玉沟流域的土地利用变化格局，对该区域土地资源合理利用与生态环境保护具有一定的参考价值。

（三）元胞自动机模型

尽管经验统计模型可以方便地表征地理空间信息，但其属于确定性模型，不符合城镇用地扩展的随机性特征，不能较好地模拟城市的自发性与突变性空间增长过程。元胞自动机模型是一类基于自下而上建模思路的时间、空间、状态都离散的动力学模型，具有强大的复杂性计算功能与空间数据处理能力，在模拟地理学复杂系统时空演化过程中具有天然优势，能较好地表征城镇用地扩展的随机性特征（秦向东和闵庆文，2007）。与传统的系统动力学模型对比，元胞自动机模型在城镇用地扩展的模拟与预测方面有着许多优点，主要体现在四个方面：第一，功能形式一致，利于城市地理现象的表达；第二，自下而上的构模方式，集中复杂学科的思想；第三，天然空间动力学模型，适合模拟城市自适应系统；第四，强大复杂性计算能力，提升城市模型的运行速度（杨得志，2009）。

进入 21 世纪后，计算机技术的飞速发展给元胞自动机模型的大规模应用创造了必要条件，种类繁多的元胞自动机模型被提出，并在各地的实证研究中取得了成功的应用。张显峰等（2000）基于自下而上的建模框架，在 GIS 环境下建立了扩展的 CA 模型，并以包头为例开展了实证研究。何春阳等（2002）认为自下而上的离散化的微观个体模型代表了城市增长模型发展的主流方向，同时他们构建了一个基于 CA 的大都市区城市空间动态模型，对北京地区的城镇用地扩展进行模拟与预测，可较好地反映大都市区用地扩展的一些基本特征。黎夏等（2006）和刘小平等（2007）分别探讨了基于元胞自动机模型构建的地理模拟系统、城市生态位模型在城市规划与土地利用规划中的应用。王海军等（2011）将空间异质性引入元胞空间的规则定义，提出了应用于城镇用地扩展领域的顾及区域差异和空间距离的 CA 模型，并以武汉市中心城区为例展开了实证研究。黄焕春等（2013）对传统的 Logistic – CA 模型进行多处改进，以天津市滨海地区为例，设置了历史外推、内生发展、外生发展三种情景模拟与预测经济快速发展背景下生态系统服务功能的变化特征。

在城镇用地扩展与土地利用变化模拟研究中，另一类较经典和著名的元胞自动机模型应是由加利福尼亚大学圣巴巴拉分校 Keith Clarke 教授等提出的 SLEUTH 模型，并据此先后对旧金山和华盛顿都市区进行了成功模拟和长期预测（Clarke et al.，1997；Clarke and Gaydos，1998）。在国内一些城市，如杭州（刘勇等，2008）、沈阳（吴晓青等，2009）、上海（郑凯迪等，2012）等，该模型也取得了较成功的应用。Xi 等（2009）将遥感、GIS 与 SLEUTH 模型相结合，设置了四种情景模拟与预测了沈阳—抚顺都市区未来的城镇用地扩展时空过程，结果表明，适度城市发展预案更适合研究区未来的城市发展。吴巍等（2011）借助 SLEUTH 模型，探讨了跨江通道建设对南京市滨江城区城镇用地扩展的影响，发现在预测年份规划跨江通道对研究区新增城市建设用地的贡献率将达到 20% 左右。

（四）多智能体系统

元胞自动机模型自下而上的建模思路表征了城市增长模型新的研究动

向，在LUCC研究中发挥着重要的作用，但对“人地关系”中人的主观能动性有所忽视，在模拟过程中较难融合个人或组织的决策知识，也不能较好地反映政策规划、社会体制等人文因素对城镇用地扩展的影响。多智能体系统（Multi - Agent System，MAS）基于微观主体（Agent）的建模思路在一定程度上弥补了上述缺陷，逐渐引起国内外学者的重视。国外研究如Loibl等（2003）以维也纳为例，通过构建多智能体模型，模拟居民、企业对居住地和商业用地的选择行为，进而预测研究区域的土地利用变化过程。Semboloni等（2004）选择城市居民、开发者、工业、服务业等为Agent主体，对多主体的不同决策行为进行了有效模拟，以期深刻理解城市土地利用空间结构的变化过程与发展趋势。Ligtenberg等（2004）提出了一种基于多智能体和元胞自动机相结合的土地利用规划模型，将政府主导的规划因素融入该模型，能够较好地模拟城市土地利用变化的动态过程，可为城市空间布局的优化提供依据。

国内部分学者也紧跟学术潮流，开展了多智能体系统的相关研究。杨青生等（2005）将多智能体系统与元胞自动机模型耦合，在元胞自动机模型的演化规则中引入Agent的人为性、不确定性，给予Agent主体地理意义的解释。刘小平等（2006）、全泉等（2011）、张鸿辉等（2012）分别对广州市海珠区、上海市域、连云港市中心城区的土地利用变化与城镇用地扩展进行了时空动态模拟与预测，这些实证研究表明，联合自上而下和自下而上决策行为的多智能体系统能够深刻理解城镇用地扩展的驱动机制，准确地预测未来城镇用地发展过程，可为城市土地管理工作提供决策支持。然而，多智能体系统在城镇用地扩展模拟的理论与实践中仍然存在一些缺陷，如个体行为的复杂性难以表征，模型验证方法较单一，尺度适应性讨论较缺乏等（吴文斌等，2007）。这些缺陷在一定程度上限制了多智能体系统在城镇用地扩展模拟与预测中的应用，亟须在未来相关研究中不断地改善。

四、文献评述与研究定位

（一）文献评述

本书从城镇用地扩展的过程格局、驱动机制、模拟预测三个方面对国内外相关实证研究进行了系统地梳理。首先，在城镇用地扩展的过程格局方面，按地理尺度可以划分为全球与区域尺度、个案城市尺度，前者主要关注城镇用地扩展的数量特征，后者重点关注城镇用地扩展的空间特征。其中，在个案城市尺度的研究中，已有文献多关注东、中部大城市的空间扩展过程与格局，计量指数分析、景观格局分析是探究城镇用地扩展总体态势的常用方法；方位比较法、景观梯度分析法和网格单元分析法等GIS空间分析方法则是探究城镇用地扩展空间特征的常用方法。但已有文献研究视角较单一，缺乏空间层面上不同视角的深入探讨与分析，故将多种方法相结合，从不同视角开展城镇用地扩展过程格局的时空异质性研究将是进一步提升的方向。

其次，在城镇用地扩展的驱动机制方面，按因素作用方式的差异可以划分为外部机制和内部机制。其中，外部机制主要关注促进城镇用地增长的社会经济因素，内部机制则重点把握影响城镇用地转变的地理区位因子。外部驱动机制研究继承了经济区位学派的思想，国内外学者在不同空间尺度开展了大量的实证研究，充分讨论经济发展、人口增长、产业结构、政策规划等社会经济因素对城镇用地扩展的影响。在城镇用地扩展的内部驱动机制研究中，传统Logistic模型已成功应用于国内外多个城市，但该方法只能在整体上把握各驱动因子的相对重要性，并不能有效把握因子驱动作用效应的空间非平稳性特征。故突破传统Logistic模型的空间均质性假设，探讨城镇用地扩展内部机制的空间异质性将是新的发展动向。

最后，在城镇用地扩展的模拟预测方面，主要从城市增长模型发展的视角对已有研究进行论述。城市增长模型的发展按时间顺序依次为系统动力学模型、经验统计模型、元胞自动机模型以及多智能体系统模型，预测结果也由定量向定位转变。其中，元胞自动机模型（CA）由于其强大的复杂性计算功能和空间数据处理能力，在当前城镇用地扩展研究中应用最广泛，但已有CA模型在以下两个方面存在不足。第一，不同城市区域自然、社会、经济条件各不相同，受数据精度、应用尺度等的制约，多数CA模型很难进行移植，不具有普适性，故在模型应用前需要对其适用性进行评估。第二，多数研究过于关注模型构建细节，忽视对城市增长预测结果的深入分析与应用讨论。由此可见，应构建新的城市增长模型或对已有模型进行改进，并对模型预测结果进行深入分析与讨论以指导未来城镇用地发展，将是该领域的研究热点。

（二）研究展望

第一，注重发展结合中国城镇化实际的理论分析框架。已有研究多数缺乏理论分析框架和统一研究范式，在构建分析模型时变量的选取存在较大主观性和随意性，往往根据研究者的学科背景和实践经验确定，导致研究结果的可比性较差，在一定程度上制约了实证研究的深化。未来应注重跨学科的交叉融合，强调理论分析支撑实证研究，注重发展结合中国城镇化实际的理论分析框架。例如，在城镇用地扩展外部机制研究中，可考虑结合中国经济转型背景，从人口城镇化、市场化、分权化以及全球化四个方面构建城镇用地总量增长的影响因素分析框架。

第二，关注城镇用地扩展因素作用效应的空间异质性特征。城市地域具有非均质性，内部自然条件、经济区位等不尽相同，致使城镇用地扩展影响因素的边际效应随区位而发生变化，具有空间非平稳性。在城镇用地扩展内部机制研究中，Logistic等传统回归模型隐含着均质性地域假设，其变量系数只能在整体上把握各影响因素的相对重要性，未来应不断突破空间均质性假设，重点关注因素作用效应的空间异质性特征。尽管已有学者尝试将空间扩展模型与地理加权回归模型应用于城镇用地扩展领域处理空间异质性问题，但这两类模型的优劣势、适用性等还有待进一步研究。

第三，加强对小尺度区域及城镇用地扩展重点、热点区域的研究。已有研究主要关注大、中城市的用地扩展问题，以东、中部城市为主，西部城市为辅，深刻地揭示了其空间扩展的特征与规律，但却对县域、街道或乡镇、社区或村庄等小尺度区域的建设用地扩展关注甚少，开展其研究可为从多尺度引导城市建设用地发展、践行健康城市化之路提供参考。另外，城镇用地扩展的重点、热点区域如国家战略层面下的国家级新区、跨江发展背景下的滨江新区等，具有用地复杂性、发展动态性的特征，在配套政策的支持下城市建设用地将迅速增长，在未来研究中应予以足够重视。

（三）研究定位

国内外学者关于中国城镇用地扩展问题的研究正方兴未艾，由前述城镇用地扩展的过程格局、驱动机制的研究进展可知，已有研究主要关注大、中城市的用地扩展问题，以东、中部特大都市为主，中、西部中等发达城市为辅，深刻地揭示了国内各大、中城市的空间扩展过程与规律，但对区县级小尺度城市尤其是中国经济转型背景下都市新区的城镇用地扩展问题有所忽视。都市新区相对于主城区的从属性和独立性，其扩展过程与机理具有特殊性，有必要针对该类区域开展城镇用地扩展时空变化规律的研究。

据前述城镇用地扩展过程格局的研究评述，已有文献较准确地把握了研究区域城镇用地扩展的总体态势和全局特征，但缺乏空间层面不同视角的城镇用地扩展过程格局演进特征的深入探讨。本书基于城镇用地扩展分布、扩展形式以及扩展梯度这三个不同视角开展城镇用地扩展过程格局的时空异质性研究，以期准确把握研究区城镇用地扩展的时空过程与格局。在城镇用地扩展内部驱动机制的研究中，已有文献多利用 Logistic 模型探讨城镇用地转变的主控因子，但对不同地域的驱动机制差异有所忽视。本书将在应用传统 Logistic 模型的基础上，引入空间扩展模型和地理加权回归模型两类空间异质模型，开展江宁都市新区城镇用地扩展内部机制的时空异质性研究，以期挖掘不同扩展阶段及其对应扩展形式的主控因子变化过程，并探讨因子驱动效应的空间非平稳性特征。

第三章　都市新区城镇用地扩展的理论分析

本章首先回顾了城镇用地扩展领域的相关理论发展，分近代起步发展、现代快速发展两个阶段对其进行梳理，作为全章的基础性理论；其次，分析市场化、分权化、全球化的经济转型背景及其对城镇用地扩展的促进作用，阐述转型期我国大都市的郊区化发展历程，为都市新区城镇用地的总量增长分析作铺垫；最后，重点从扩展动态过程、驱动机制两个方面对都市新区城镇用地扩展的时空异质性展开理论探讨，将其城镇用地扩展过程划分为不同的扩展阶段与扩展形式，从城镇用地的总量增长、空间扩展两个方面建立都市新区城镇用地扩展动力分析的理论框架。

一、城镇用地扩展相关理论回顾

城市空间扩展理论大致经历了近代起步发展和现代快速发展两个阶段。近代起步发展阶段，始于 18 世纪工业革命后期，终于第二次世界大战结束；现代快速发展阶段则为“二战”结束后至今的社会经济和平发展时期。

（一）近代起步发展阶段

工业革命带来的技术创新，加速了欧美国家的城镇化进程，大量的工矿区、住宅区被建立，导致了社会、经济结构的剧烈变迁，引发了各学科对城市空间结构变化的研究，城市空间扩展理论逐渐从萌芽到发展、从雏形到成熟。

在土地利用经济领域，伊利和莫尔豪斯于1924年出版的《土地经济学原理》标志着土地经济学成为独立学科的经典著作，至今仍有很好的参考价值；道若和辛曼于1928年在纽约出版的《城市土地经济学》标志着城市土地经济学分支的产生；1949年，拉特克里夫完善了城市土地经济学的研究体系，揭示了区位与地租的变化关系，阐述了地租在企业区位决策中的作用（刘书楷和曲福田，2004）。

在城市区位研究领域，研究者提出了农业区位论、工业区位论、中心地理论和市场区位论四类经典的古典区位论。农业区位论于1826年由德国学者杜能提出，得出了农业区位的理论模式——以城市为中心呈6个同心圆分布的"杜能环"。韦伯于1904年提出的工业区位论继承了杜能农业区位论的核心思想，提出了运输法则、劳动法则、集聚法则三条区位法则——以将企业吸引到生产费用的最小地点。中心地理论在古典区位论中最具代表性，由德国地理学家克里斯泰勒于1933年提出，得出了针对中心地数量、规模和分布的正六边形中心地网络体系。市场区位论由德国经济学家廖什于1940年提出，引入利润原则考察工业区位问题，寻找工业企业最大利润的区位，并最终形成六边形的市场网络，与克氏的中心地理论具有相似性（陈振汉和厉以宁，1982；陆大道，1988）。

在城市社会学领域，研究者提出了同心圆模式、扇形模式和多核心模式三类经典的城市空间结构模式，深刻地揭示了城市土地利用和功能分区的一般规律，强调了中央商务区在城市发展中的主导作用。同心圆模式由美国芝加哥学派的代表人物伯吉斯于1925年提出，他认为在个人、集团相互竞争的作用下，城市空间最终将形成由内向外发展的以中央商务区为中心的圈层式结构。1936 年，霍伊特提出的扇形模式充分吸收了伯吉斯同心圆学说的思想，综合考虑了城市道路交通对城市空间扩展的牵引作用，认为城市的发展常从城中心开始，沿着主要交通要道或者沿着最少阻力的路线向外放射。1945 年，多核心模式由美国地理学家哈里斯和乌尔曼共同提出，其突出特点是比较准确地反映了城市地域发展的多元结构和城市空间扩展的外延趋势，且综合考虑的因素较多，如地租、区位、集聚、历史特征等。较同心圆模式、扇形模式更切合实际（刘盛和，2002；冯健，2003）。

在建筑设计与城市规划领域，研究者也提出了许多著名的城市空间发展理论，如马塔于 1882 年提出的带形城市理论，强调以交通干线作为城市布局的主脊骨骼，延伸城市设施至乡村地区。1898 年，霍华德的田园城市理论作为西方社会重要的改良学说，提出借助隔离绿带限制城市蔓延的思想，对现代城市规划学的产生与发展具有深刻的影响。1904 年，戛涅的工业城市思想，提倡城市工业、住宅、商业用地的有机融合。随着西方工业化进程的深入，各城市人口发生膨胀，为分散中心城市的人口与工业，雷蒙恩温、沙里宁吸收田园城市规划理念，分别于 1922 年、1934 年提出卫星城理论与有机疏散理论，并将其应用到城市规划管理实践中，如斯德哥尔摩的卫星城魏林比、赫尔辛基的有机疏散规划等（杨吾杨和杨齐，1986；赵和生，1999）。

（二）现代快速发展阶段

第二次世界大战后进入社会经济发展的和平时期，也即城市空间扩展理论的现代快速发展阶段，欧美西方国家百废俱兴，大量的城市建设伴随着快速的工业化进程产生，在多学科交叉推动下，城市空间扩展相关理论由定性描述逐渐向定量分析转型，从城市内部空间结构研究向区域城市群研究转型。

现代城市空间扩展理论始于 20 世纪五六十年代以芝加哥大学为代表的城市问题定量化研究，促使上一阶段的静态城市模型逐渐向动态城市模型转型，其中最具代表性的城市模型包括自组织模型、随机模型、形态发生模型、生命周期模型等。20 世纪六七十年代，新兴的新古典经济学领域开始对城市空间扩展及其土地利用问题展开热烈的讨论，如阿隆索于 1964 年提出的土地竞租模型从经济学视角解析了地租、区位及土地利用的关系，他设计了著名的土地利用竞租曲线，认为城市土地利用方式从城市中心向外围依次是中心商业区、工业与住宅区、城市边缘区、农业区。1966 年，弗里德曼在其学术著作《区域发展政策》中，正式提出核心—边缘理论，并在之后的研究中予以详细的论证与分析，该理论是一种用于解释区际或城乡之间非均衡发展过程的理论模式（汤茂林等，2004；约翰·弗里德曼和曹新新，2005）。

70 年代后，随着资本主义社会矛盾的激化，在政治经济学领域兴起的结构学派（也称新马克思主义）开始关注城市空间扩展的问题，认为城市空间扩展研究不应只关注个人、企业的最优选址问题，而应该挖掘问题背后深层次的体制因素，并将各类问题置于资本主义社会结构的分析框架中进行研究（李小建，1999；何明俊，2008）。代表人物如哈维（1973；1974），认为资本主义城市空间结构的形成与发展是各类资本再生的结果；梅西（1982）同样认为，城市空间格局导致的劳动地域差异，实质是资本主义生产关系在城市土地利用上的反映。

战后西方各国社会经济的快速发展，引发大量人口向大中型城市集聚，需要更多的土地、产业予以支撑，由此带来了城市蔓延与郊区化发展的问题，在此背景下，城市与区域规划领域的研究者们开始关注城市空间结构的形态与发展机制，并逐渐重视区域城市乃至全球城市的研究（陆大道，1988；赵和生，1999；程茂吉，2012）。法国经济学家佩鲁首次提出了增长极理论，强调集聚经济的正外部性，他打破了原有的城市空间均衡理论，被认为是西方空间经济学的基石，后来被法国经济学家布代维尔、美国经济学家弗里德曼、瑞典经济学家缪尔达尔以及中国科学院院士陆大道在不同程度上予以了完善，并被广泛用于区域规划开发的实践中，如我国沿海沿江的 T 字形发展战略就是基于陆大道（1988）的点—轴发展理论提出的。点—轴发展模式突破了原有城市空间邻近地域推进模式，交通方式的进步与基础设施的改善更加速了城市的郊区化发展。塔弗（1963）继承了迪肯森三地带学说的理念，提出了一个由内至外依次为商务区、边缘区、中间带、外缘带与近郊区组成的城市内部结构理想模式，其后被洛斯乌姆（1975）、穆勒（1981）、弗里德曼（1986）应用于现代大都市、区域城市以及世界城市的研究中。

80 年代后，西方城市郊区化与用地蔓延问题，掀起了城市增长控制的热烈讨论，其中，最具代表性的两种规划思潮分别为新城市主义与精明增长。新城市主义思潮形成于 80 年代，其发起人为建筑设计师，主要针对由城市蔓延引致的城市空心化、中心城市活力下降、过度依赖小汽车产生的能源消耗与环境污染问题提出，提倡建设以人为本、公共利益优先、可包容多样性的居住社区。精明增长理论则由城市规划师于 20 世纪 90 年代提出，倡导城市土地的混合利用与城市的紧凑发展，公交导向发展模式和城市增长边界设置是其两个重要的政策实现工具，其最有影响力的组织是 2000 年由美国规划协会联合 60 家公共团体组成的美国精明增长联盟（Smart Growth America）。这两种规划思潮殊途同归，最终目的都是实现土地的集约利用与城市的紧凑发展（雒占福，2009；任奎，2009；曹伟，2011）。

总体而言，城市空间扩展相关理论的发展加深了我们对城市空间结构与土地利用的演化规律与驱动机制的理解，但是随着社会经济的进步和城市建设的发展，其适用性也在逐渐减弱，并不能有效地解释近年来国内外城市土地利用与空间结构的剧烈变化过程，亟须发展新的理论或构建适当的理论分析框架以指导城市空间扩展与土地利用变化的实证研究。

二、城市土地利用扩展理论

伴随城市空间扩展理论的发展，学者们从不同学科视角对城市土地利用扩展的研究形成了多个理论学派，其中具有较大影响力的学派包括历史形态学派、经济区位学派、社会行为学派以及政治经济学派（刘盛和等，2002）。城市土地利用扩展是城市空间扩展的重要方面（许彦曦等，2007），故在本质上城市土地利用扩展理论是城市空间扩展理论的组成成分，本节仅针对城市土地利用扩展研究的不同学派进行细化阐述。

（一）历史形态学派

历史形态学派采用定性描述方法，对历史时期城市土地利用扩展的趋势进行概述与归纳，进而总结城市土地利用扩展的空间分异规律与作用模式，对理解城市地域空间结构作出过重要的贡献。轴向增长模式以及前述的三类经典城市空间结构模式（同心圆模式、扇形模式和多核心模式）就是历史形态学派的代表性成果。在驱动机制方面，历史形态学派认为城市土地利用扩展是在自发力量的作用下产生的，主要受自然环境因素制约，强调城市土地转用的自发性与随机性，忽略人为干扰作用，认为现状的城市土地利用格局是经过历史时期长时间的积累而形成的，也即环境决定论（Wei and Li，2002）。德国地理学家拉采尔是公认的环境决定论思想的引入者，他系统地阐述了地理环境对人类活动的支配作用（郑度，2002）。然而，历史形态学派主要停留在对城市土地利用空间结构的描述阶段，且过于强调地理环境的作用，忽视了社会、经济、政治等人文因素对城市土地利用扩展的影响，致使该学派的大部分内容被逐渐摒弃，但仍有一些理论思想在实践中得到应用，如土地利用与景观规划的生态学方法（郧文聚和宇振荣，2011）等。

（二）经济区位学派

经济区位学派则是以市场平衡理论为基础，引入“经济优化人”的概念，通过运用空间计量经济学的方法构建城市土地利用变化模型，以定量解释城市土地利用的区位决策和空间模式（Goodall，1972）。古典单中心模型、外在性模型、动态模型是三类经典的经济区位模型（刘盛和等，

2001）。其中，古典单中心模型更具代表性，它从新古典主义经济学视角出发，认为在自由经济条件下，城市土地利用扩展的主要驱动力是源于对土地和区位的竞争以追求最大收益或最低成本，可以借助人口、收入、地区生产总值等市场经济要素建立定量模型用于模拟城市土地利用的区位决策过程。经济区位学派认为规模与集聚经济是城市空间增长的核心机制，注重经济行为的空间特征，主要探讨理想竞争状态下的区位均衡过程，能够有力地解释社会经济变量与城市土地利用方面的内在联系。但该学派简单、纯粹地把城市土地利用的变化视为理想状态下的经济活动结果，却忽视了其他现实因素如市场机制的不完全、社会结构的制约、人的偏好以及技术进步等对城市土地利用扩展的影响。

（三）社会行为学派

社会行为学派与历史形态学派的观点形成对立，并突破了经济区位学派的理想竞争状态和“经济优化人”的假设，认为人是非理性的，效益最大化与费用最小化并不是人们在城市土地利用决策中的唯一标准，主张从人类的感知、意图、情感、偏好、价值、效用等角度认识城市土地利用扩展的动力机制（沈丽珍等，2013）。该学派认为城市土地利用扩展是人们日常经济行为与城市空间相互作用的过程，给城市土地利用扩展的理论模式带来了人文思想。由价值—行为—模式—结果等基本概念组成的决策分析模型是社会行为学派的经典模型，试图在现实状态下解析空间经济行为，认为城市土地利用扩展的本质是人类空间活动和区位选择的累积结果（Chapin，1970）。社会行为学派强调人的主观能动性作用，与法国地理学家白兰士提出的环境利用可能论相呼应（张同升和甘国辉，2005）。该理论认为人类对自然环境有充分的改造能力，在实践中的应用则表现为空间组织学派思想，强调城市规划设计者在引导城镇用地发展方向上的重要性，并突出资源配置与城市管理中的政府干预作用。

（四）政治经济学派

政治经济学派认为社会行为学派忽视了个体行为决策背后的深层次机

制，也即社会结构的制约作用，认为城市土地利用扩展受制于特定政治、经济结构以及社会生产方式等深层次的体制因素。城市空间结构的形成与发展，实质是各类资本再生产的结果，是资本主义生产关系在城市土地利用上的反映。该学派将城市增长过程与资本主义社会结构相联系，认为城市土地利用扩展是不同社会阶层和群体相互冲突、相互妥协的结果，在具体的城市土地利用决策与开发过程中，应从所在的社会政治经济结构入手，分析个人、公司、政府等的权力与影响力差别，其代表性的学派又可以分为结构主义学派、区位冲突学派和城市管理学派（Harvey，1974；Cox，1974）。尽管政治经济学派将土地利用区位决策与社会政治环境进行了有机联系，然而，城市土地利用却是以一种抽象的方式对待，该理论的重点并不在于土地本身，而在于引起土地利用扩展的社会政治环境分析，并不能有效地解释政治制度因素与城市土地利用空间结构模式的内在关联（张同升和甘国辉，2005；吴得文，2011）。

总而言之，上述城市土地利用扩展理论逐步加深了我们对城市土地利用与空间结构的演化规律与驱动机制的理解，但是随着社会经济的进步与发展，其适用性也在逐渐减弱，并不能有效地解释近年来国内外城市土地利用与空间结构的剧烈变化过程，亟须发展新的理论或借鉴其他学科的理论以指导城市土地利用变化与空间扩展的实证研究。

三、经济转型背景与城市空间扩展

改革开放以来，我国社会经济发展取得了重大进步，尤其是步入21世纪后，社会经济与城市建设步入加速发展阶段，城镇化与工业化相互促进、相得益彰，不断促进城镇用地的增加与空间结构的演化。中国的经济转型可以看作是市场化、分权化、全球化的过程（Wei and Li，2002；Wu，

2002；Zhao，2011），这三个过程都直接或间接地促进了我国的城市空间扩展及其土地利用变化。

（一）市场化、分权化、全球化

1. 市场化及其对城镇用地扩展的促进

市场是促进生产要素合理配置的“无形的手”，中国市场化改革的目标就是建立社会主义市场经济体制，确立市场在资源配置中的主体地位。我国市场经济体制改革以1978年改革开放为标志，大致经历了起步阶段（1978～1984年）、探索阶段（1984～1992年）、成熟阶段（1992年至今）（袁丰，2011）。起步阶段以农村改革为重点，经济体制为“以计划经济为主、市场经济为辅”；探索阶段以城市改革为主体，发展“有计划的商品经济”；成熟阶段走向市场经济的全面转型时期，伴随着国有企业的深化改革、民营经济的大力发展、对外开放的逐渐扩大，社会主义市场经济体制逐渐趋于完善，并不断促进城市经济的发展（Lin，2003；樊纲等，2011）。

以Nees（1989）为代表的学者提出了市场经济转型理论，强调由计划经济向市场经济转型是中国经济发展与城市增长的原动力。在促进城镇用地扩展与土地利用变化方面，市场化主要是通过以下两个方面的作用来发挥影响的：一是级差地租的作用。市场经济促进生产要素的自由流动，土地的商品属性得以体现，级差地租逐渐在土地利用过程中发挥作用。在价格机制的作用下，大量城市边缘区的土地得到开发，建成区规模不断扩大，伴随农田、森林等景观的大量减少。二是企业的区位决策。市场化改革下企业的自主经营权增加，微观区位决策权也由政府转移到企业，企业的区位决策必然综合考虑成本、利润等因素，故强调市场因素的区位理论与集聚经济模型能够较好地模拟企业选址行为（He et al.，2008；贺灿飞和潘峰华，2009）。

2. 分权化及其对城镇用地扩展的促进

分权化与集权化相对应，是指将集中在一个部门的权力和责任向相关平行部门和下属区域进行转移和分散的过程，或称为行政性分权过程（Jin et al.，2005；张京祥等，2007）。分权化改革加强了地方政府发展当地经济的动力，让地方政府享有了更大的自主发展空间，一方面，地方政府对当地经济发展承担了主要责任，限制了上级政府对于地方经济的过度干预；另一方面，地方政府的财政支出与地方经济发展水平紧密挂钩，促使地方政府积极地谋求地方经济发展（朱恒鹏，2004；朱勍和胡德，2011；买静和张京祥，2013）。地方政府在提供公共产品和处理社会经济事务比上级政府更有效率，就某种程度而言，中国市场化改革取得成功较大程度得益于分权化的改革。

以 Oi（1992）为代表的学者提出了政府管治分权化理论，强调“地方政府公司主义”特征，当地政府在当地经济发展与城市建设中拥有更大的权利与自主性。在促进城镇用地扩展与土地利用变化方面，分权化主要通过以下两个方面的作用来发挥影响：第一，做大做强城市与产业，热衷土地出让。在 GDP 政绩考核体制下，地方政府面临同级政府的“兄弟之争”，地方官员为获取晋升机会而忽视当地发展实际，争相做大做强城市与产业，热衷于土地出让，产业同构化严重，引致城市的空间快速扩展（Wei，2013）。第二，加大基础设施投资力度，优化投资环境以及重点项目的建设。交通基础设施是城市基础设施建设的重中之重，道路交通往往成为城市空间扩展的伸展轴，对城市用地发展具有重要的指向性作用；重点项目的开发与建设，则可以改善所处地域的区位条件，带动周边地区的城市开发与土地增值。

3. 全球化及其对城镇用地扩展的促进

20 世纪 80 年代以来，企业空间组织和信息技术的快速变化，推动了跨国公司的经济全球化进程，同时促进了投资地的经济繁荣（袁丰，2010）。经济全球化可以定义为原来空间上分散于全球的经济活动开始综合和一体化的现象，各个国家都在不同程度上受经济全球化的影响和冲击。1980 年 8 月，我国设立了深圳、珠海、汕头、厦门 4 个经济特区，作为经济改革开放的第一批试点城市，随后，大连、秦皇岛、天津等 14 个沿海港口城市以及珠三角、长三角、闽东南地区相继对外开放，逐步拉开了经济全球化的发展框架。特别是我国加入世界贸易组织后，外商投资环境得到改善，加速了经济全球化步伐，国内经济逐渐融入了全球化的链条。

部分学者（宁越敏，1998；魏后凯，2002；Wei and Li，2002；Wei et al.，2010）指出了外商直接投资与进出口贸易对城市空间结构重塑的重要性，尤其是在大都市的郊区。在促进城镇用地扩展与土地利用变化方面，全球化主要是通过以下两个方面的作用来发挥影响的：第一，外资与开发园区的建设。外商直接投资是经济全球化重要的衡量指标，是我国经济发展与城市建设的重要资金来源，外资的进入在很大程度上激发了中国的开发区建设热潮，并使之成为近30年来城市土地增长的重要原因之一。第二，出口贸易与世界工厂的形成。在外向型经济和开放型贸易的带动下，民营和国有资本等内资企业通过生产外销型产品积极融入全球市场体系（吴莉娅和顾朝林，2005），出口导向型国际贸易催生了一大批的制造业基地与园区，使得中国成为名副其实的世界工厂。

（二）转型期我国大都市的郊区化发展

自1949年以来，国内城市的空间增长过程一直与政府的意图息息相关，受中央政策及地方规划所引导与控制。改革开放之前，多数城市普遍面临社会主义经济短缺与基础设施落后等问题，为应对大城市空间扩张引发的就业、居住、交通不足的问题，国家主导实施了控制城市化并限制大城市增长的政策。借助城乡户籍系统，国家同时实施了严格的移民控制政策，阻止农村人口向城市区域的转移，同时提出知识青年下乡劳动改造的政策，分散已有城市人口以减轻地方政府的压力。然而，为在经济上赶超欧美国家，在限制城市化的基础上大力推进国家的工业化进程，也即“控制城市化的工业化”，出于“冷战”因素的考虑，位于三线地带的部分西部城市的用地发展得到支持（Wei，2005）。该时期位于大都市边缘的郊县（区），普遍建成区体量小，城镇用地扩展缓慢，行政区域内以广大农村地域为主要特征。

改革开放后，我国开始进行市场化与分权化改革。早期改革强调分权化，通过下放中央政府的各项权利尤其是经济干预权利，以提升地方政府发展当地经济的动力与效益，许多政府职能机构随之被撤销或部分权力下放。伴随分权化改革，市场化改革也在有条不紊地进行，竞争机制使得地区之间生产要素的流动性增强（张京祥等，2006）。在市场化与分权化的交互作用下，地方政府成为当地经济发展的主导者，原来“控制城市增长，发展小城镇”的政策被突破。另外，随着户籍制度的逐渐放开，大量农村人口涌入城市寻找就业机会，引致大量的居住、公共设施等用地类型的需求（Zhou and Ma，2000；Zhou and Ma，2005；Zhao，2013）。地方政府通过制定一系列的优惠政策来吸引投资发展地方经济，促使城市空间结构由紧凑式向分散式转型，推进了大都市的郊区化发展与空间重组（王俊松和贺灿飞，2009；Liu et al.，2011）。在城市“摊大饼式”发展模式下，城市边缘区尤其是都市新区成为城镇用地扩展的热点地区，持续不断地承接主城区的人口、资金、技术、信息等各类生产要素的扩散与转移。

20 世纪 90 年代以来，大量外资涌入国内寻求发展机遇，优越的地理区位、积极的地方政府、与国际市场的密切程度以及良好的基础设施条件，使珠三角、长三角成为外商投资的集聚地，极大地促进了所在区域的社会经济发展与城市空间扩展（石忆邵和王贺封，2012）。例如，Wei 和 Li（2002）对杭州城市社会经济发展与空间结构重塑进行研究表明，外商投资与贸易的拉动是杭州城市空间发展的重要驱动力之一。另外，在以 GDP 为标准的政绩考核机制作用下，各城市将外资视为城市发展与基础设施建设的重要资金来源，通过出台各类优惠政策措施如廉价土地、税费减免等，加大对外商投资的争取力度，在广大郊区地域兴起了开发园区的建设热潮（薛凤旋和杨春，1997；He et al.，2008）。在“退二进三，退城进园”政策下，作为大都市重要发展腹地的都市新区获得新的发展契机，大量开发园区、生产基地在区域内建立，显现出新的土地利用特征与用地发展规律。

四、都市新区城镇用地扩展过程及其时空异质性

（一）城镇用地扩展的时空异质性特征

异质性是景观生态学的核心概念，指景观系统特征在时空上的复杂性和变异性（Li and Reynolds, 1995）。景观异质性是指景观及其组分的变异程度，不仅体现在时间上的动态变化，而且体现在景观的空间结构变化上。前者即为时间异质性，后者对应空间异质性（邱扬等，2000）。其中，空间异质性（Spatial Heterogeneity）是景观异质性关注的焦点（傅伯杰和陈利顶，1996；郭晋平等，1999；李灿等，2013）。不同数据类型的空间异质性的描述方法有所差异，点格数据的空间异质性可根据点的密度或邻体距离的变异性进行表征；类型图的空间异质性可由其斑块组成和配置的复杂性进行表征；数值图的空间异质性则可由其变化趋势、各向异性、自相关程度等进行表征（邬建国，2007）。

城镇用地扩展是城市社会经济发展在实体地域的具体表现，随着社会经济的发展呈现阶段性变化，不同扩展阶段的城市空间形态又各具差异，具有时空异质性特征。美国学者弗里德曼的区域空间结构演变理论将城市区域的空间扩展过程划分为原始城市、边缘启动、副中心形成、巨大城市带四个阶段，依次对应工业化前期、工业化初期、工业现代化时期和后工业化时期（李建伟，2012）。在工业化前期，城市规模较小，空间上表现为城市极核的分散布局；在工业化初期，社会经济发展促使城市规模增加，主要极核的城镇用地向外扩展，开始出现边缘城市化，空间上表现为中心—外围结构；在工业现代化时期，城市中心由于住房、交通、就业以及环境等方面的压力，从而在城市郊区发展新区或卫星城，形成城市的副

中心，空间上则呈现多核心结构；在后工业化时期，在经济高度发达和科学技术的支撑下，地区间的差距逐渐缩小，城市发展逐渐趋于平衡，空间上逐渐形成规模等级有序，职能分工明确的城市网络体系（王祁春等，2001；史春云等，2007；李建伟，2012）。

城市边缘区的用地扩展过程同样存在时空异质性。英国学者科曾的周期性理论认为，边缘区城镇用地扩展向农村地域的推进过程是非稳步的，与经济发展的非均衡周期性对应，在城市作用力与乡村作用力的相互制约与平衡下呈现加速、减速、静止三种状态并不断循环（Conzen，1960；李黎，2006）。其中，加速状态以城市作用力为主导，城镇用地扩展迅速，空间上多沿交通干线呈放射状向外扩展；减速状态下城市作用力与乡村作用力相互均衡，扩展速率有所下降，空间上多呈环状扩展特征；静止状态下乡村作用力占主导，城镇用地扩展以内部填充为主要特征。美国学者埃里克森的动态模拟理论通过对 1920 年以来美国特大城市的土地利用空间结构演化过程进行研究，将边缘区的城镇用地扩展划分为外溢—专业化、分散—多样化以及填充—多核心化三个阶段，各阶段在功能和空间上分别以单一功能区的轴向扩展、综合功能区的圈层扩展和多核心化的填充扩展为主要特征，在一定程度上验证了科曾的周期性理论（Erickson，1983；陈佑启和周建明，1998）。

都市新区作为一类特殊的城市边缘区，是大都市的重要发展腹地，也是城镇用地扩展最迅速、最活跃的地区。在市场化、分权化、全球化的经济转型背景下，既存在自身发展的动力，又源源不断地承接中心城区的产业、资金、人口等生产要素转移，城市空间结构始终处于动态变化中，具有时空异质性特征。在时间异质性上，都市新区城镇用地扩展具有与社会经济发展相对应的阶段性特征，用地扩展规模、速率与当地的经济发展、人口流动等密切相关；在空间异质性上，受地形坡度、道路交通以及生态保护等多方面综合影响，其城镇用地扩展则存在地域差异，且不同扩展阶段的城市空间形态也各具特征。下面将详细分析与阐述都市新区城镇用地扩展过程的时空异质性特征，扩展时间异质性可划分为极核雏形、指状生长、轴间填充和多核心发展四个阶段，扩展空间异质性可划分为填充式、外延式、飞地式三种扩展类型。

（二）都市新区城镇用地扩展过程的时间异质性

许学强（1997）将我国城市空间结构的演化过程划分为离散阶段、极化阶段、扩散阶段、成熟阶段，依次对应农业发展时期、工业迅速增长时期、工业结构高度化时期以及信息化时期。多数城市的空间扩展总体处于由极化阶段向扩散阶段过渡的时期，其中，位于东、中部社会经济发达的大都市已经步入了扩散阶段，表现为广大郊区地域的空间快速发展（殷文杰，2007）。

都市新区位于大都市的近郊地域，作为大都市的重要发展腹地和新经济增长点，其城市空间扩展过程具有阶段性，呈现一定的演化规律，具有时空异质性特征。本书在总结前人研究（段进，1990；顾朝林，1995；朱喜钢，2002；周捷，2007）的基础上，基于增长极、点—轴发展等城市地理学相关理论，将都市新区城镇用地扩展过程划分为四个阶段，依次为极核雏形阶段、指状生长阶段、轴间填充阶段和多核心发展阶段，其空间结构由均衡的单核心状态逐渐向不均衡的多核心状态转变（见图3－1）。

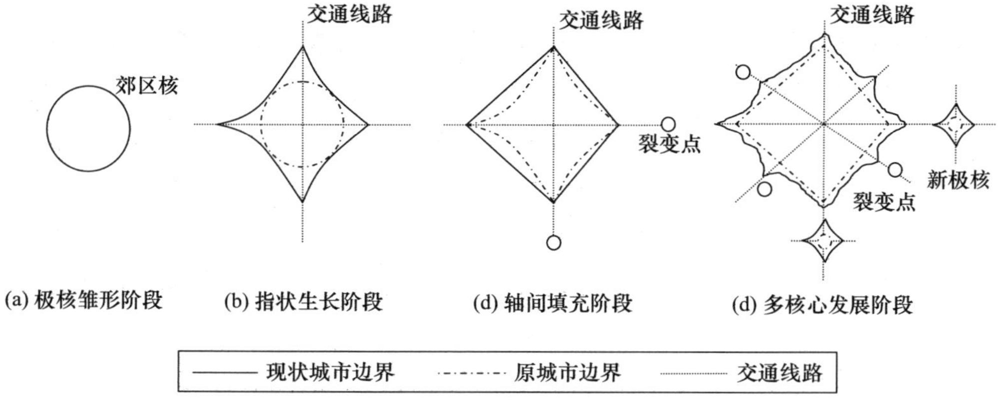

图3－1　都市新区城镇用地扩展的空间过程

1. 极核雏形阶段

极核，或称郊区核，是指原有的城市发展基础，也即都市新区当前的核心发展区所在地域。郊区核产生的背景为：在城市发展初期，由于中心城区功能过于集中，人口、产业、资本等生产要素逐渐扩散至郊区地域，在近郊地域形成新的经济增长极，并经长期累积发展所形成，具有一定程度的规模、集聚效应。该时期郊区核的空间形态呈现紧凑团状或点状，城市经济活动规模较小，以集聚为主要特征，在空间上表现为由分散状态向集中状态转变。

2. 指状生长阶段

交通是城市功能的重要方面，城市空间结构在很大程度上是由交通体系的建立与完善所决定的（毛蒋兴和闫小培，2004）。指状生长是指城镇用地沿交通轴线扩展，或是受河流、山谷等地形要素限制，沿一定方向扩展形成较狭长的城市地带。在指状生长阶段，都市新区城镇用地扩展速率加快，城镇用地沿交通线路向外延伸，城镇用地扩展的廊道效应伴随产生；在空间形态上则呈现辐射状的星形结构，伸展轴线之间充斥着大量的亟待开发用地。辐射型结构是最不稳定的城市空间形态，有利于形成城市发展的基本骨架（翟国强，2007）。

3. 轴间填充阶段

在轴间填充阶段，都市新区的城镇用地扩展表现为各伸展轴线之间的未利用地逐步得到开发，城市空间形态总体呈现团块状特征。随着中心城区经济活动、城市职能的迁入，都市新区工业化、城市化进程加快，第二、第三产业的比重得到提升，社会经济实力不断增强。在此背景下，都市新区发展成为一个具有综合城市功能的集聚中心，对周边未城市化地域的辐射与扩散效应逐渐加强，在一些区位条件优越的地域也会产生新的经济增长极，也即裂变点。一般而言，裂变点产生的地域通常为城市要素的输入中心或区位优势显著的地域，如远郊开发区、发展基础较好的镇街中心等（殷文杰，2007）。

4. 多核心发展阶段

多核心发展阶段都市新区的城镇用地扩展速率较上一阶段有所下降，

在空间形态上呈现多核心发展结构。郊区核主要趋向于内部填充式扩展与外部外延式扩展，核心城区的体量继续扩大；裂变点的用地扩展过程则重复指状生长阶段特征，不断吸引人口、产业、资金、信息等生产要素的集聚，从而进一步带动周边农业地域的土地城镇化。多核心发展阶段是都市新区城镇用地扩展的最终阶段，其城市功能也趋向于高级化、多样化和综合化。

（三）都市新区城镇用地扩展过程的空间异质性

1. 都市新区扩展的空间异质性特征

城镇用地扩展过程的时间异质性能够回答城市空间结构的总体动态变化过程，而其空间异质性则重点关注局部地域的城镇用地生长方式。都市新区是大都市发展较好的郊区，作为大都市的重要组成部分，其空间扩展形式与大都市存在一些共性，但也具有自身的特征。概括已有研究（钱紫华和陈晓键，2005；吴铮争等，2008；王发曾和唐乐乐，2009；王茜等，2014），都市新区城镇用地扩展的空间异质性特征主要体现为三类基本的空间扩展形式，分别为集中式连片开发、外延式渐进发展、走廊式轴向扩展，其中又以集中式连片开发最典型。

（1）集中式连片开发。相对中心城区而言，集中式连片开发是都市新区最典型的空间扩展形式，是一类有目的、有规划地综合开发大片土地的发展模式。集中式连片开发一般由当地政府主导，统一规划、统一征地、统一建设，如开发区、大学城的选址建设。作为区域经济增长和城镇化的推动器，开发区是都市新区招商引资和民众创业的适宜平台，也是吸纳农村剩余劳动力的就业基地，工业用地需求量大，特别是定位为发展基础工业、综合物流业的开发园区，需要布置在土地资源丰富、环境容量较大的远郊地域。大学城也是集中式连片开发的具体表现，其在都市新区选址的背景为：高校大量扩招导致校区拥挤，在中心城区土地资源紧缺的状况下，转而寻求在城市郊区广泛建立分校。集中式连片开发方式能够有力地带动周边地域的土地开发和地价升值，并促进都市新区空间结构向多核心发展阶段转变。

（2）外延式渐进发展。指城镇用地沿着建成区边缘逐渐向外蔓延的一种空间扩展形式，对应城市空间的“摊大饼式”发展模式。都市新区的郊区核体量相对较小，外延式渐进扩展产生的负面效应有限，不会像大都市那样产生交通拥挤、住房紧缺等一系列问题，故此类扩展形式是城市边缘初期发展中最经济，最易形成规模，最为人心理接受的有效模式（翟国强，2007）。外延式渐进发展一方面能够充分利用已有城市公共设施和生活服务设施，另一方面还可更方便地与郊区核甚至是中心城区进行交流与联系，承接各类生产要素的扩展。在用地特征方面，为满足城市生产的需要，外延式渐进扩展一般以工业用地为先导，其次才是居住用地与商服设施用地，故在都市新区的边缘地域总体呈现近郊农用地—工业用地扩展—居住用地填充—商服设施配套的用地演化规律（周捷，2007）。

（3）走廊式轴向扩展。一般而言，道路交通的等级决定了发展轴线的等级，由国道、省道、高速公路、城市快速路等组成的交通干线体系是城镇用地向外围延伸的先导，构成都市新区城市发展的骨架，而内部交通网络则主要促进城镇用地的轴间填充。在指状生长过程中，都市新区的发展轴线又会形成不同类型的“走廊”（晋秀龙，2000），如工业走廊、居住走廊以及综合走廊，其中又以工业走廊为主要特征。为方便与市场、原料地进行联系，一些对交通线路依附性强的工厂、仓库趋向于沿道路两侧区域布置，最终形成工业走廊，待集聚效应产生后，在城市规划的科学引导下予以商住用地、公共设施用地配套，将促使其转变为综合走廊。

2. 城镇用地扩展空间异质性的类型划分

基于局域地块单元，在微观层面上对都市新区城镇用地扩展的空间异质性进行类型划分，能够定量、定位地描述各城镇用地扩展类型在空间上的分布特征，为研究者提供翔实、直观的基础信息，利于准确地掌握城镇用地扩展的时空动态过程与格局（Bhatta，2009）。以此为基础，继续深入分析各城镇用地扩展类型的驱动机制，将有助于更深层次地挖掘都市新区城市用地扩展的内在规律与特征，同时可为城市管理工作提供有益参考。

关于城镇用地扩展空间异质性的类型划分，国内学者多从宏观层面，采取定性或通过目视的方法对不同城市的空间扩展形式进行归纳与总结，但较缺乏微观层面扩展类型的定量测度（毛蒋兴等，2005；卓莉等，2005；董廷旭等，2011）。国外学者则从各自角度在微观层面上对城镇用地扩展的类型划分进行了相关定义与研究，如 Forman（1995）从景观生态学视角，将城镇用地扩展在空间上划分为单核式、多核式、外延式、散布式和廊道式 5 种类型；Camagni 等（2002）的研究指出城镇用地扩展的空间异质性可用填充式、外延式、线性扩张式、外延式和“卫星城”式 5 种类型进行概括；Wilson 等（2003）从形态学视角，将城镇用地扩展形式划分为填充式、外延式、飞地式 3 种类型；Knox 等（2005）则认为单个城市的空间扩展可以划分为集聚型的外延式、连片式、分片式和扩散型的轴向式、飞地式。尽管上述研究较系统深刻，但扩展类型的空间划分标准并未统一，这不利于已有研究成果在不同城市、不同国家进行比较，在一定程度上降低了成果的应用性。

本书认为 Wilson 等（2003）的城镇用地扩展类型划分具有代表性，扩展类型的其他定义和分类，都可认为是填充式（Infilling）、外延式（Edge – expansion）、飞地式（Outlying）3 种基本类型在不同程度上的组合，用于反映城镇用地扩展的基本空间过程（刘纪远等，2003）。填充式扩展类型是指在已城镇化区域内部对非城镇化斑块进行空隙填充的过程；外延式扩展类型指沿着已城镇化斑块向外延伸的过程，新增城镇用地斑块和已城镇化斑块之间具有公共边界；飞地式扩展类型则是指已城镇化区域外围的土地城镇化过程，新增城镇用地斑块和已城镇化斑块之间无公共边界（见图 3 – 2）。

在城市发展的不同阶段，填充式、外延式、飞地式 3 种类型在城市空间扩展过程中的作用与地位不同，其扩展速度、空间格局、开发用途、驱动机制也存在差异（Xu et al.，2007）。都市新区城镇用地扩展的空间异质性特征体现在集中连片开发、边缘渐进扩展、轴向指状生长 3 类空间扩展形式上，据主观经验可推测其扩展类型将以外延式、飞地式为主导。

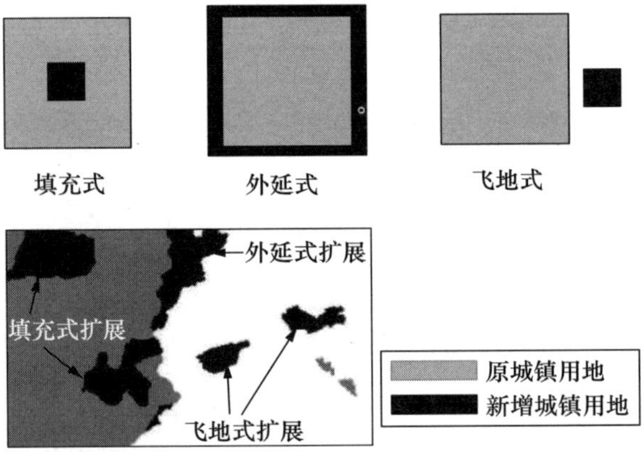

图 3-2　城镇用地扩展形式的空间划分

五、都市新区城镇用地扩展机制及其时空异质性

外部社会经济因素是城镇用地扩展的诱因与原动力，决定城镇用地的总量增长，而具体某一局域地块单元是否转变为城镇用地，则由内部地理区位因子所控制（廖和平等，2007；Azadi et al.，2011），也即表征地理区位因子的空间驱动要素是城镇用地扩展时空异质性产生的关键。基于此，本书从城镇用地的总量增长、空间扩展两个方面，设计都市新区城镇用地扩展的动力分析框架（见图 3-3）。需要说明的是，本书侧重都市新区城镇用地扩展的时空异质性研究，故在理论与实证部分将重点从微观层面，基于局域地块单元探究城镇用地空间扩展的驱动机制及其时空异质性。

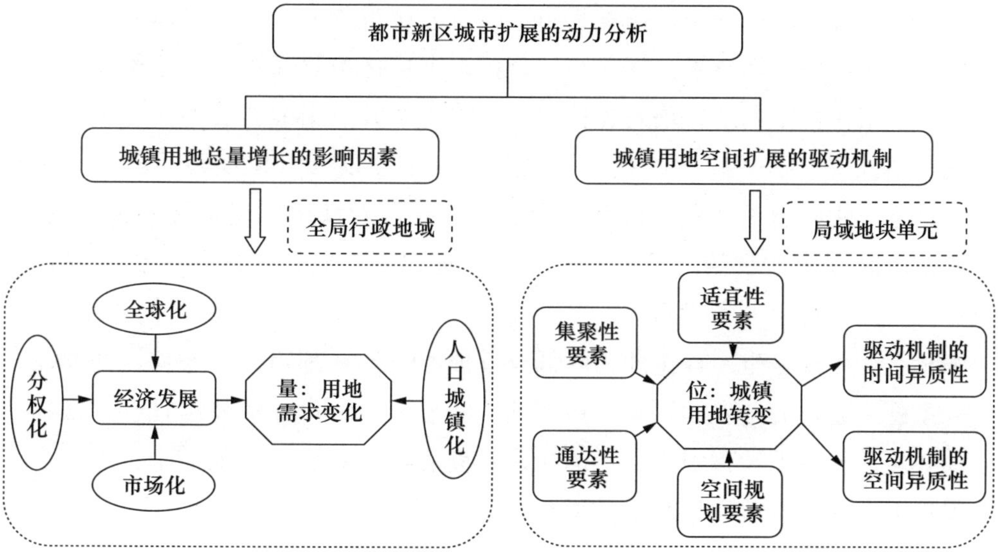

图 3－3　都市新区城镇用地扩展的动力分析框架

（一）都市新区城镇用地总量增长的影响因素

影响都市新区城镇用地总量增长的因素主要是基于全局行政地域的社会经济因素。资源经济学的相关研究表明，城市经济发展和城镇人口增长是城镇用地需求变化的缘由，进而引致城市的空间扩展（Skonhoft and Solem，2001；曲福田等，2005；陈爽等，2009；陈江龙等，2014），而城市经济发展又与市场化、分权化、全球化的经济转型背景密切相关（Wei，2005）。故基于经济转型背景，可从人口城镇化、市场化、分权化、全球化四个方面，组成都市新区城镇用地总量增长的影响因素分析内容。

人口城镇化主要通过城镇人口规模的增加对城镇用地扩展产生促进作用，即由人口城镇化带动土地城镇化。20 世纪 90 年代以来，大量的农村人口向城镇涌入，带来了城市边缘地域结构的剧烈变动（郭永昌，2006）。受主城要素的持续扩散以及自身发展动力的作用，都市新区经济发展势头强劲，城市建设最活跃，为农村人口提供了大量的就业机会，且相对宽松的生存环境和较低的生活成本吸引了大量的城市外来人口，进而引致各类生活与生产性用地需求。据前文的分析，市场化主要通过级差地租和企业区位决策对城镇用地扩展发挥作用；分权化对城镇用地扩展的作用主要体现在地方政府的基础设施投资、重点项目建设以及土地规模的出让等方面；全球化则通过开发园区和生产基地的建立对城镇用地扩展实施影响。都市新区在土地供给、劳动力价格、环境容量、政策税收等方面存在优势，适合大规模的土地开发，在市场化、分权化、全球化的共同作用下，大量企业尤其是生产性企业为降低建设成本选择在都市新区布局，并形成一系列专业化的开发园区与生产基地。随着人口、产业的持续迁入，在集聚效应的作用下又将引致大量的居住、商服、公共设施用地需求，进一步促进都市新区城镇用地的总量增长。

（二）都市新区城镇用地空间扩展的驱动机制

城镇用地空间扩展的驱动机制，在文中简称为城镇用地扩展的驱动机制，其研究主要针对局域地块单元，在微观层面上关注影响研究区域城镇用地转变的各类驱动要素。在具体驱动要素的选择方面，McMillen 等（1989）以美国芝加哥城市边缘区为研究对象，发现地块自身属性、邻近地块特征，距离城市居民工作地的远近是其城镇用地转变的关键因素。White 等（1997）基于土地利用变化驱动机制构建的元胞自动机模型认为，转变为指定用地类型的概率取决于土地适宜性、邻近地块特征、随机扰动效应、用地总需求等方面，并在随后的修正模型中加入了邻近交通设施的距离变量。Clarke（1998）开发的 SLEUTH 元胞自动机模型认为，坡度、已城镇化斑块、交通网络是城镇用地转变的关键。Seto 和 Kaufmann（2003）认为，表征社会经济发展的集聚性要素，尤其是工业集聚效应是我国珠三角区域用地扩展的主导因素。Verburg 等（2004）从不同学科视角选取了多类变量，用于解释荷兰土地利用变化的过程，发现集聚性要素、邻域地块特征是其用地转变的核心解释变量。Luo 和 Wei（2009）以南京城镇用地扩展为例，分析结果凸显了已城镇化斑块的带动效应与交通网络的牵引作用，水域、生态用地则会抑制城镇土地的转用。Liu 等（2011）、Li 等（2013）在吸收已有研究理论与方法的基础上，将空间规划因素整合进城镇用地转变的微观驱动模型中，发现规划因素对不同城市用地扩展的作用效应并不同。

综上所述，影响城镇用地转变的空间驱动要素主要包括适宜性要素（如地块自身属性、邻近地块特征）、集聚性要素（如与城市中心的距离）、通达性要素（如邻近交通设施的距离）以及空间规划要素四个方面，并由此构成都市新区城镇用地空间扩展驱动机制分析的主要方面。

1. 适宜性要素

自然地理条件和邻接地块特征是土地适宜性的两个重要衡量指标，是影响城镇用地扩展的基础性要素。宏观层面的自然地理条件如地形地貌能够决定城市空间的整体形态，受地形地貌特征的影响，平原、峡谷、丘陵地带的城市区域一般会依次呈现块状、带状和组团空间结构。微观层面的自然地理条件如坡度、高程、工程地质条件等则直接关系城镇用地扩展的区位选择与潜力大小。地面坡度越大，所受重力侵蚀越大，同时面临水土流失和生态破坏的风险，为应对这些问题，相应的土地开发成本也就越高。一般而言，在规划上城市建设的临界坡度值为25%，地块的坡度值超过该值则不允许转变为城镇用地。

除自然地理条件外，邻接地块特征也是地块单元城镇用地转变的重要适宜性要素，也即存在邻域效应。一般而言，邻域内适宜开发土地面积越大，开发建设成本越低，地块单元的城镇用地转变概率就越大。Liu 等（2011）的研究表明，作为最适宜建设开发的用地类型，邻域范围内耕地面积比重与建设用地扩张具有显著的正向关系。反之，若地块单元邻域范围内水域或林地等生态用地较多，则会抑制其向城镇用地转变。

2. 集聚性要素

地理学研究中遵循一个基本规律：随着与中心城区距离的增加，人口密度、建筑密度等的变化呈现空间负梯度特征（Kline et al.，2001），也即距离城市中心越远，土地开发强度越小，城镇用地转换的概率就越低。随着城市空间结构的变化，城市的商业和工业中心在空间上逐渐分离，在传统 CBD 外围形成许多新的次级中心与工业中心，与 CBD 一起共同对建设用地扩展产生影响（张晓平等，2003；高金龙，2013）。故集聚性要素对城镇用地扩展的促进作用主要体现在城市集聚效应、工业集聚效应两个方面，集聚性要素（如与城市中心、次级中心、工业中心的距离）的选取则是基于增长极理论、产业集聚理论等城市地理学、经济地理学的相关理论。

城市集聚效应的源头为城市中心与次级中心。前文将都市新区的城市空间扩展过程划分为极核雏形、指状生长、轴间填充、多核心发展四个阶段，其中，前两个阶段为单核心发展状态，仅有城市中心发挥集聚效应；后两个阶段，随着裂变点的产生与壮大以及城市次级中心的形成，区域内多处增长极核将产生城市集聚效应，从而促进周边地域的土地城镇化。与集中式连片开发形式相对应，工业集聚效应是都市新区城镇用地扩展的重要特征，也即距离开发园区越近，城镇土地转用的概率就越高。这有别于传统的大都市中心城区，受“退二进三”、“退城进园”政策的影响，中心城区内大量的工业企业外迁，从而造成工业集聚效应对城镇用地扩展的促进作用不显著（Luo and Wei，2009）。

另外，在邻近地块特征中，若邻近地块为城镇用地，或邻域范围内城镇用地面积的比重较大，也能促进地块单元发生城镇用地转变，这同样是集聚效应的体现。邻域范围内土地开发强度越大，新开发建设用地可享受的公共资源越多，从而使特定地块开发的基本设施配套成本下降，开发效益提升，发生城镇土地转用的概率也就越大（Verburg et al.，2002）。

3. 通达性要素

通达性可由城市交通系统的完善与发达程度表征，反映城市用地发展区位条件的优劣。道路是城市内部与城市之间物质联系的重要渠道，重点交通线路一般可作为城市空间的伸展轴进行建设，深刻地影响着城市的空间形态与土地利用布局，对城镇用地扩展具有重要的指向性作用（毛蒋兴和闫小培，2004；侯敏和朱荣付，2007 年）。通达性要素（如与城市主、次干道的距离）的选取主要基于点—轴发展理论，其对城镇用地转变具有正向促进作用，也即距离城市交通设施越近，地块单元发生城镇土地转用的概率就越高。

据前文的分析，都市新区的城镇用地扩展符合交通脉动规律，走廊式轴向扩展是其扩展的基本形式之一。交通轴线的两侧区域往往率先得到开发，轴线之间的连接点区位条件更优，极具潜力发展成新的增长极核或次级中心，将对都市新区城市空间结构的变化起直接作用。然而，并非所有的交通设施都对城镇用地扩展具有显著的促进作用，如铁路、机场。受制于铁路运输的特点，沿线地域并不能有效地承接过境流量带来的生产要素扩散，相反，由于环境、噪声等问题而制约沿线地域的城镇用地转变；机场一般位于远郊平坦宽阔地区，承担国内、国际航空客流，受规划限制以及机场运营的要求，周边地域通常限制发展。

4. 空间规划要素

空间规划是城镇用地扩展的引导与控制阀，能够有效地体现地方政府的发展意图，并综合考虑了所在城市的土地适宜性、工程地质条件以及生态环境保护等多方面的因素，是地方政府发展政策在空间上的具体落实。空间规划通过土地开发的制度成本发挥作用，决定特定地块单元是否发生城镇用地转变（陈江龙，2013）。政府鼓励规划范围内的土地开发，制度成本低，区域内地块单元城镇用地转变的概率高。与之相反，政府将惩罚那些非规划范围内的开发行为，责令相关单位提前进行或之后补充规划变更手续，土地开发的制度成本随之相应提高，区域内地块单元城镇用地转变的概率则偏低。

然而，由于国土、规划、建设等各部门条块分割、各自为政的现象，在一定程度上导致各类城市空间规划存在目标矛盾、用地冲突问题，现阶段最突出的则表现为城市规划与土地利用规划的“双规”冲突问题（王勇，2009）。另外，都市新区是城市化最敏感、最迅速的地区，其用地复杂性、发展动态性特征则会导致空间规划的严肃性与权威性不足，其引导与控制作用将在一定程度上受到限制。

（三）都市新区城镇用地扩展驱动机制的时空异质性

城镇用地扩展是在一系列因素综合作用下的结果，不同时期、不同区域影响城镇用地扩展的主导因素并不一致（刘红萍，2006），且驱动因素对城镇用地扩展的作用效应在空间上具有非平稳性特征（Liao and Wei，2012）。因此，城镇用地空间扩展的驱动机制（简称城镇用地扩展驱动机制）具有时空异质性。都市新区城镇用地扩展驱动机制的时空异质性分析包括两部分内容：第一，城镇用地扩展驱动机制的时间异质性；第二，城镇用地扩展驱动机制的空间异质性。城镇用地扩展机制的时间异质性重点关注不同扩展阶段及其对应扩展形式的城镇用地转变主导因素，以期掌握不同时期都市新区城镇用地扩展机制的内在变化规律。在时间异质性分析中，不仅不同扩展阶段的城镇用地转变主导因素会发生变化，而且各阶段对应扩展形式（填充式、外延式、飞地式）的关键驱动因素也会随时间推移产生变动。

然而，城镇用地扩展机制的时间异质性研究只能在总体上判断各驱动因素对城镇用地转变的相对重要性（或称平均作用大小），而不能把握各因素驱动效应的空间差异特征。城市内部地域的自然条件、经济区位、基础设施等不尽相同，驱动因素的作用效应将随区位变动而发生变化，具有空间非平稳性特征。例如，由实践经验可知，核心城区周边地域、交通干线两侧区域的城镇用地转变概率将随着距离的增加而降低，核心城区、交通干线等因子的驱动效应在空间上存在差异，城镇用地扩展的驱动机制具有空间异质性。故在时间异质性分析基础上，继续探讨都市新区城镇用地扩展机制的空间异质性特征，进一步定量、定位描述各驱动因素对其城镇用地扩展的空间作用差异，将有助于深刻理解与掌握都市新区城镇用地扩展的内在规律与关键机制。

空间异质模型是城镇用地扩展驱动机制空间异质性研究的关键分析方法，能够有效地揭示驱动因素作用效应的空间非平稳性特征（Fik et al.，2003；Bitter et al.，2007；吕萍等，2010；曾晖等，2012）。常用的空间异质模型包括两类：空间扩展（Spatial Expansion）模型与地理加权回归（Geographically Weighted Regression，GWR）模型，已被广泛应用于房地产市场的空间异质性研究中。如 Fik 等（2003）以美国亚利桑那州图森市为例，构建二阶空间扩展模型模拟研究区住宅市场影响因素的变化特征，发现扩展模型的解释能力远胜于特征价格模型，有力地证明了住宅市场空间异质性的存在。Yates 和 Farber（2006）将 GWR 模型应用于多伦多住宅市场的分析，发现较之全局回归模型，GWR 模型能更好地刻画住宅价格影响因素的空间非平稳性特征，可解释研究区 90% 的住宅价格变化。董冠鹏等（2011）将空间扩展模型引入国内房地产市场研究，并结合多种模型对北京城区住宅地价进行空间异质性模拟与预测。汤庆园等（2012）借助 GWR 模型开展了上海房地产市场的空间异质性研究，探究其房地价格的空间分布规律及其驱动因素。然而，在城镇用地扩展研究领域，已有文献对城镇用地扩展驱动机制的空间异质性有所忽视，故空间异质模型在城镇用地扩展的相关研究中鲜见报道，本书拟将空间扩展模型、地理加权回归模型这两类空间异质模型探索性地应用于都市新区城镇用地扩展驱动机制的空间异质性分析中，以期深刻揭示因素驱动效应的空间差异特征。

第四章　研究区概况和土地利用态势

一、研究区概况

（一）地理区位与自然概况

1. 地理位置与行政区划

江宁区地处长三角区域，位于南京市中南部，介于北纬 30°38′～32°13′，东经 118°31′～119°04′，东西宽 33 千米，南北长 57 千米，总面积 1572.96 平方千米，约占整个南京市域面积的 1/4。北邻南京主城，东与句容市接壤，东南与溧水县毗邻，西南与安徽省马鞍山市相邻，西邻长江与南京市浦口区隔江相望，从东、南、西三面环绕南京主城区（见图 4－1），是南京市城市总体规划（2007～2030 年）提出的“南北向城镇发展轴”向南延伸的重要枢纽，具有承北接南、内联外引的作用。江宁内部行政区划不断发生变更，目前，共辖 10 个街道、4 个园区，其中街道包括东山街道、秣陵街道、汤山街道、麒麟街道、淳化街道、禄口街道、江宁街道、谷里街道、湖熟街道、横溪街道，园区包括江宁经济技术开发区（简称江宁开发区）、滨江开发区、江宁科学园、空港工业园（见图 4－1）。

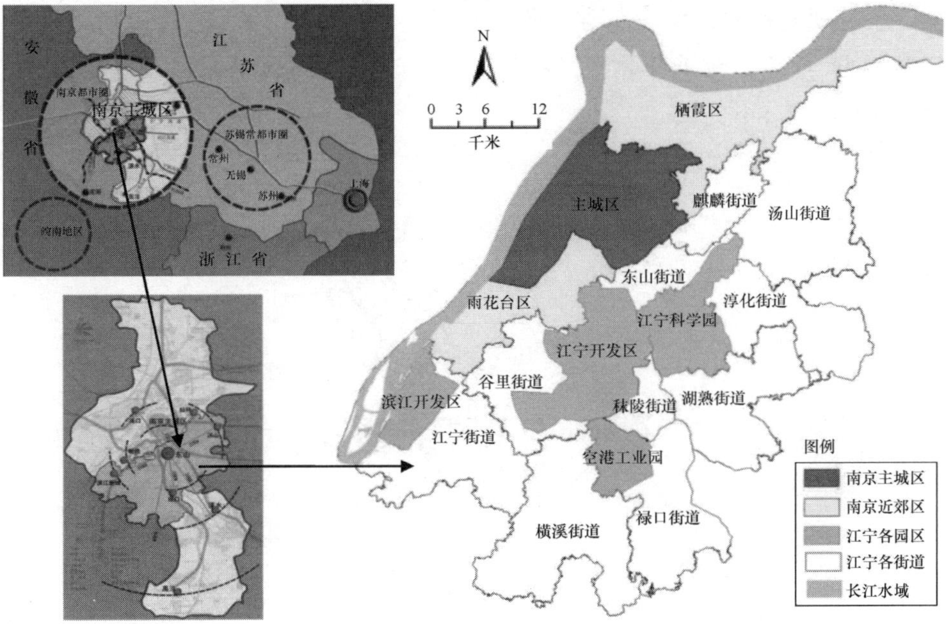

图 4-1　研究区地理位置与行政区划示意图

2. 交通区位条件

交通设施，作为城市基础设施建设的重点，是城市内部与城市之间社会经济联系的重要渠道。一般而言，道路交通尤其是高等级公路是城市空间扩展的伸展轴，具有重要的指向性作用。江宁区已经基本形成“集公路、铁路、航空、水运于一体”的立体交通格局。公路交通以“三环四射”结构为主体，贯通城乡，构成了干支相连、纵横交错、四通八达的公路网络，其中“三环”指南京绕城高速、江宁绕城高速和汤铜线，“四射”则包括宁马高速、机场高速、宁杭高速、沪宁高速，对研究区城市空间扩展具有重要的指向性作用（见图 4-2）。境内现有宁芜铁路、京沪高铁，且国家“西气东输”工程的宁芜支线穿越区境。南京禄口国际机场和南京南站（位于雨花台区与江宁区交界处）确立了江宁国家级交通枢纽的地位，有力地提升了对外交通便捷度，加强了与外界经济的联系。另外，长江和秦淮河分别从境内的西部和中部穿越，使江宁拥有水陆空方式齐全，十分便利的对外综合交通条件。2011 年，全区各种运输方式共完成货运量 2657 万吨，较上年增长 12.1%；全年共完成客运量 14467 万人次，较上年增长 8.86%。

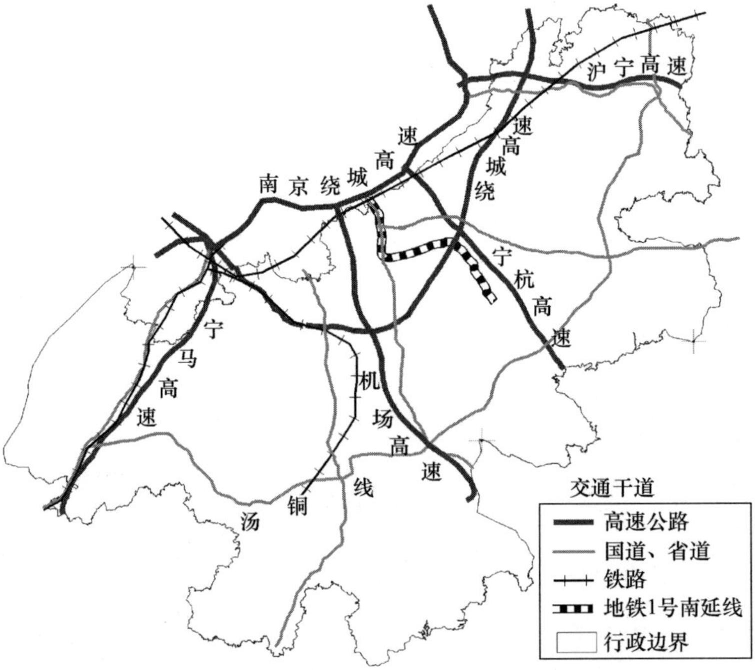

图 4-2 研究区交通干道空间分布示意图

江宁区作为典型的都市新区，境内公共交通系统也较完善与发达。南京地铁 1 号南延线工程于 2000 年规划，2006 年开工，2009 年 12 月 1 日正式通车，起点为安德门站，经天隆寺站、软件大道站、花神庙站、南京南站等站点至中国药科大学站，进一步延伸了南京主城的辐射范围，缩短江宁区与主城的通勤时间。江宁区境内公交线路近 150 条，较大限度地提升了城市内部及其与主城之间、城乡之间的交通便捷度。

3. 地形地貌与生态资源

江宁地处宁芜山地北缘和宁镇山脉西段，是宁镇扬丘陵山地的组成部分，地貌由南向北可分为三带：一是西南部的低山丘陵地带，主要山体包括横山、云台山、莺子山等茅山余脉，海拔高程多在 250 ~ 350 米范围；二是中部的黄土岗地和少数低山突起的平原，山体有牛首山、方山等，海拔高程多在 200 ~ 250 米范围；三是东北部低山丘陵地带，主要山体包括青龙山、汤山等，海拔高程约为 300 米，是宁镇山脉主体所在。南北低山丘陵地带对中部平原地带有明显的倾斜，地势形同“马鞍”状。境内两大主要水系为秦淮河和长江，秦淮河位于境内中部，纵贯南北，支流密布，灌溉全区一半以上的农田，经南京市雨花台区入江；长江从境内西部穿越，岸线长 22.5 千米，畅通无阻的水运通道为滨江开发区的发展提供了契机。总而言之，江宁区地势南北高而中间低，区内多山但高程偏低，属典型的丘陵、平原地貌，常态地形有低山丘陵、岗地、平原等；长江，秦淮河穿境而过，并有九龙湖、百家湖等大小湖泊星罗棋布。研究区生态基底如图 4 -3 所示。

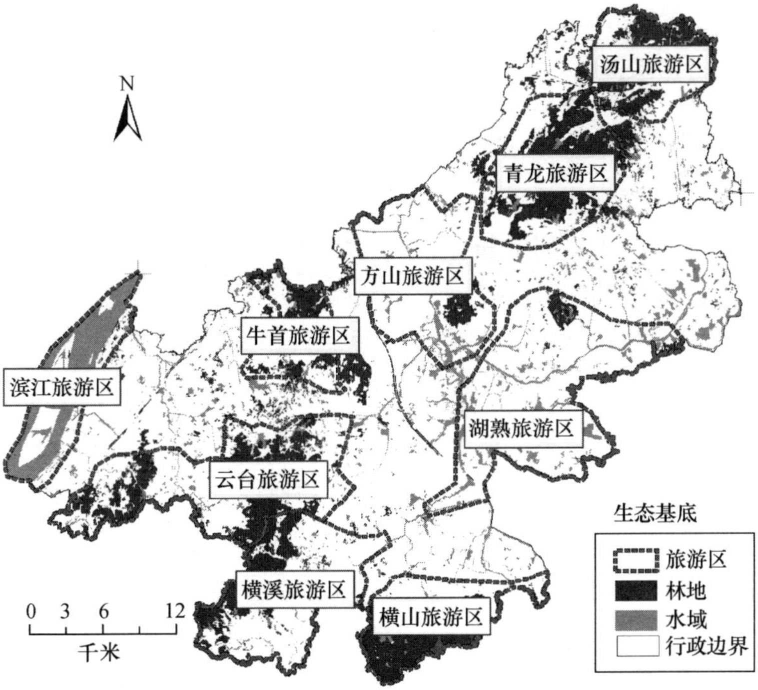

图 4 -3 研究区生态基底及旅游区分布示意图

“一泉、三山、五湖”是研究区较突出的自然生态资源，“一泉”指汤山温泉，“三山”指牛首山、青龙山、方山，“五湖”则包括安基湖、银杏湖、甘泉湖、蟠龙湖、南山湖，这些优质生态资源为江宁旅游业的发展提供了基础。据《南京市江宁区旅游发展总体规划（2000～2020年）》，研究区境内共划分了9个旅游功能分区，具体包括汤山、青龙山、方山、牛首山、云台山、横山、横溪、湖熟、滨江旅游区（见图4－3），吸引了大量的非本地客源以及境外人士前来休闲旅游，拉动了旅游业及相关产业的发展。2011年，全年共接待国内外游客达到870.63万人次，比上年增长47.73%；实现旅游总收入65.63亿元，占全区GDP的8.64%。在未来城镇用地扩展过程中，需要对这些旅游功能分区特别是其内部的生态敏感性用地进行有效保护，以正确处理经济发展与生态建设的关系。

（二）经济社会发展概况

1. 经济社会发展迅速，产业结构逐步调整

江宁是南京都市区南向发展轴上的辐射中心和增长中心，进入21世纪后经济社会发展取得了巨大进步与成绩，是带动南京区县经济快速增长的先导地区。本书通过收集1997～2012年南京以及江宁统计年鉴对研究区经济社会发展概况进行分析。在人口城镇化方面，1996年江宁常住人口74.09万人，城镇人口10.99万人，城镇化率仅为14.83%；至2011年，常住人口增加至116.49万人，城镇人口79.34万人，城镇化率达68.11%，是1996年的4.59倍。在经济发展方面，2011年研究区实现地区生产总值759.11亿元，是1996年的近12倍，人均GDP突破6万元，达65718元。江宁抓住南京部分产业职能加速向外转移扩散的契机，产业结构逐步调整，1996年三产比重为15.45∶62.84∶21.69，至2011年调整为5.03∶62.79∶32.18，第一产业的比例逐渐下降，第三产业的比例则逐渐上升，第二产业的比例一直维持在较高水平（见图4－4）。第二产业也即工业化是江宁社会经济快速发展的重要原因，境内支柱产业包括电子信息、汽车制造、电力设备、新能源等特色产业，快速的工业化进程引致了

大量的工业用地需求。第三产业中现代服务业发展水平仍然偏低，以房地产、商贸流通、住宿餐饮为主的传统型服务业比重过高，与先进制造业紧密相连的现代生产性服务业比重相对偏低。为实现社会经济的可持续发展，在未来的城市发展中应该重点培育如旅游、物流、科技等现代服务型行业，提高第三产业对经济发展的贡献。

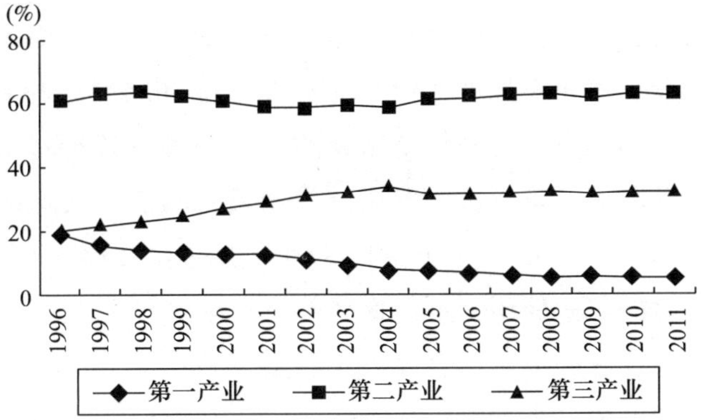

图4－4 研究区1996～2011年三次产业结构变化

2. 园区经济优势明显，工业集聚效应逐渐凸显

开发园区是招商引资和民众创业的适宜平台，也是吸纳农村剩余劳动力的就业基地，更是区域经济增长和城镇化的推动器。江宁经济发展取得的巨大成绩，是自1992年以来大力实施园区重点发展战略所取得的成功，与此同时，不可避免地忽略了另一个半壁江山，也即街道经济的发展。尽管街道经济的实力在不断地提升，但开发园区对当地经济发展的贡献依然呈增加趋势，二者的比例约为7∶3，园区经济优势明显。江宁境内的4大开发园区分别为江宁经济技术开发区（简称江宁开发区）、滨江开发区、江宁科学园、空港工业园，经过多年的发展，已经形成了各园区间分工合作的格局以及较成熟的园区开发建设机制，在经济上取得了令人瞩目的成就。在江宁区统计年鉴中，限于统计资料的不完善，仅将江宁开发区、滨江开发区两个园区与各街道单列，2011年这两个园区的地区生产总值、规

模以上工业总产值、公共财政预算收入分别占全区总量的48.4%、85.3%、52.8%，较上年增加0.8个百分点、4.0个百分点、2.5个百分点，开发园区的辐射和支撑作用继续增强。

上述开发园区均形成其特色产业，工业集聚效应逐渐凸显。江宁开发区、江宁科学园以高科技为主题，已经形成了电子信息、汽车、新型建材等主导产业，重点建设以科技创新为导向的教育研发产业。空港工业园是江宁开发区的配套区，依托南京禄口国际机场的区位优势而设，现代物流产业、航空产业、汽车零部件产业、IT配套产业在园区逐渐集聚。滨江开发区则充分利用濒临长江并坐拥南京铁路货运南站的优势，重点发展机械装备制造、电子电力设备制造、专用及通用设备制造、交通运输设备制造等先进装备制造业。研究区以开发园区为重点的发展模式具有以下优点：①利于有限资源的集中使用，迅速促使部分产业在全省甚至全国占据领先地位，如江宁开发区的电子信息和汽车制造产业；②利于高等教育和科技研发产业的共同发展，为承接国际制造业转移和保证知识创新基地建设创造了条件，如江宁科学园区产、学、研基地的建设；③利于形成城镇化和工业化的良性互动发展，促进人口和产业向城市区域高度聚集。

3. 江宁在南京都市区的经济地位

撤县设区以来，江宁在南京都市区的地位不断提升，已逐渐成为南京最重要的经济区域之一。2011年，研究区4项重要的社会经济指标，包括地区生产总值、公共财政预算收入、全社会固定资产投资以及实际使用外资额，在南京市的13个区县中名列第一，其值分别为759.10亿元、115.07亿元、700.37亿元、8.45亿美元，占整个南京市的比重依次达17.12%、23.80%、20.10%、24.82%；工业总产值为1905.99亿元，占南京市比例的24.87%，在所有区县中排名第二位，略低于栖霞区（见表4-1）。尽管江宁经济社会发展取得了巨大的进步与成绩，但是其经济结构还存在以下缺陷：①二次产业比重偏高，三次产业比重偏低，导致反映第三产业发达程度的消费品零售总额指标仅列于南京市各区县的第四位，比例为9.13%；②外向型经济发展不平衡，出口弱于引资，出口总额占南京的比例仅为15.93%。由此可见，在推动产业转型与发展外向型经济方面，江宁区仍有很大的提升空间。

表4-1 2011年江宁区主要经济指标与南京市的对比

经济指标	江宁区	南京市区	南京市	占南京市比重（%）	区县排名
地区生产总值（亿元）	759.10	3846.39	4434.29	17.12	1
财政预算收入（亿元）	115.07	440.50	483.51	23.80	1
固定资产投资（亿元）	700.37	2980.02	3485.02	20.10	1
实际使用外资（亿美元）	8.45	32.21	34.05	24.82	1
工业总产值（亿元）	1905.99	6681.56	7663.85	24.87	2
出口总额（亿美元）	47.76	293.48	299.76	15.93	3
消费品零售总额（亿元）	239.06	2433.61	2619.20	9.13	4

与南京市其他区县对比，江宁人口基数大，经济规模效益显著，除工业总产值外其他经济指标包括地区生产总值、财政预算收入、固定资产投资、实际使用外资，分别是排名第二位郊区各指标的1.45倍（栖霞区）、2.19倍（浦口区）、1.32倍（浦口区）、1.35倍（栖霞区）（见表4-2）。由此可知，江宁是南京都市区发展最快、基础最好的郊区，无论是城市人口规模、经济总量或是投资力度，都位于南京市各区县的前列，是都市新区城镇用地扩展研究的理想地区。

表4-2 2011年江宁区主要经济指标与南京市其他区县的对比

区县名称	常住人口（万人）	GDP（亿元）	财政预算收入（亿元）	工业总产值（亿元）	固定资产投资（亿元）	实际使用外资（亿美元）
浦口区	71.76	372.18	52.65	785.35	530.11	4.60
栖霞区	65.59	525.37	40.12	1965.90	309.82	6.24
雨花台区	40.83	202.54	26.06	278.54	230.72	1.20
六合区	92.06	505.09	43.02	1268.81	555.14	3.84
溧水县	41.93	294.30	25.01	503.59	274.30	1.23
高淳县	41.93	293.60	18.00	478.70	230.70	0.61
江宁区	116.49	759.10	115.07	1905.99	700.37	8.45

（三）城市沿革与发展历程

江宁历史悠久，古人类遗址和猿人头骨化石的发现，标志着其在三四十万年前就是人类的聚居之地；春秋战国时期，地属金陵邑；秦朝设秣陵、丹阳、江乘三县；汉朝分置秣陵、丹阳、江乘、胡孰四县；三国时期属吴都建业境；晋太康二年（公元281年），改临江县为江宁县。此后历经多个朝代，“江宁”之名一直沿用至今。新中国成立后，江宁县曾两次划属镇江专区，到1971年又重新划归南京市，此后一直隶属于南京市管辖范围。改革开放后江宁的城市发展历程存在两个明显的跃进点：第一，在邓小平南方谈话精神鼓舞下，1992年成立江宁经济技术开发区，为江宁经济的起步发展安装了强劲的发动机；第二，2000年江宁撤县设区，加快了融入南京主城的步伐，其后江宁在经济总量、财政收入、城市建设规模等方面都有大幅度的增长。据此，可将江宁的城市发展历程划分为三个时期：自然累积时期（1992年以前）、经济起步时期（1992～1999年）、腾飞发展时期（2000年至今）。

1. 自然累积时期（1992年以前）

1992年以前，从宏观背景来看，南京处于绝对聚集发展阶段，经济、产业集中于明城墙围绕的主城区，极化效应大于扩散效应，与外围郊县的经济联系较弱。与之对应，江宁处于传统农业主导发展的态势，主要承担农副产品和粮食基地的职能，工业经济相对薄弱，发展动力不足，以村镇经济为主体，开始工业经济的原始累积。至1992年，江宁县总人口为75.28万人，其中非农人口8.8万人，城镇化率仅为11.69%；当年实现地区生产总值32.62亿元，占南京总量的9.61%，人均GDP为4339元；三次产业比例依次为21.71∶62.10∶16.19，第一产业的比重要高于第三产业。江宁城市规划的编制进程，也能在一定程度上体现其城市发展历程，在江宁城市发展的不同时期分别对应着多部不同背景下产生的城市空间规划，自然累积时期以《江宁县县城总体规划（1983～2000年）》为代表，体现了该时期江宁县城独立缓慢发展的特征。

2. 经济起步时期（1992～1999年）

1992年邓小平南方谈话加速了我国市场经济深化改革和全面对外开放的步伐，长三角地区成为承接国际资本及技术等生产要素转移的重要基地之一。受这一宏观形势的影响，南京城市空间不断扩展，主城区的扩散效应逐渐凸显，一方面“退二进三”策略的实施，大量工业项目外迁推动了外围区县的发展；另一方面鼓励外向型经济的发展，掀起了开发区建设的热潮。

江宁抓住国家全面对外开放和南京部分产业职能向外扩散的机遇，于1992年6月成立江宁经济技术开发区，以开发园区为载体支撑开放型经济的发展，从乡村型地域逐渐向城镇化地域转变，成为南京市主城外围制造业发展的主要空间之一。至1999年，江宁县总人口为74.27万人，其中非农人口13.19万人，城镇化率为17.76%；当年实现地区生产总值93.69亿元，接近1992年的3倍，人均GDP为12615元；三次产业比例依次为13.19∶62.14∶24.67，第三产业的比例得到较快提升。江宁经济技术开发区作为南京产业转移的主要承接基地，大力招商引资以及安置外迁企业，成为驱动江宁经济发展的最重要平台，当年全区新批三资企业104家，实际利用外资达2.08亿美元，是1992年利用外资额（4068万美元）的5.11倍。在城市空间发展方面，该时期以《东山城市总体规划（1992～2010年）》和《江宁县域规划（1999～2010年）》为指导，把江宁定位为南京市的重要卫星城镇，重点打造江宁经济技术开发区。

3. 腾飞发展时期（2000年至今）

进入21世纪后，中国加入世界贸易组织有力地促进了国内经济融入全球化链条，长三角地区已经成为全国最大的外商投资热点区域，宏观经济形势继续呈现良好势头。南京在“做大做强”思想的指引下，开始拉伸城市发展框架，提出构建“多中心、开敞式都市发展区空间格局”，确立了东山、仙林和江北3个新市区的地位。为满足市域城市空间扩展的需求，南京于2000年进行了行政区划调整，具体包括江宁撤县设区、六合和大厂区合并为六合区、浦口区和原江浦县合并为浦口区。

江宁以区划调整为契机，加速融入南京主城的步伐，依托原有城市建设和产业规模等发展基础，实施投资拉动的策略并大力发展外向型经济，经济总量持续快速增长，进入一个城市化与工业化互动的全新时期。至2010年，江宁总人口为114.62万人，其中非农人口75.72万人，城镇化率达66.06%；实现地区生产总值620.21亿元，人均GDP达57900元；三次产业比例依次为5.19∶62.80∶32.01，第二、第三产业加速发展，优势产业和主导产业规模进一步扩大；全社会固定资产投额达630.00亿元，实际利用外资额为7.27亿美元，分别占南京市的19.06%、25.82%，在各区县中排名第一。该时期经济社会和城市化发展迅速，编制了多部规划以指导江宁区的城市空间发展，具体包括《东山城市总体规划（2000~2010年）》、《江宁近期建设规划（2004~2007年）》、《江宁近期建设规划（2005~2010年）》、《江宁区城乡统筹规划纲要（2008年）》等，把江宁定位为南京“南向发展轴”的增长中心与辐射中心，境内各功能组团都得到了较快的发展。

二、研究区土地利用态势

（一）土地利用结构

据南京市国土资源局江宁分局提供的地籍数据可知，2010年研究区土地总面积为157775.40公顷，其中农用地108455.7公顷，占全区总面积的68.74%。农用地中以耕地为主，面积为56258.95公顷，占农用地比例达51.87%；耕地中基本农田总面积为55673.6公顷，基本农田保护率高达98.96%。研究区未利用地面积为8367.57公顷，占全区总面积的5.30%，均为不可开发的沼泽、沙地等，江宁可开发的后备资源缺乏。江宁承担较大的耕地保护的义务和压力，这也在一定程度上制约着江宁的城市发展空间，各类用地所占比例如图 4 -5 所示。

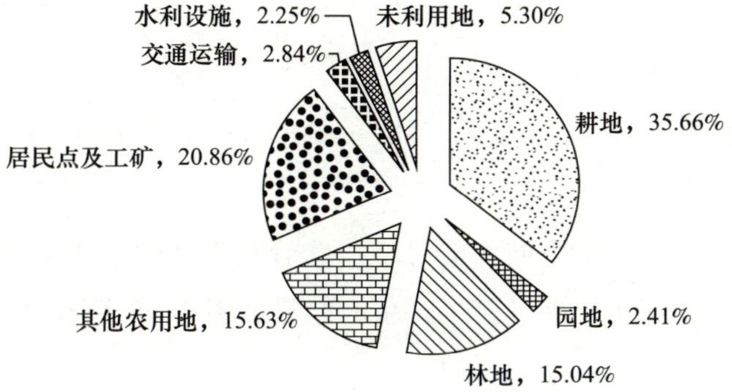

图 4 -5　江宁区土地利用现状结构

江宁的建设用地比例高，面积为 40952. 13 公顷，占全区总面积的 25. 96%，高于南京的平均水平（24. 6%），亦高于苏南常熟（23. 93%），太仓（21. 28%），吴江（18. 02%）等发达县市的建设用地比例（来源于各地区的土地利用变更数据）。江宁的建设用地高比例在一定程度上表征了土地资源的粗放利用，但也有一定的历史和现实原因，历史原因主要表现在由于传统原因农村建设用地比例高，达 31. 19%，高于南京平均水平。同时在现实方面，江宁作为区域的交通枢纽，交通用地占建设用地的比例高达 10. 95%，境内布设有大量的过境交通线路。另外，还有低产出的采矿用地占建设用地的 7. 17%。若将村庄、采矿用地、过境交通、水利设施等建设用地归纳为低产出建设用地，江宁的低产出建设用地比例高达 60%（见表 4 -3），极大地制约着研究区土地利用效益的提升。

（二）土地利用效益

1. 分园区、街道土地集约利用评价

借鉴《开发区土地集约利用评价规程》，从土地利用强度、土地利用效

表 4－3　江宁区建设用地现状结构

建设用地	合计	居民点与工矿仓储用地					交通运输	水利设施
		城市	建制镇	村庄	采矿用地	其他		
面积（公顷）	40952.13	5420.39	10336.66	12773.11	2937.43	1451.73	4484.58	3548.23
比例（%）	100.00	13.24	25.24	31.19	7.17	3.54	10.95	8.66

益、土地监管绩效三个方面选取多个指标对江宁区的十个街道和四个园区的建设用地集约利用水平进行了评价，结果如图 4－6 所示。

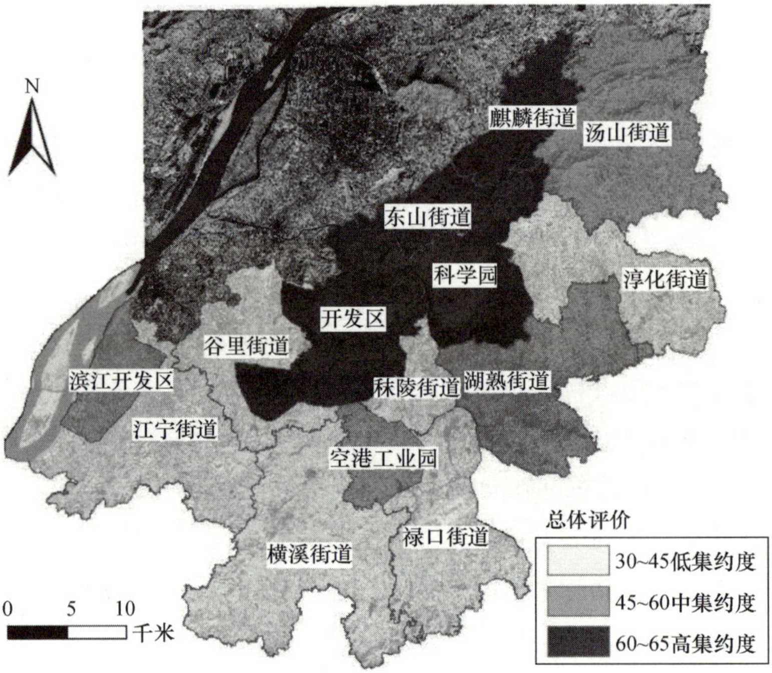

图 4－6　江宁各园街建设用地集约利用空间差异示意图

根据研究区各园区、街道土地集约利用水平，可划分为三个等级。第一等级：集约利用水平相对高，集约利用分值大于 60 分（满分为 100

分)，包括开发区、东山街道、科学园和麒麟街道，临近南京主城区。第二等级：集约利用水平中等，分值在45~60分，包括汤山街道、滨江开发区、湖熟街道、空港开发区。第三等级：集约利用水平低，分值小于45分，包括淳化街道、秣陵街道、江宁街道、横溪街道、谷里街道和禄口街道，这些街道的区位和土地开发条件相对较差，经济发展水平低。

总体而言，各园区、街道的土地集约利用水平不高，空间分异显著，呈现城乡结合过渡地带特征，土地集约利用水平沿主城向郊区方向梯度递减规律明显，这也与经济发展梯度一致。与南京主城毗邻的东山、麒麟街道和各开发园区内部城镇用地比例高，容积率、建筑密度较大，土地投入与产出效益较高，土地集约利用水平相对较高，具有典型的城市特征；而其他街道内部的农业用地比例较高，分布着大量的耕地与农居点，具有典型的乡村特征。

2. 与苏南“第一方阵”比较

利用地均固定资产投入、地均GDP产出（行政区域内全部土地）以及单位建设用地第二、第三产业增加值三个指标来简单表征土地的投入产出效益。将研究区各指标与苏南“第一方阵”中的六个县级市（包括江阴、昆山、张家港、常熟、太仓、吴江）进行比较（见图4-7）。

江宁单位面积土地投入与“第一方阵”水平相当，从指标绝对值来看，地均固定资产投入水平（23.56万元/公顷）为苏南“第一方阵”平均水平的81.9%。需要引起政府及土地管理部门足够重视的是在相当土地投入水平下，江宁的单位面积土地产出效益却十分低下，其地均GDP（21.4万元/公顷）、单位建设用地第二、第三产业增加额（19.8万元/公顷）仅为苏南“第一方阵”平均水平的23.75%和26.87%，究其原因，这可能与江宁固定资产投入很大比例为基础设施投入而非生产性投入有关，区内低产出建设用地比例高等。

尽管如此，从评价结果来看，江宁的土地集约利用水平与苏南“第一方阵”差距较大，土地产出效益具有滞后性，大量的基础设施建设等土地投入还未有所见效，土地资源利用相对较粗放。作为南京近郊的都市新区，江宁的土地集约利用水平具有很大的提升空间，城市社会经济发展的潜力巨大，是南京都市区南向发展的重要增长极核，有必要对其土地城镇化过程与机理，演进与调控进行深入研究以促进土地资源的集约利用与城市的紧凑发展。

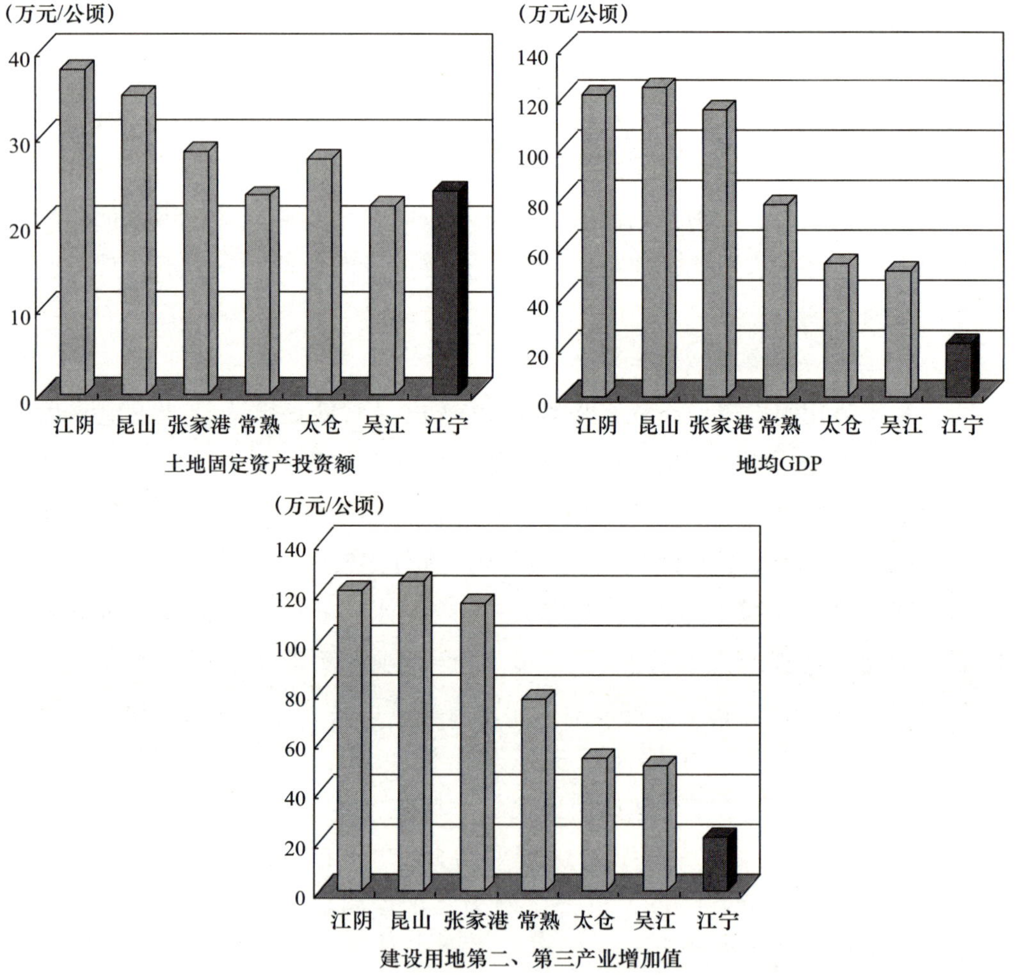

图 4-7　江宁区土地利用投入产出效益与苏南“第一方阵”比较

（三）用地功能演变

东山新市区是江宁的主城，位于研究区中北部区域，是南京市域内南北向城市发展轴线上的重要枢纽，对外交通便捷，是南京主城与禄口国际机场、市域南部地区紧密联系的桥梁，其范围北抵绕城公路对接南京主城，东至宁杭高速公路，南至绕城公路二环，西至宁丹公路及江宁行政界线，面积约 107 平方千米，历史时期其城市功能组团的演变过程如图 4－8 所示。

在 20 世纪 80 年代初期，东山新市区只有秦淮河东岸的老城区和军事基地（也称机场片区）两片功能区域；80 年代末至 90 年代末，岔路口片区和江宁经济技术开发区得到发展，老城区的面积在原有基础上进一步扩大；进入 21 世纪以来，东山新市区借助靠近主城的区位优势，将军路、机场高速、宁杭高速以及地铁 1 号线南延线等与主城联系通道的建设，建成区不断向外围扩张，又新形成九龙湖和科学园两大片区。

图 4－9 为东山新市区各片区的城市土地利用现状图，早期的住宅区主要集中在老城片区，新建住宅区主要分布在老城区外围、岔路片区以及百家湖片区；江宁经济技术开发区和江宁科学园逐渐成为东山新市区工业用地发展的载体，2000 年以来大量工业用地朝九龙湖片区布置；传统商业设施主要在老城片区内分布，随后商业设施布局逐渐向北、向西拓展，目前百家湖片区、岔路片区分布了大量的高档商业设施；教育设施在各片区分布较完善，集中了江宁的绝大部分中小学，如老城片区内有江宁职业教育中心和秦淮中学等学校。

根据江宁相关城市规划，各片区具有各自的功能定位，老城片区主要承担江宁传统的商业中心和行政中心职能；岔路片区依托京沪高铁和南京南站优越的对外交通条件，定位为江宁的综合交通枢纽和商贸设施集中区；机场片区则以居住用地及生活配套设施为主要功能，与岔路片区东部共同承担居住配套的职能；百家湖片区则是江宁的高新技术产业集中区和商贸新中心区，已形成成熟的“百家湖商圈”；九龙湖片区和科学园片区则

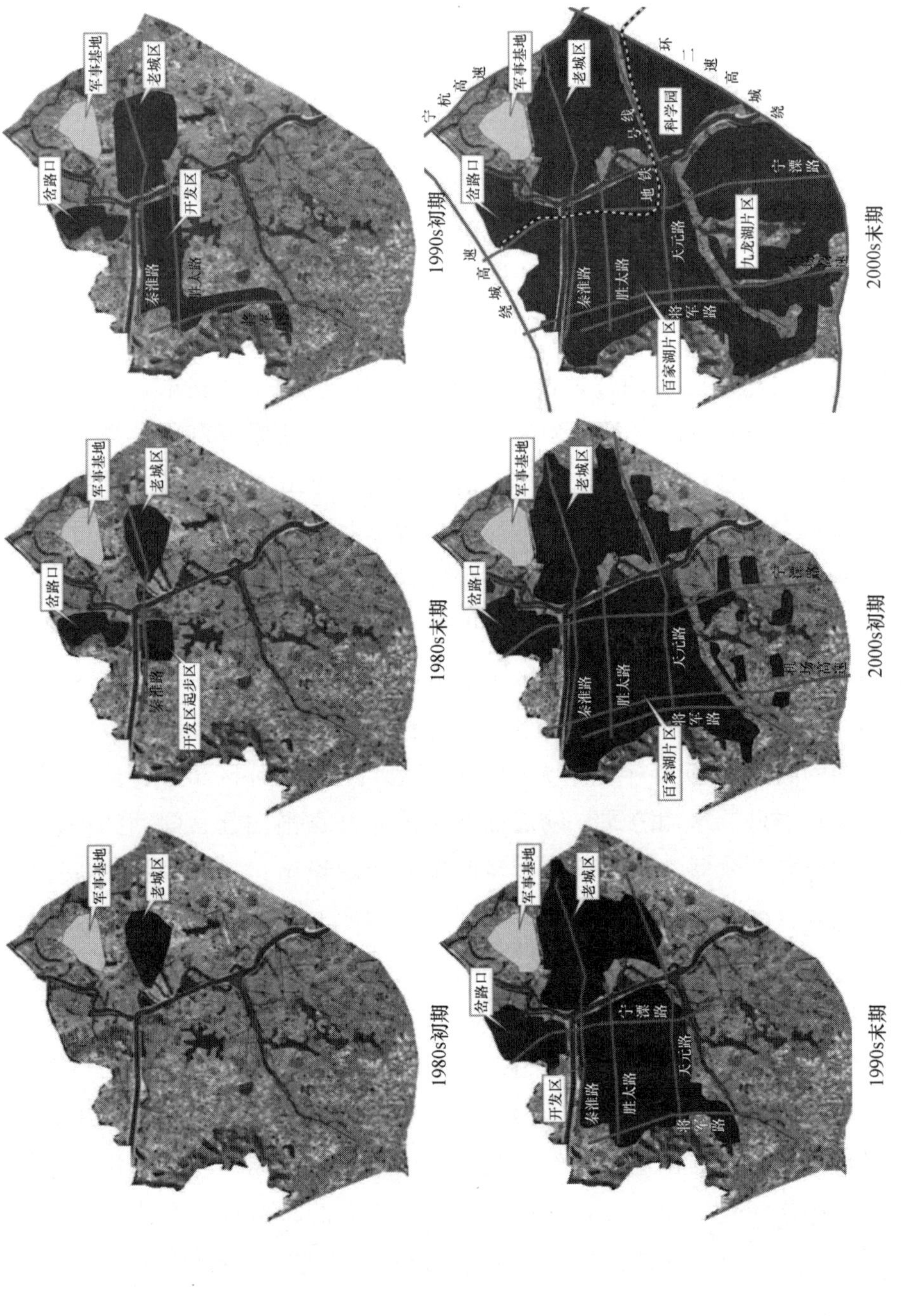

图4-8　东山新市区功能组团的演变过程示意图

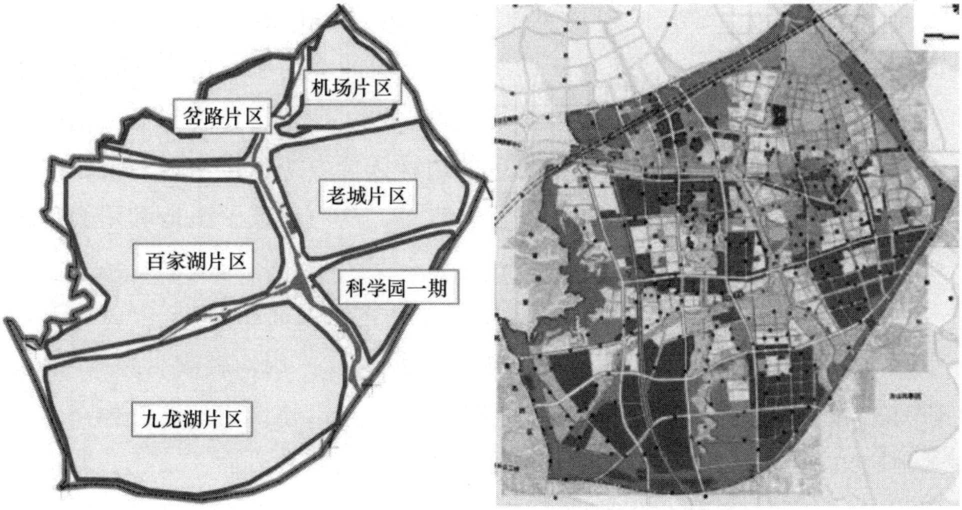

图4－9　东山新市区各片区土地利用现状示意图

是江宁工业用地的主要发展空间，是南京市高新技术产业和先进制造业的集聚地。

三、研究区土地利用特征与问题

江宁都市新区位于南京大都市的边缘地带，既受到城市要素的扩散，又在一定程度上保留了原有用地格局，土地利用方式具有多样性、复杂性特点，具体包括以下四个方面的用地特征与问题。

1. 土地利用类型多样，用地结构矛盾突出

土地利用类型的多种不同反映在自然景观的多样化上，研究区生态基底以河谷平原为主体，境内边缘地带分布着部分黄土岗地、丘陵和低山，如牛首山、将军山风景区，自然水域则包括百家湖、九龙湖、秦淮河及其

支流等大型湖泊。研究区现状农业用地面积为108455.7公顷，占土地总面积的比例达68.74%，既有依靠秦淮河灌溉的大面积水田，又有分布于黄土岗地和丘陵的旱地，较低洼处还有许多人工鱼池，丘陵和低山则有大面积的人工用材林和经济林。研究区的边缘区位效应派生出一些活跃的近郊农业用地类型，如温室大棚、园艺花卉等，从而形成了土地利用类型多样、结构复杂的特点。

江宁建设用地面积达到40952.13公顷，占全区面积的25.96%，与南京及苏南“第一方阵”相比，建设用地的总量及比例均较高。尽管如此，研究区建设用地的结构性矛盾却十分突出，低产出建设用地比例偏高，极大地制约着土地利用效益的提升，这主要表现在两大方面：第一，历史时期传统的农业地域使得研究区村庄用地比例过高，农居点布局分散、零乱，建新不拆旧，人均用地超标，成为当前城市建设和耕地保护难以承受的问题；第二，境内布设大量的过境性基础设施用地尤其为交通运输用地，对当地地区生产总值贡献不大，另外，采矿用地以及水库等低产出建设用地的面积也较大。经初步统计，研究区低产出建设用地的比例高达60%。

2. 土地开发条件优越，城市功能趋于成熟

江宁是南京大都市的近郊区，从西、南、东三面环抱南京主城，北部、中部、西部分别有联系上海、杭州以及安徽沿江城市带的通道，南面有禄口国际机场，南京南站的建设更进一步提升了其对外交通便捷度，经济区位优势显著。作为南京大都市不断成长的三大副城（东山、浦口、仙林）之一的东山副城，其土地利用具有不稳定性特征，既可以充分接受城市的信息、技术、人才、资金以及基础设施等的辐射，又可以有效发挥广大农村地域的各种资源优势，如土地、劳动力资源，发展空间与环境容量等，土地开发利用条件优越。在比较利益的驱动下，土地不断向经济效益高的部门转移，农业用地向非农业用地不断转换，从而赋予了江宁土地利用较高的可塑性。

研究区城市功能组团不断趋于成熟，都市新区用地特征逐渐凸显。在

20 世纪 80 年代初期，东山新市区仅有老城区一个片区，与南京主城相互独立，处于自给自足的发展阶段；2000 年以后，东山新市区内建成区范围不断扩大，形成了老城片区、机场片区、岔路片区、百家湖、九龙湖以及科学园六大片区，各片区功能定位明确，商业、住宅、工业的用地空间逐渐分化，城市功能组团趋于成熟。与传统的城市边缘区不同，一些新的城市空间要素如地铁、大学城、产学研基地、高新技术产业集群等在研究区不断产生，都市新区的用地特征逐渐凸显。

3. 土地产出效益偏低，经济后发优势显著

近年来，江宁区社会经济发展迅速，大量的基础设施尤其是交通设施投入建设，在土地利用的资金投入方面并没有明显落后于苏南“第一方阵”，然而大量的土地和资本投入却未换来应有的回报，在相当土地投入水平下，单位面积土地产出效益却偏低，约是苏南“第一方阵”平均水平的 1/4。究其原因，主要包括三个方面：

（1）经济发展水平与苏南还存在一定的差距。苏南“第一方阵”一直是处于高经济发展水平地区，经济基础好和土地利用强度大、产出效益高，而江宁区 20 世纪 90 年代中期开始腾飞，腾飞阶段用地发展往往相对自由和粗放，大手笔的建设随处可见，造成建设用地“铺张式”的快速蔓延。

（2）土地总面积基数大，非/低产出土地比重大。以无锡江阴为例，江宁土地面积约为江阴的 1.6 倍，而且不可建设的生态用地比例高（约 25%）。建设用地中的低产出土地比例高（约 60%），其中最突出的是农村建设用地比例大，人均占地 341.61 平方米，是江阴的近 3 倍，同时也是《村镇规划标准》GB50188－93 中人均建设用地标准Ⅴ级上限值 150 平方米/人的 2.3 倍。

（3）基础设施建设超前，土地产出效应具有滞后性。在江宁社会经济快速发展的过程中，实施了以开发园区为龙头的策略，为了把开发园区打造成对国际生产要素转移具有高度吸引力的载体平台，开发园区的发展模式必然需要实行“基础设施适度超前”策略，从而导致土地利用开发和基

础设施建设的速度要快于企业投产和实现就业、产出的速度，客观上导致建设用地地均产出效益的偏低。

经过多年的发展与积累，江宁综合实力、发展动力、企业活力有了明显的增强，随着经济结构、发展方式的进一步调整与转变，前期项目投产规模的快速增加以及基础设施使用效率的提高，江宁发展的基础将更坚实、动力更强劲，产业规模聚集效应将逐步显现，土地产出效益相应得到提升，并将在较长时期内保持良好的势头。

4. 园街经济差异明显，集约程度有待提升

江宁经济发展取得的巨大成绩，是自 1992 年以来大力实施园区重点发展战略所取得的成功，与此同时，不可避免地忽略了另一个半壁江山，也即街道经济的发展。尽管街道经济的实力在不断地提升，但开发园区对当地经济发展的贡献依然呈增加趋势，二者的比例约为 7∶3。江宁街道经济以位于“南京市镇街综合实力二十强”前十位的东山、秣陵、汤山、禄口四个街道为主体，占街道经济总量的 65.15%，其他街道的经济实力相对偏弱。从江宁经济发展的历史与现状可以发现，园区与街道之间虽有分工，但是合作不明显，企业的数量、关联度及集中度均没有达到产业集群的标准，缺乏横向和纵向联系。早期为了完成招商引资任务，只注重项目的落地，不注重项目的投入与产出，导致大量低效用地的存在，造成土地产出效益的偏低，其中又以街道经济更突出。

据江宁区土地集约利用评价结果，区内各园区、街道建设用地的集约利用程度均不高，集约利用分值较低，集约水平最高的江宁开发区其集约度分值也只有 64.63，最低的禄口街道集约度分值仅为 30.86，各园区、街道的土地集约水平仍有较大的上升空间。各园区、街道的土地利用效益具有空间集聚性特点，土地集约利用水平沿主城向郊区方向呈现梯度递减规律，这也与研究区经济发展梯度一致，中、高效益级别的单元靠近南京市主城，低效益级别的单元则离主城较远，具有显著的空间分布差异性。

总体而言，研究区各园区、街道的土地集约水平不高，土地利用强度

和效益低下的区域覆盖面积广，集约程度有待提升。因此，江宁必须在以往重点发展园区的战略基础上，升级为园街统筹的经济发展模式，充分发挥开发园区的辐射带动作用，提高各行业的用地门槛，促使城市土地利用方式由外延式向内涵式转型。

第五章　转型期研究区城镇用地扩展的总体态势

城镇用地扩展是城镇化在土地利用结构上的直接反映，在一定程度上是对区域经济发展、人口及环境状况的响应（Siedentop and Fina，2012）。借助 GIS 与遥感技术，及时、准确地得到城镇用地信息及其在不同时期的变化，对于实现城市社会经济与生态环境的可持续发展具有重要意义。本章是研究区城镇用地扩展的宏观分析，具体包括三部分内容：第一，在遥感影像解译的基础上，从城镇用地扩展的过程与阶段、方向与形态两个方面把握研究区城镇用地扩展的总体态势；第二，基于中国经济转型理论，探讨研究区城镇用地增长的宏观外部动力，关注社会经济因素对城镇用地扩展的作用；第三，利用主成分回归分析方法，对研究区城镇用地增长进行动力建模与定量分析。

一、研究区城镇用地扩展的总体态势

（一）数据处理与研究方法

1. 数据收集

本章的数据源主要包括覆盖江宁都市新区的 1986 年、1992 年、1999

年、2005 年 Landsat TM 影像（30 米 ×30 米）、2010 年 ETM + 影像（30 米 ×30 米）以及 DEM 数字高程图（30 米 ×30 米），研究区 1∶50000 的地形图，研究区 2010 年道路交通现状图、行政区划图等空间数据。非空间数据则包括 1996 ~2011 年南京市国土资源局江宁分局的土地利用变更数据，以及南京市和江宁区 1997 ~2012 年的统计年鉴。

为与前述江宁城市发展历程相对应，本书在遥感影像数据的选取方面主要基于以下方面的考虑：1986 年是研究区所能获取的最早年份数据；1992 年则是江宁经济技术开发区成立时间，经济发展开始起步；2000 年江宁撤县设区，经济发展进入腾飞时期，但该时间段的数据无法获得，因此用 1999 年的数据代替；同样，2010 年则是研究区所能获取的最新年份数据。

2. 遥感影像解译与精度验证

借助 ERDAS 9. 1 图像处理系统对研究区 1986 年、1992 年、1999 年、2005 年、2010 年 5 个时相的遥感影像进行处理，具体步骤为：

（1）参照研究区 1∶50000 的地形图，采用从遥感影像到地形图的校正方式，均匀地选取 20 个控制点，采用三次多项式模型和邻近插值法，依次对 1986 年、1992 年、1999 年、2005 年、2010 年这 5 期的遥感影像进行配准，几何校正后的均方根误差控制在 1 个像元之内。

（2）采用监督分类中常用的最大似然法，同时结合人机交互目视解译，对各年份研究区的土地利用类型图进行分类。由当地国土地部门提供的江宁 2005 年土地利用变更数据可知，研究区园地为 2376. 57 公顷，仅占土地总面积的 1. 51% ，且境内的牧草地数量为零。为此，本次遥感影像解译过程中，根据当地土地利用特征并结合解译的难度与精度，将园地并入耕地，把研究区土地利用类型划分为 6 类，分别是城镇用地、农村建设用地、耕地、林地、水域和未利用地，其中城镇用地包括城市用地、建制镇、独立工矿以及特殊用地。

（3）为验证分类精度，笔者结合所在课题组的研究项目，于 2009 年、2010 年暑假期间做了详细的野外调研工作，并且借助《江宁区土地利用总体规划（2006～2020年）》编制契机，多次访谈了当地相关城市管理部门，包括规划局、国土局、交通局等，调研了区内各开发园区、街道的城镇发展用地需求等。这些调研与访谈工作不仅有助于提高分类精度，而且还有助于帮助笔者快速了解江宁的城镇用地发展概况，识别城镇用地扩展的热点区域。结合高分辨率遥感影像和野外实测调研，验证各期影像解译结果的分类精度，具体过程为：各年份随机布设800个检验点，其中城镇用地与非城镇用地样点各一半，评价结果表明各期影像的分类精度都要高于85%，能够较好地应用于本次城镇用地扩展研究。

3. 全局特征计量指数法

（1）扩展速率与扩展强度指数。城镇用地扩展速率表征特定地理单元在研究期内的年均城镇用地扩展面积（Xiao et al.，2006），也即以研究期限对城镇用地扩展总面积进行标准化，见式（5－1）。城镇用地扩展强度指数是指城市特定地理单元在研究期内的城镇用地扩展面积占其土地总面积的百分比（吴铮争等，2008）；年均扩展强度指数则可用于比较不同时期研究区城镇用地扩展的快慢程度，见式（5－2）。

$$A_i^{t\sim t+n} = (A_i^{t+n} - A_i^t)/n \tag{5-1}$$

$$B_i^{t\sim t+n} = [(A_i^{t+n} - A_i^t)/n]/C_i \times 100\% = A_i^{t\sim t+n}/C_i \times 100\% \tag{5-2}$$

式中，$A_i^{t\sim t+n}$、$B_i^{t\sim t+n}$ 分别为空间单元 i 的城镇用地扩展速率、扩展强度指数；A_i^t、A_i^{t+n} 为 t、$t+n$ 年时单元 i 的城镇用地面积，C_i 为对应单元的土地总面积。

（2）城镇用地重心迁移指数。城镇用地重心是根据城镇用地的空间分布所确定的几何中心（董廷旭等，2011），通过分析不同时期的城镇用地重心迁移情况，可把握历史时期城镇用地扩展的总体方向与空间轨迹，其计算公式如下所示：

$$M_t = \sum_i (S_{ti} \times M_i) / \sum_i S_{ti}$$

$$N_t = \sum_i (S_{ti} \times N_i) / \sum_i S_{ti}$$

$$L_t = \sqrt{(M_{t+1} - M_t)^2 + (N_{t+1} - N_t)^2} \tag{5-3}$$

式中，M_t、N_t 分别为 t 时期的城镇用地重心坐标，M_i、N_i 为第 i 个城镇用地斑块的几何中心坐标，S_{ti}为 t 时期第 i 个城镇用地斑块的面积，L_t 表示从 t 至 $t+1$ 时期城镇用地重心的迁移距离。

（3）紧凑度指数与边界分形维数。城市紧凑度指数和边界分形维数是反映城市空间扩展过程中建成区形态特征的重要指标，体现城镇用地斑块边界的曲折性与复杂性，根据斑块的面积与周长进行计算（王厚军等，2008），见式（5－4）和式（5－5）。

$$C = 2\sqrt{\pi A}/P \tag{5-4}$$

$$D = 2Ln\left(\frac{P}{4}\right)/LnA \tag{5-5}$$

式中，C、D 分别为城市紧凑度指数与边界分形维数，A、P 则分别为城镇用地的面积与周长值。紧凑度 C 值取值范围为 0～1，其值越大，城市形态的紧凑性就越好，反之亦然。圆是一种形状最紧凑的图形，圆内各部分空间高度压缩，其紧凑度为 1，如果是狭长形状，其值接近 0（蔡博峰等，2007）。边界分形维数 D 的取值范围为 4～2，其值越大，对应的城市空间形态就越复杂，反之亦然。一般而言，若紧凑度指数越大，边界分形维数越小，城市形态就更趋于规则，已城镇化斑块中的空隙会被逐渐填充，呈现填充式开发模式；反之，若紧凑度指数越小，边界分形维数越大，城市形态就更趋于复杂与不规则，城市土地开发会呈现一种相对分散、随机的状态，斑块几何形状将会凹凸不规则，外围轮廓趋于复杂，总体呈现外延式开发模式（林目轩等，2007）。

（二）城镇用地扩展的过程与阶段

图 5－1 为研究区历史时期（1986～2010 年）城镇用地扩展的时空分布图，据图可初步判断出历史时期研究区城镇用地扩展的热点区域位于核心城区的江宁经济技术开发区（简称江宁开发区）、江宁科学园，以及西面的滨江开发区和南面的空港工业园，以工业用地增长为主要特征。利用

GIS 栅格工具对研究区的遥感影像解译结果进行统计，各研究年份城镇用地面积与周长如表 5-1 所示。1986～2010 年，研究区城镇用地面积由 3995.09 公顷增长至 30689.85 公顷，斑块面积扩展了 6.68 倍，扩展速率为 1112.28 公顷/年；与之对应，城镇用地斑块周长由 473.94 千米增长至 2308.52 千米，斑块周长增加了 3.87 倍。各时段研究区城镇用地扩展的速率特征及其新增城镇用地占用其他土地面积的统计结果如表 5-2 所示。

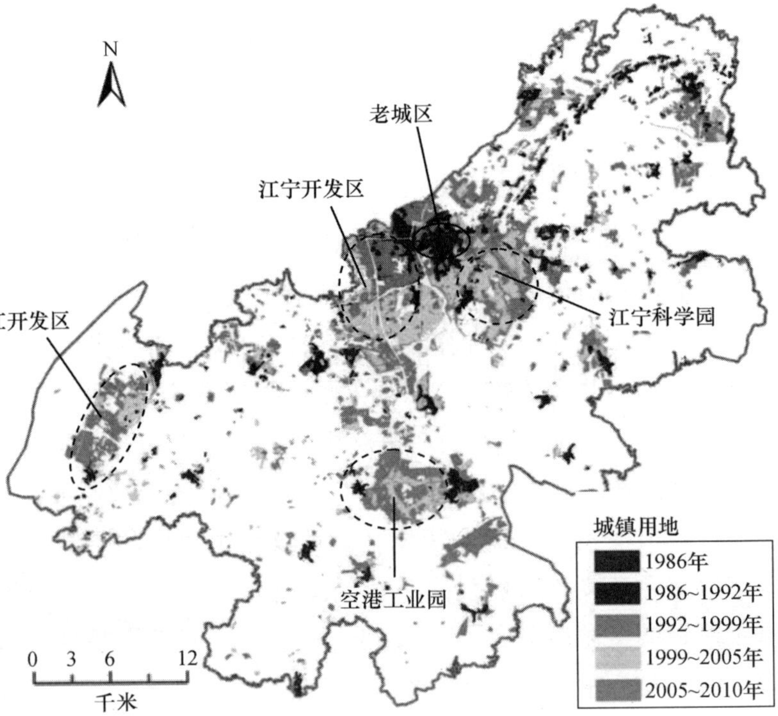

图 5-1　1986～2010 年研究区城镇用地扩展时空过程示意图

表 5-1　1986～2010 年研究区城镇用地斑块的面积与周长

年份	1986	1992	1999	2005	2010
城市斑块面积（公顷）	3995.09	5534.41	12912.38	22029.26	30689.85
城市斑块周长（千米）	473.94	590.85	1442.34	2095.64	2308.52

表 5-2　研究区各时段城镇用地扩展速率特征

时段	扩展面积（公顷）	扩展速率（公顷/年）	扩展强度（%）	新增城镇用地来源（公顷）				
				耕地	林地	水域	农居点	其他
1986～1992 年	1539.32	256.55	0.16	1081.63	43.14	94.68	230.55	89.32
1993～1999 年	7377.97	1054.00	0.67	5132.14	1022.95	218.97	878.24	125.67
1999～2005 年	9116.88	1519.48	0.96	7925.57	574.12	336.17	210.9	70.12
2005～2010 年	8660.59	1732.12	1.10	7842.73	174.37	337.35	247.8	58.34

根据各时段城镇用地扩展的速率特征，可以将研究区城镇用地的扩展过程划分为三个阶段：1986～1992 年的慢速扩展阶段，1992～1999 年的增速扩展阶段以及 1999～2010 年的快速扩展阶段。这三个扩展阶段依次与江宁城市发展历程的自然累积时期、经济起步时期以及腾飞发展时期相契合，在一定程度上表征了社会经济发展对城镇用地扩展的强烈推动作用。

1. 阶段一：城市慢速扩展阶段（1986～1992 年）

1986～1992 年，位于南京郊区的江宁县，与南京主城区各自独立发展，两者的经济联系较弱。城市建设体现为县城的缓慢发展，江宁县城位于原东山镇（现东山街道），在秦淮河东侧发育，成为当时江宁县的行政、商业与文化中心（见图 5-2（a））。该时期研究区城镇用地扩展面积仅增加 1539.32 公顷，年均扩展面积为 256.55 公顷，城市建设以占用耕地为主，占用耕地面积为 1081.63 公顷；扩展强度指数，即每年城镇用地扩展面积占研究区土地总面积的比例，仅为 0.16%，与随后各时期的城镇用地扩展速率指标相差甚远（见表 5-2），故将 1986～1992 年划分为研究区的慢速扩展阶段，其与南京主城各自独立发展（见图 5-3（a））。

2. 阶段二：城市增速扩展阶段（1992～1999 年）

研究区城市增速扩展阶段的一个重要标志为江宁经济技术开发区（简称江宁开发区）的成立（见图 5-2（b））。江宁开发区创办于 1992 年 6 月，1993 年被批准为省级开发区，2010 年顺利升级为国家级经济技术开发区。该时期城镇用地扩展面积为 7377.97 公顷，其中占用耕地面积达 5132.14 公顷；城镇用地扩展速率为 1054.00 公顷/年，是上一阶段的 4.11 倍，同时，扩展强度指数由上一阶段的 0.16% 提升至 0.67%（见表 5－2）。林地与农村居民点显著减少也是该时期土地利用变化的主要特征，新增城镇用地占用面积分别为 1022.95 公顷、878.24 公顷，究其原因，江宁开发区以及禄口机场的成片开发与建设导致农村居民点大量的搬迁与安置；西北面青龙山、汤山一带大量的新建采石厂星罗棋布，是该时期林地

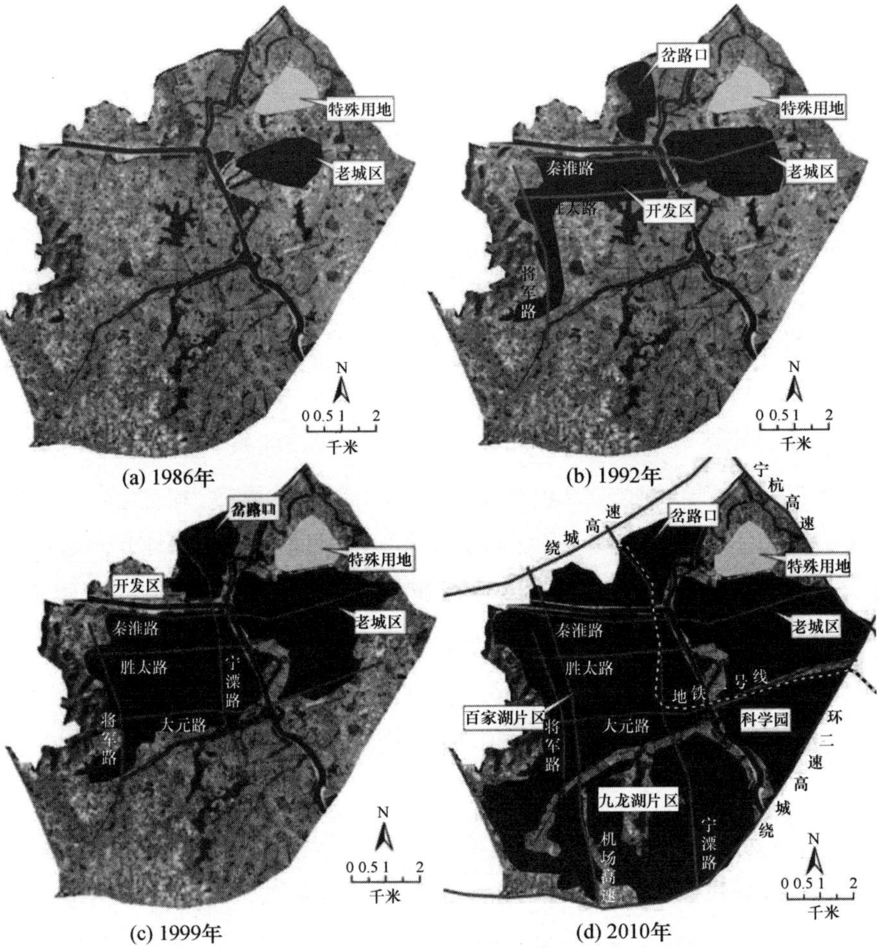

图 5－2　江宁核心城区功能组团的演变过程示意图

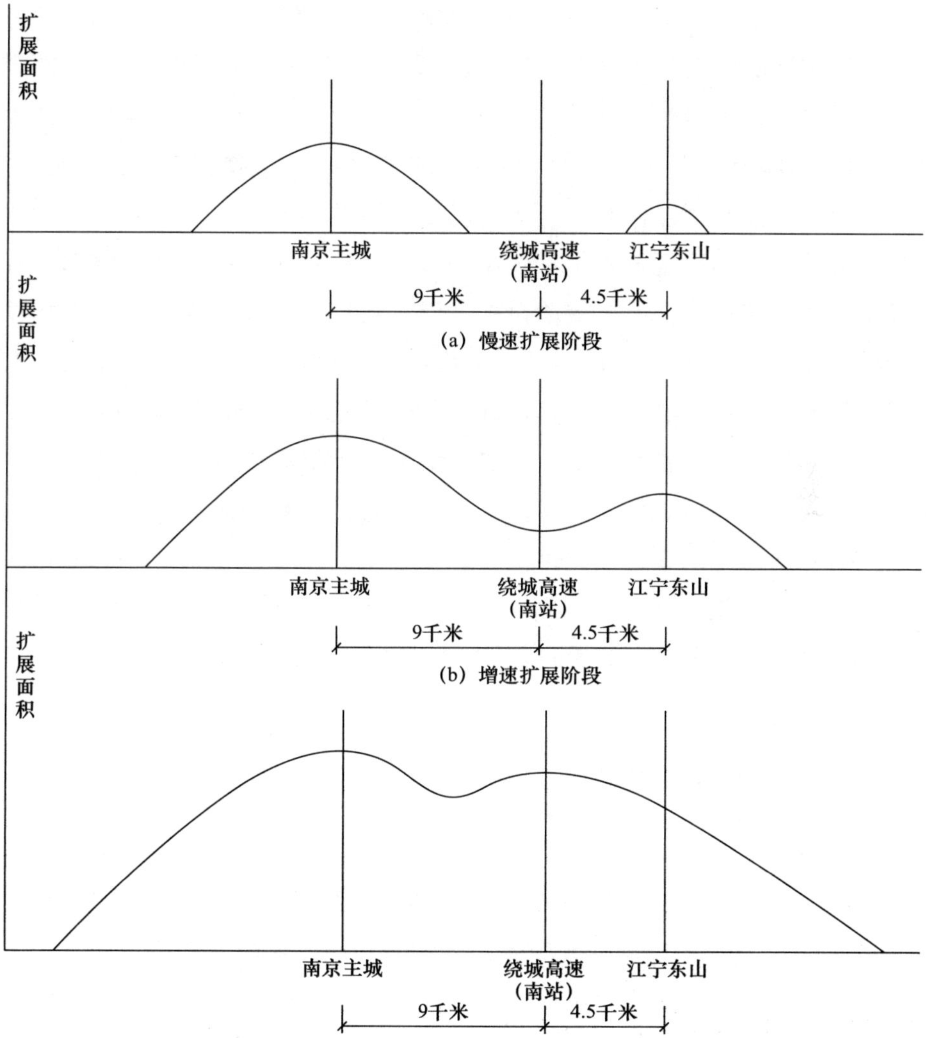

图 5－3　研究区城镇用地扩展阶段示意图

大幅减少的重要原因。尽管在南京市“退二进三”政策的引导下，研究区在该时期受到了主城区一定程度的涓滴效应，一些社会经济要素与工业企业逐渐向江宁扩散与转移，但与主城之间仍有明显的空间分割（见图 5－2（b））。

3. 阶段三：城市快速扩展阶段（1999～2010年）

快速扩展阶段包括1999～2005年、2005～2010年两个时期，这两个时期的城镇用地扩展速率以及扩展强度指数都十分接近，扩展速率分别为1519.48公顷/年、1732.12公顷/年，扩展强度指数依次为0.96%、1.10%，较增速扩展阶段有了较大程度的提高（见表5－2）。2000年，研究区撤县建区，加快了融入南京主城的步伐，有效地承担主城区的部分外溢功能，标志着城市快速扩展阶段的开端。在城市建设方面，南京市居住功能的外溢，在百家湖、九龙湖、秦淮河沿岸，依托优美的自然景观，在开发区原有产业功能的基础上迅速叠加居住功能；江宁科学园、空港工业园、滨江开发区3个省级开发区的先后成立，为研究区的产业发展提供了新的平台；南京禄口机场、南京南站以及地铁1号线南延线的开通，提升了江宁区对内对外的交通便捷度。在此基础上，江宁核心城区（原东山县城）进一步向外围扩展，百家湖片区、九龙湖片区、科学园片区不断成熟（见图5－2（c）和图5－2（d）），与南京主城上演“双城记”（见图5－3（c））。

（三）城镇用地扩展的方向与形态

1. 城镇用地重心迁移

1986～2010年，江宁城镇用地重心的迁移轨迹如图5－4所示。研究区城镇用地重心始终向西南方向移动，在WGS_ 1984_ UTM_ Zone_ 50N坐标系下，重心点坐标由1986年的（676078.69米，3533431.46米）移动至2010年的（673498.60米，3530706.96米），空间移动距离达3752.30米。根据各年份城镇用地重心的空间位置，我们可以对研究区城镇用地扩展的主导方向做出初步判断，也即历史时期城镇用地主要向西南面扩展。另外，由重心迁移轨迹可以发现，1999年是研究区城镇用地扩展的重要分界点，1986～1999年重心迁移较缓慢，对应城市慢速和增速扩展阶段；1999～2010年城镇用地重心在空间位置上则发生较大的偏移，对应城市的快速扩展阶段，尤其是1999～2005年，城镇用地重心空间移动距离

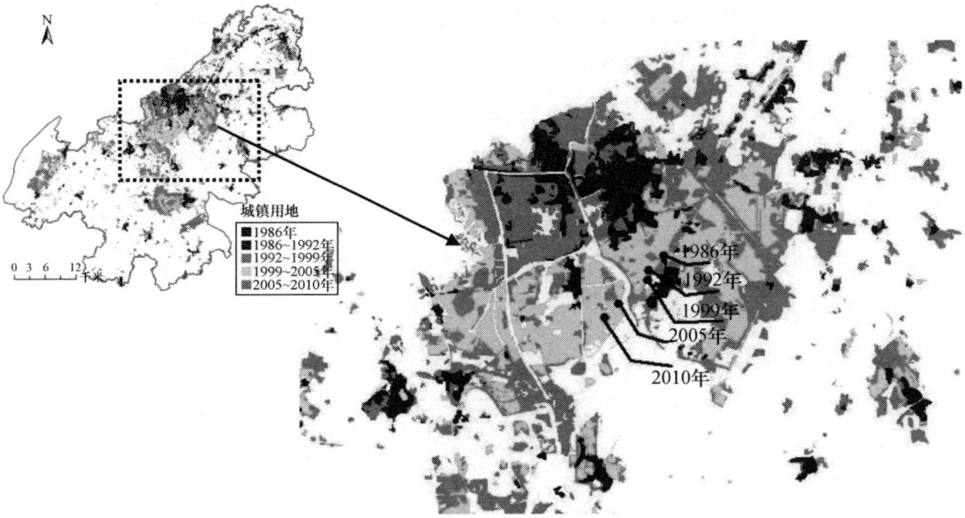

图 5－4　1986～2010 年研究区城镇用地重心迁移轨迹示意图

达 1617.01 米，占总迁移距离的 43%。

2. 城镇用地扩展形态

借助紧凑度与分形维数两个全局指数，用于评价研究区历史时期城镇用地的形态特征。1986～2010 年，研究区城镇用地紧凑度指数总体呈现下降趋势（见图 5－5）。1986 年、1992 年的紧凑度指数分别为 0.47、0.45，与随后年份相比，城镇用地布局总体较紧凑，这主要是因为该时期为研究区慢速扩展阶段，除核心东山县城外其他区域并未得到有效发展；1999 年紧凑度指数出现较大幅度的下降，其值为 0.28，这与秦淮河东部江宁开发区的成片开发以及其他区域建设用地凌散、跳跃式增长密切相关；1999～2010 年该指数基本保持稳定，在 2005 年小幅降至 0.25 后，2010 年又提升至 0.27，这表明在城市快速扩展阶段，研究区城镇用地扩展始终保持着蓬勃发展的趋势，城市紧凑度指数维持稳定可能是填充开发与边缘扩展并重，相互平衡与制约而产生的结果。

边界分形维数的定义表明，其值越大都市边界越不规则，城市的总体形态特征也就越发复杂，城市土地的开发相对而言就更具活力。研究区城镇用地边界分形维数呈现先增加后减小的趋势，其值由1986年的1.15增长至2005年的1.25后又降至2010年的1.22，与紧凑度指数变化趋势相反（见图5-5）。另外，紧凑度与分形维数两个指数的剧烈变动都发生于研究区的增速扩展阶段（1992~1999年），结合各年份的遥感影像解译土地利用图可以得出如下结论：城镇用地扩展的增速阶段有利于形成城市发展的基本框架，对城市空间结构布局的形成具有至关重要的作用。根据上述分析可以判断，江宁区城市空间结构的雏形，极有可能形成于其城镇用地扩展的增速阶段（1992~1999年），该结论在后文的城镇用地扩展过程格局时空异质性分析中将得到印证。

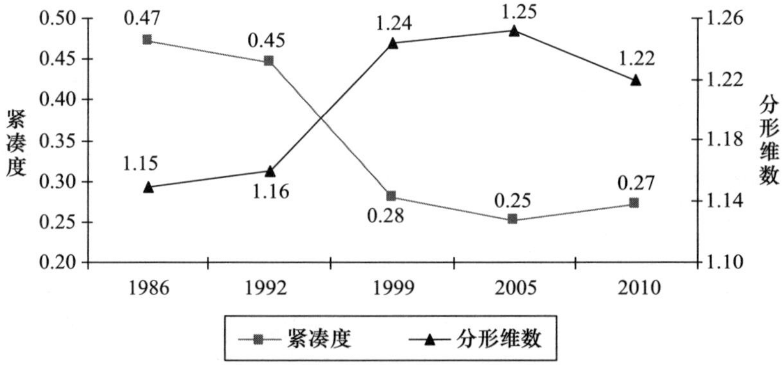

图5-5　1986~2010年研究区不同时期紧凑度与分维数变化

二、转型期研究区城镇用地的总量增长分析

中国的快速城镇化进程一直是国内外学术界的重要议题，引起了地理学、经济学、社会学和城市规划等学科的共同关注。本节以中国经济转型

理论为基础，借鉴已有研究（张庭伟，2001；欧向军等，2008；陈明星等，2009），从人口城镇化、市场化、分权化以及全球化四个方面，提出研究区城镇用地增长的四维动力分析框架，这四维动力依次为社会力、市场力、行政力和外向力（见图5－6）。

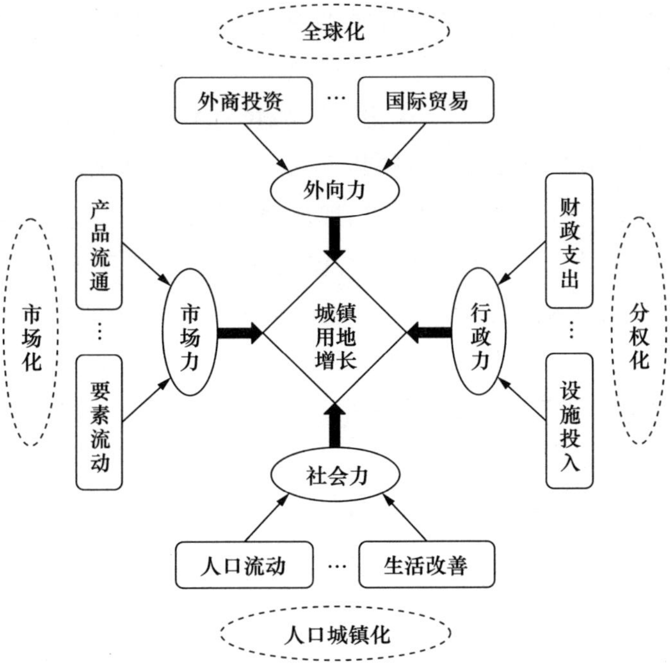

图5－6　研究区城镇用地增长的四维动力框架

（一）人口城镇化——社会力

城市非农人口的大量增加是城市用地扩展的主要驱动力之一（刘曙华等，2006；张治清，2011）。梁进社（2002）的研究表明居民点和工矿用地面积与人口数量存在幂指数关系，非农人口的增长将导致城镇用地的扩展。社会力是指人口城镇化对城镇用地扩展的驱动，主要从以下两个方面对城镇用地增长施加影响：

1. 快速城镇化背景下大量的农村人口涌入城市寻找就业机会，引致各类城镇用地需求

位于城乡接合部的江宁都市新区城市建设迅速，建筑行业、制造行业等劳动密集型行业为农村人口提供了大量的就业机会，吸引了大批“离土又离乡”的外来务工人员以及“离土不离乡”的本地农民。农村人口大量涌入城市，迫使城市需要为他们提供更多的生活与工作空间，从而增加了对各类生活与生产性用地的需求，导致城镇用地的增长。1978 年改革开放初期，江宁非农业人口仅为 5.52 万人，城镇化率为 7.34%；1999 年，非农业人口增加至 13.19 万人，城镇化率为 17.76%，20 余年间非农业人口仅增长了 1.4 倍，与之对应，城镇用地扩展处于独立与起步阶段。至 2011 年，江宁非农业人口增加至 79.34 万人，10 余年间非农业人口增长了 5.02 倍，城镇化率提升至 68.11%，此时研究区城镇用地已步入快速扩展阶段。图 5－7（a）为 1996～2011 年研究区非农业人口与城镇用地的拟合曲线，二者呈现乘幂关系，复相关系数为 0.96。城镇用地面积来源于 1996～2011 年南京市国土资源局江宁分局的土地利用变更数据，为各年份扣除农村用地、水利设施用地的建设用地面积。

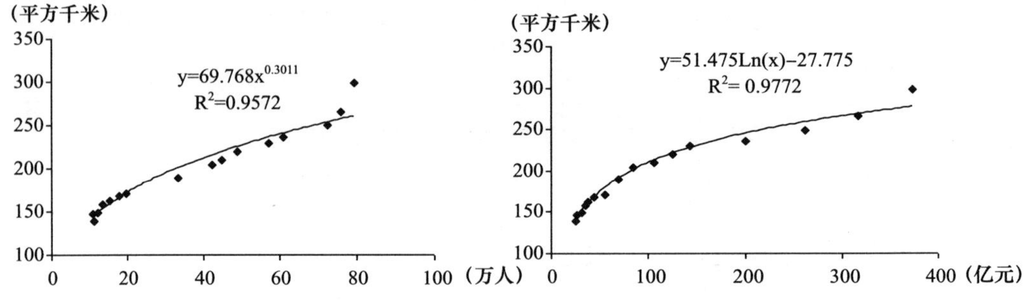

（a）非农业人口与城镇用地　　（b）城乡居民储蓄余额与城镇用地

图 5－7　1996～2011 年研究区非农人口、城乡居民储蓄余额与城镇用地面积的拟合曲线

2. 经济快速发展促进城乡居民收入的增长与生活水平的改善，伴随产生的是居民消费结构的变动，追求更多的制造业产品与服务型需求，促使更多的资金向城市转移并加快城市建设的步伐

城乡居民储蓄余额能够有效表征居民的收入水平与消费能力，1996～2011年江宁城乡居民储蓄余额由24.88亿元增加至373.26亿元，扩大了14倍，其与城镇用地面积呈现对数拟合关系，复相关系数为0.98（见图5-7（b））。在城乡居民改善型需求中，原有城镇居民住房条件的改善则是研究区城市建设用地增长的直接原因，城镇居民收入水平的提高则为住房改善型需求提供了资金支持。2011年，城镇居民人均可支配收入达31002元，比上年增长13.4%；城镇居民人均住房建筑面积为44.63平方米，比上年增长7.28%，人均居住面积以及相应配套设施面积的增加也将进一步扩大城市建成区的面积。

（二）市场化——市场力

市场力指市场在区域经济发展过程中对资源配置的基础性调节作用，在服从价值规律的前提下通过对资本、技术和土地等生产要素的有效配置，以及加速商品的自由流通来实现对城市空间扩展的推动（欧向军等，2008；陈明星等，2009；Wei，2012）。计划经济时期，生产要素的配置主要是政府行为，企业无自主经营权，市场对城镇用地扩展的影响微乎其微；改革开放以来，随着市场化进程的加速，企业的自主经营权逐渐扩大，企业投资在中国城镇化道路上越来越发挥重要作用（Lin，2002）。1996～2011年，研究区全社会固定资产投资总额的非国有成分的比例由21.71%提升至36.41%，对应金额则由5.27亿元增加至255亿元，投资主体的多元化增强了江宁都市新区经济发展的活力，不断促进产业结构的调整与企业的自主选址，进而对城镇用地增长施加影响，二者呈现乘幂拟合关系，复相关系数为0.97（见图5-8（a））。另外，市场经济的发育与活跃程度也可通过商品的购买和销售状况进行衡量（周民良，2000），1996～2011年研究区消费品市场得到持续快速的发展，社会消费品零售总

额由16.69亿元增加至239.06亿元，占南京的比例由5.59%提升至9.13%，研究区市场化体制正在逐渐地完善，其与城镇用地面积呈现对数拟合关系，复相关系数为0.95（见图5-8（b））。

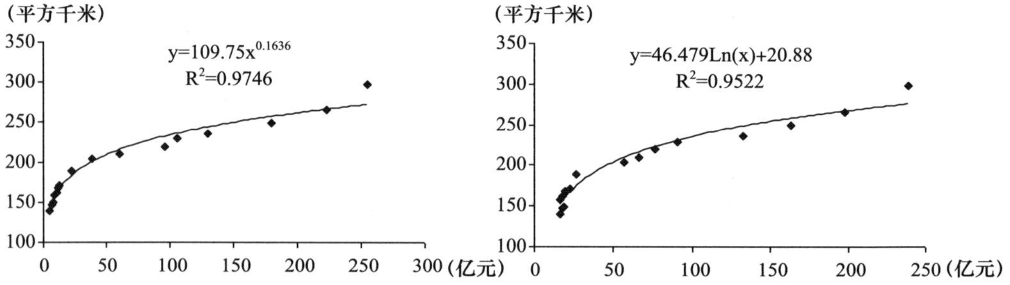

(a) 非国有固定资产投资与城镇用地　　(b) 社会消费品零售总额与城镇用地

图5-8　1996~2011年研究区非国有固定资产投资、社会消费品零售总额与城镇用地面积的拟合曲线

土地市场也是市场化体制改革的重要方面，土地作为另一重要生产要素，对它的配置是通过服从于价值规律等基本经济规律来实现的，其根本作用是将土地资源配置到最有效益的经济活动中，提高土地利用的经济效益（陈晓军等，2003）。土地市场培育与城镇用地发展是相互促进、相辅相成的，在城市建设初期，地方政府通过土地一级市场划拨、出让或租赁土地使用权，引导城镇用地发展的方向。土地一级市场的成熟带动二级市场的活跃，大量的房地产开发伴随产生，人口、资金、技术、产业的不断集聚，在区位效应和比较利益的驱动作用下，城市土地利用空间结构发生调整与优化，城市的集聚效应与极核作用随之体现。当城市集聚发展的极化作用达到一定程度后，涓滴与扩散效应将占主导，大量的生产要素逐渐向外围扩散寻求新的发展空间，从而促进新一轮城镇用地需求（见图5-9）。

江宁区土地市场活跃，近年来经营性土地出让（包括住宅用地与商业用地）的数量与面积在南京各区县中位于前列，约占整个南京市区的1/3

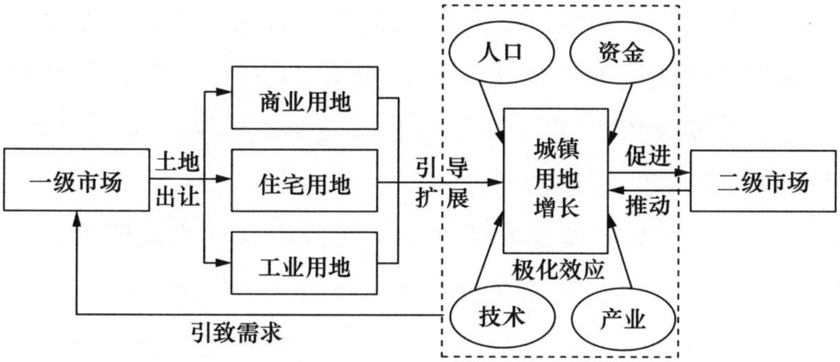

图 5－9　土地市场培育与城镇用地增长的相互作用关系

（见表 5－3）。以 2010 年为例，江宁区共出让经营性土地 17 幅，占南京市区的比例为 28.33%；土地出让面积达 2209 亩，占南京市区的比例为 33.38%。江宁土地一级市场的活跃，促进了房地产市场的繁荣及相关产业的发展，不断引起区域内土地开发的热潮。

表 5－3　2008～2010 年江宁区经营性土地出让信息

	2008 年		2009 年		2010 年	
	幅数	出让面积（亩）	幅数	出让面积（亩）	幅数	出让面积（亩）
江宁区	16	1542	24	1852	17	2209
南京市区	53	5634	76	6040	60	6618
所占比例（%）	30.19	27.37	31.58	30.66	28.33	33.38

资料来源：南京市国土资源局。

（三）分权化——行政力

改革开放以前，中国实行高度集权的财政制度，切断了地方财政收入和地方支出的联系，地方政府缺乏发展经济和增进财政收入的积极性，而分权化改革则导致中央政府向地方政府的大规模放权，地方政府对所辖地区的经济发展承担主要责任（Jin et al.，2005）。行政力是在管治分权化基础上产生的，指地方政府通过资金投入、产业布局、项目布设以及配套建设等方式推动所辖区域的城镇化（刘世薇等，2013），其本质是另一类资源配置的手段，和市场机制共同作用于各类生产要素的流动与整合过程，直接或间接地推动城镇用地的增长。

江宁都市新区的城镇用地发展受到上级政府及地方政府的共同推动作用。回顾江宁发展历程，上级政府对其城镇用地发展的推动作用具体表现在行政区划的调整，巨型工程的建设以及上位规划的管控等方面。经国务院批准，江宁在2000年撤县设区，加快了融入南京主城的步伐，拉开了研究区城镇用地快速扩展阶段的序幕。巨型工程的建设主要包括禄口机场的修建、扩建，火车南站的运营以及地铁1号线南延线的开通等，极大地提升了研究区对内、对外的交通便捷度。城市规划、土地规划等上位规划是上级政府引导与控制地方政府城镇用地发展的主要途径与依据，以《南京市土地利用总体规划（2006~2020年）》为例，规划期下达给江宁的新增建设用地指标为5999公顷，占全市总量的25%，位于南京各区县前列，优先考虑了研究区未来城镇用地发展的需求，这也进一步凸显了江宁都市新区在南京市的地位。

在城市发展过程中，地方政府往往重视城市基础设施的建设，通过创造优良的投资环境以吸引并促进国内外投资（宁越敏，1998）。城市基础设施的建设与完善在一定程度上增加了城镇用地面积，且通过改善投资环境将进一步拉动经济发展对城镇用地的需求。自20世纪90年代以来，研究区境内的国有固定资产投资呈现快速增长态势，投资额由1996年的18.21亿元增加至2011年的445.37亿元，占全社会固定资产投资总额的比例则由78.29%降至63.29%，尽管投资市场化程度有所提升，但国有经济成分依然占据绝对优势。图5-10（a）为1996~2011年研究区国有固定资产投资额与城镇用地面积的拟合曲线，二者呈现乘幂关系，复相关系数为0.96。除国有固定资产投资外，地方财政支出也是表征行政力的另一重要指标，它是地方政府行使职能的资金支持。1996~2011年，研究区地方财政支出总额由1.81亿元增加至187.68亿元，其与城镇用地面积的

拟合方程为 $y = 125.14x^{0.1481}$，复相关系数达 0.9697（见图 5－10（b））。然而，自 1994 年分税制实施以来，"财权上移，事权留置"的财政缺口现状直接导致地方政府进一步寻求预算外资金，依赖"土地财政"，通过农地非农流转价格"剪刀差"从土地征收中为自己聚集财力，这在一定程度上也加速了研究区城镇用地的增长（Wei，2005）。

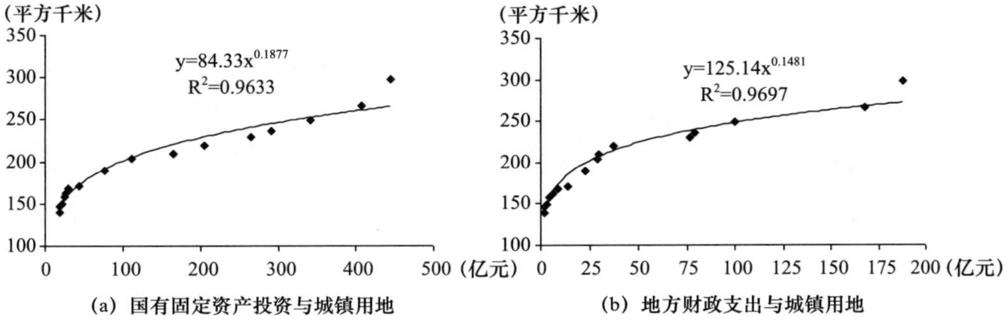

图 5－10　1996～2011 年研究区国有固定资产投资、地方财政支出与城镇用地面积的拟合曲线

（四）全球化——外向力

确切地讲，中国参与全球化的过程就是一个通过利用外资和参与国际贸易融入全球经济的过程（Breslin，2000；Wei et al.，2002），其中，外资的进入在很大程度上激发了中国的开发区建设热潮，并使之成为区域经济增长和城镇化的推动器（Anderson and Ge，2004；Ding，2011）；贸易自由化又通过整合市场，强化区域专业优势，催生了一大批制造业基地，使得中国成为名副其实的"世界工厂"，极大地改变了中国尤其是东部沿海地区土地利用方式。区域经济全球化最重要的表征指标是外商直接投资（Foreign Direct Investment，FDI），开发区是外商直接投资的重要载体（Ding et al.，2014）。

随着全球化进程向深度和广度扩展，参与全球化的区域正在从沿海地区逐步向内陆转移，南京作为沿海地区和中部地区联系的重要枢纽，也正在成为全球生产要素转移的重要节点。Wei 等（2010）的研究表明，江宁经济技术开发区是南京外商投资的热点区域之一，土地成本是外商投资区位选择的重要因素。除江宁经济技术开发区（简称江宁开发区）外，滨江开发区、江宁科学园、空港工业园是研究区的另外 3 个主要外资引进平台。江宁都市新区外资的引进以开发园区为载体（开发区利用外资约占全区的 90%），通过给予优惠的税收、低廉的地价、完善的基础设施和专业化的服务，在发展高新技术产业、推动城市发展等方面发挥了重要的作用，是城镇用地增长的外向拉动力。2011 年，江宁新批三资企业 92 家，占南京的 27.38%，位于南京各区县第一位；实际利用外资 84464 万美元，占南京的 23.68%，在各区县排名第一；出口总额为 477579 万美元，占南京的 15.47%，在各区县仅列第三位，出口弱于引资。

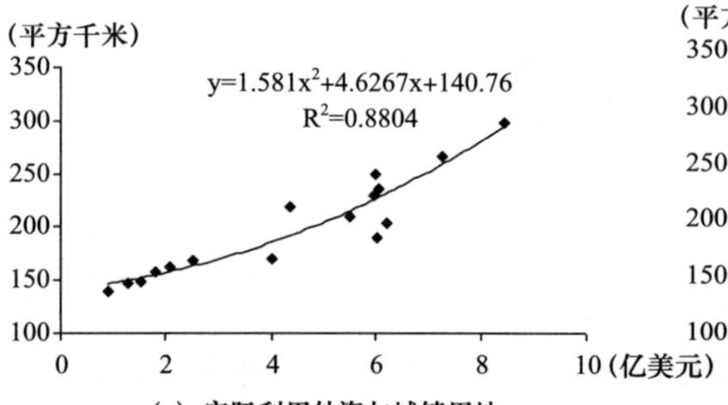

(a) 实际利用外资与城镇用地

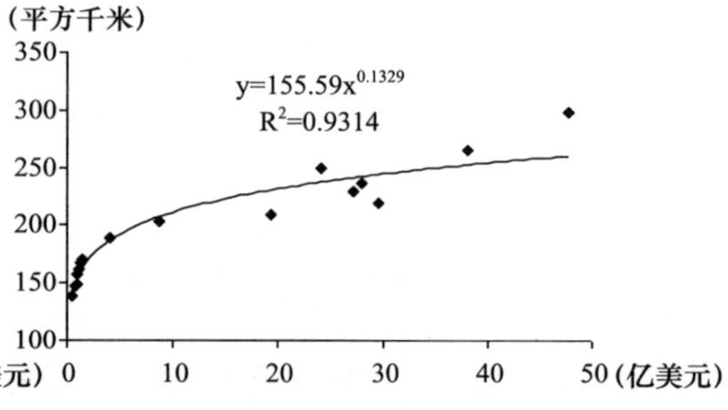

(b) 出口总额与城镇用地

图 5－11　1996～2011 年研究区实际利用外资、出口总额与城镇用地面积的拟合曲线

图 5－11 为 1996～2011 年研究区实际利用外资、出口总额与城镇用地面积的拟合图，从两条拟合曲线的斜率可以判断出外商直接投资对研究区城镇用地增长具有较强的边际效应，二者的拟合方程为 $y = 1.581x^2 + 4.6267x + 140.76$，复相关系数为 0.8804。在南京市“退二进三”策略推动下，研究区承担着主城区工业用地与居住功能的部分外迁，各类开发区

用地也相应呈现组团式发展趋势，基础设施的完善与优惠政策的出台不断吸引外资的集聚，引致了建设用地规模的增加。

三、城镇用地扩展的动力建模与定量分析

由前述分析可知，四维动力框架中社会力是指城镇化背景下由非农业人口增加及生活水平改善对城镇用地增长的促进作用；市场力则为市场化深化改革过程中，通过促进区域要素流动与商品流通而对建设用地增长的驱动作用；行政力主要指分权化改革下，地方政府通过资金投入、设施建设、项目布局等行政方式对城市建设的推动作用；外向力则为经济全球化过程中，通过吸引外商直接投资（FDI）与促进贸易自由化，实现产业集聚与专业化分工而对城镇用地扩展的拉动作用。本节内容将借助主成分回归方法定量分析这四维动力与研究区城镇用地增长的关系。

（一）主成分回归建模

据前述四维动力与城镇用地增长的分析并借鉴已有相关研究（欧向军等，2008；魏冶等，2013），本书构建研究区城镇用地增长的外部动力指标体系，其中社会力选取非农业人口比例（X_1，单位:%）、城乡居民储蓄余额（X_2，单位：亿元）进行表征，市场力选取非国有固定资产投资（X_3，单位：亿元）、社会消费品零售总额（X_4，单位：亿元）进行表征，行政力选取国有固定资产投资（X_5，单位：亿元）、地方财政支出（X_6，单位：亿元）进行表征，外向力则选取实际利用外资（X_7，单位：亿美元）、出口依存度（X_8，单位:%）进行表征，各指标的诠释如表 5－4 所示。以上各项社会经济指标来源于南京和江宁 1997～2012 年的统计年鉴，个别年份的缺失数据采用线性插值法补齐。由于不具备连续年份的遥感影

像解译数据，故因变量城镇用地面积（Y，单位：平方千米）采用土地利用变更数据，为各年份扣除农村建设用地、水利设施用地的建设用地面积。

表 5-4　研究区城镇用地增长的外部动力指标体系

外部动力	指标体系	单位	指标诠释
社会力	非农业人口比例（X_1）	%	非农人口增加引致用地需求
	城乡居民储蓄余额（X_2）	亿元	生活水平改善引致用地需求
市场力	非国有全固定资产投资（X_3）	亿元	投资市场化
	社会消费品零售总额（X_4）	亿元	商业市场化
行政力	国有固定资产投资（X_5）	亿元	国有经济对城市建设的贡献
	地方财政支出（X_6）	亿元	地方政府的行政能力和调控能力
外向力	实际利用外资（X_7）	亿美元	外部投资的拉动作用
	出口依存度（X_8）	%	出口总额与 GDP 比值，体现贸易拉动

然而，社会经济数据通常存在较大的相关性，不经处理直接进行回归会影响参数估计的准确性和实际意义，本书选用主成分回归分析方法以消除或降低变量之间多重共线性的影响。主成分回归分析即为因子分析和多元线性回归的组合，本次研究数据处理过程为：①首次降维，分别对各外部动力对应的社会经济指标进行因子分析，提取四个主因子 f_1、f_2、f_3、f_4 依次代表社会力、市场力、行政力和外向力；②二次降维，由于四个主因子之间依然存在共线性问题，再次利用因子分析降维，并设定特征值大于 1 得到它们唯一的主成分 F；③回归分析，将主成分 F 与因变量 Y（城镇用地面积）进行回归建模，再根据主成分与各主因子之间的关系得到回归方程。各步骤的计算公式如下：

$$f_1 = \alpha_1 X_1 + \alpha_2 X_2,\ f_2 = \alpha_3 X_3 + \alpha_4 X_4$$

$$f_3 = \alpha_5 X_5 + \alpha_6 X_6,\ f_4 = \alpha_7 X_7 + \alpha_8 X_8 \tag{5-6}$$

$$F = \beta_0 + \beta_1 f_1 + \beta_2 f_2 + \beta_3 f_3 + \beta_4 f_4 \tag{5-7}$$

$$Y = \gamma_0 + \gamma F \tag{5-8}$$

式中，α_1 至 α_8 为首次降维过程中各外部动力对应主因子的特征向量，β_1 至 β_4 为二次降维过程中主成分 F 的特征向量，γ_0、γ 则为主成分回归的系数。

（二）外部动力的作用效应

研究区城镇用地增长的主成分回归结果如表 5－5 所示，从 T 统计量和 F 检验值可判断本次回归模型的拟合效果较优，调整后 R^2 达到 0.98，常数项及主成分变量的回归系数都通过显著性检验。为比较四个外部动力对研究区城镇用地增长的驱动作用大小，采用标准化回归系数，经主成分 F 与各主因子 f_i 的变换关系，得到各主因子的标准化回归方程如下。

$$Y = 0.5128f_1 + 0.4998f_2 + 0.5041f_3 + 0.4680f_4 \quad (5-9)$$

表 5－5　研究区城镇用地增长外部动力的主成分回归建模

主成分因子	非标准化系数（B）	标准差（Std. Error）	标准化回归系数（Beta）	T 统计量	显著性概率（Sig.）
常数项	199.65	1.43	—	139.96	0.000
主成分 F	17.79	0.56	0.99	31.74	0.000
调整后 R^2	0.98	F 检验		1007.61	

据式（5－9）各动力主因子的标准化回归方程可知，研究区城镇用地增长四个外部动力的作用强弱顺序依次为社会力、行政力、市场力与外向力。社会力（0.5128）位于第一位，其对研究区城镇用地增长的促进作用最强，表明人口城镇化是土地城镇化的重要原因，非农业人口比例的增加和居民收入的增长都将引致建设用地需求，这已经在众多城市与区域的城镇用地扩展研究中得到证明（谈明洪等，2003；牟风云等，2007；王伟武等，2009）。

行政力（0.5041）与市场力（0.4998）分居第二、第三位，二者的差距不大，但足以表明管治分权化改革下当地政府对研究区城市建设与发展的积极性与主导性，其作用力甚至要大于市场经济体制的深化改革对城镇用地发展的推动，这是研究区作为都市新区并区别于其他城市区域的一类典型特征。已有城镇化动力相关研究认为，市场经济始终是支撑改革开放以来中国城镇化发展的中坚力量，如欧向军等（2008）以江苏省为例，发现市场经济对江苏城镇化的驱动要显著大于政府作用；刘世薇等（2013）的研究同样表明，市场力对黑龙江垦区城镇化的驱动作用要大于行政力，但二者相差不大；陈明星等（2009）、魏治等（2013）在全国尺度发现中国城镇化的动力因子呈现多元化特征，其中市场力是最主要的驱动力，而行政力在长时间尺度上呈现下降趋势。江宁都市新区应充分意识到市场经济在资源优化配置中的决定性作用，不断深化经济体制改革，完善各类生产要素市场，使经济充满活力、富有效率。与之对应，当地政府应加快职能转变，避免或减少对企业的直接干预，纠正“越位”与“错位”问题，在经济发展与城市建设方面由“计划、主导”向“调控、引导”迈进，让位于市场经济。

外向力（0.4680）在四个外部动力中的作用较弱，排在末位，这与欧向军、陈明星等人的研究结论相吻合。外资以开发园区为载体，是外向力的主体，引发了开发区用地的快速扩展，导致土地资源的粗放利用，江宁开发区、江宁科学园、滨江开发区、空港工业园都为历史时期（1986～2010年）城镇用地扩展的热点区域（见图5－1）。究其原因，在江宁城市发展过程中，为把开发园区打造成对国际生产要素转移具有高度吸引力的载体平台，实行了“基础设施适度超前”策略与宽松的土地利用政策，鼓励土地利用开发，致使园区的面积不断增加。随着经济全球化进程的加深，对外资的引进与利用都将得到增强，故研究区应在积极发展外向型经济的基础上，提高各开发园区的用地门槛，促使城市土地利用方式由外延式向内涵式转型，合力推动城镇化的快速健康发展。

第六章　研究区城镇用地扩展过程格局的时空异质性

据前述城镇用地扩展过程与格局的研究评述，已有文献多采用全局计量指数法分析城镇用地扩展的总体态势，或仅从单一研究视角探讨城镇用地扩展过程格局的演进特征，但缺乏不同视角的城镇用地扩展过程格局时空异质性的深入探讨。为此，本章在第五章城镇用地扩展总体态势分析的基础上，在空间层面从不同视角对研究区城镇用地扩展过程格局的时空异质性进行分析，具体包括城镇用地扩展分布、扩展形式和扩展梯度的时空异质性研究，以期全面掌握研究区城镇用地扩展的时空动态过程与格局。

一、研究区城镇用地扩展分布的时空异质性

（一）分析方法

扇面分析和同心圆分析是城镇用地扩展空间异质性的常用分析方法。其中，扇面分析是以城市中心为圆心，将研究区划分成若干个面积相同的扇面区域，在此基础上借助 GIS 工具计算不同扇面的城镇用地扩展面积，用于描述城市空间扩展的方向特征。同心圆分析则是指以选定的城

市中心为圆心，通过等间距增长方式建立多重圆形缓冲区，通过计算各圆形缓冲区的城镇用地扩展面积，用于分析研究区城镇用地扩展的圈层结构特征。

城市中心位置的确定一般有两类方法：第一，根据研究区社会、经济、政治等诸多因素综合确定城市中心，如CBD所在地；第二，认为该时点的城镇用地重心即为城市的几何中心。本书采用第二类方法，在WGS_ 1984_ UTM_ Zone_ 50N坐标系中确定1986年城镇用地重心（676078.69千米，3533431.46千米）为研究区的城市中心。扇面分析中，选取能够覆盖全区域的适当半径（40千米），以北偏东11.25°为起点，将研究区划分成16个夹角相等面积相同的扇面区域，通过统计各时期不同方位的建设用地面积来描述城镇用地扩展的空间分异特征。在同心圆分析中，以选取的城市中心为圆心，以2千米为间距，生成覆盖研究区全部区域的19个圆形缓冲区，分别与1986年、1992年、1999年、2005年和2010年的建设用地进行叠加，以获取不同缓冲区（圈层）的城镇用地信息（见图6－1）。

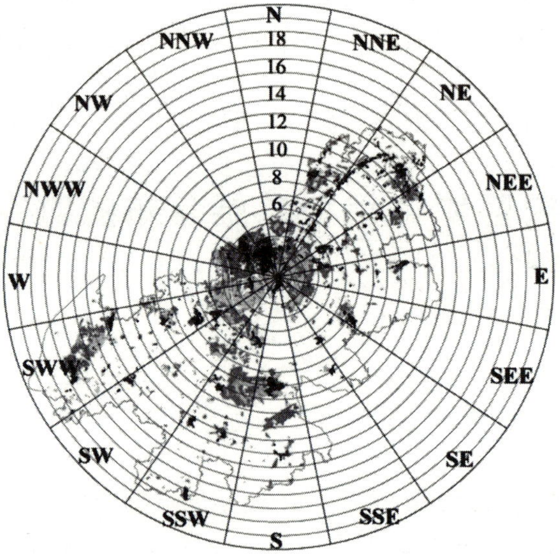

图6－1　扇面分析与同心圆分析示意图

（二）不同扇区扩展分布的时空异质性

以1986年城镇用地重心为中心，将研究区划分为16个扇面，利用GIS技术分别测算出1986年、1999年、2010年各扇区的城镇用地面积（见图6－2（a）），在此基础上计算得到1986～1999年，1999～2010年各扇区城镇用地扩展面积（见图6－2（b））。1986～1999年，对应城镇用地扩展的慢速阶段和增速阶段，研究区城镇用地扩展数量较小但存在各向异性，在南面（S）、西西北面（NWW）、东北面（NE）城镇用地扩展较快（见图6－2（b）），各扇区城镇用地扩展面积依次为11.82平方千米、11.12平方千米、9.19平方千米，分别占该时期城镇用地扩展总量的13.26%、12.47%、10.31%。由对应年份的遥感影像可以发现，南面（S）城镇用地的扩展以禄口机场的建设为主导，西西北面（NWW）城镇用地扩展主要体现为江宁经济技术开发区的成片建设与开发，东北面（NE）则是由该时期大量的采石场建设所引致。

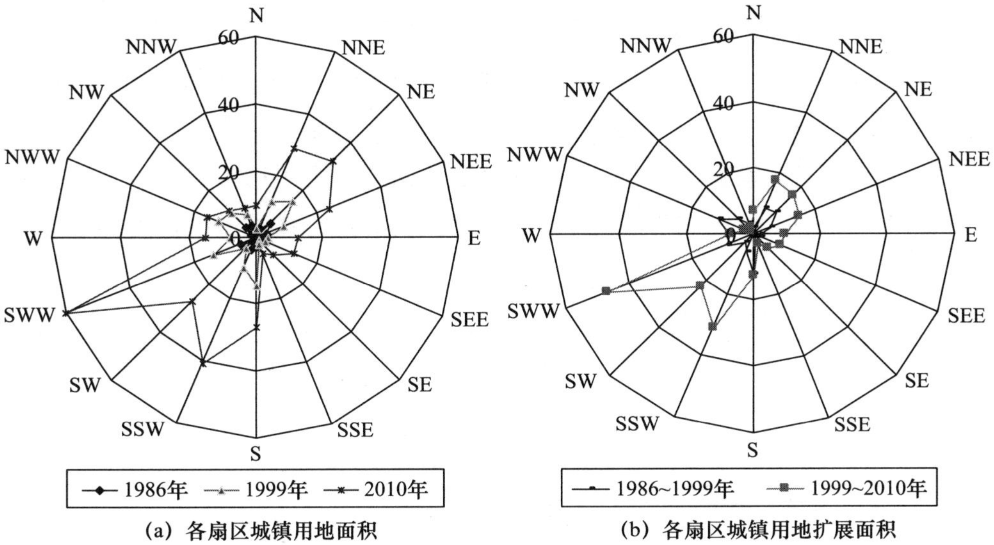

图6－2　研究区城镇用地扩展的扇面差异

1999~2010年，对应城市快速扩展阶段，研究区城镇用地扩展的空间差异显著。西西南面（SWW）、西南南面（SSW）以及西南面（SW）3个扇区城镇用地扩展较快（见图6-2（b）），扩展面积依次为44.76平方千米、28.70平方千米、22.42平方千米，分别占该时期城镇用地扩展总量的25.18%、16.14%、12.61%，验证了第五章城镇重心迁移轨迹的判断。西西南面（SWW）城镇用地快速增长得益于空港工业园的成片开发建设。空港工业园成立于2004年9月16日，总体规划面积56平方千米，基础设施条件完善，交通便捷，且紧邻南京禄口国际机场，经过多年发展，已形成航空制造、现代物流、汽车配套、生活服务业四大功能板块，具备一定的规模效应，成为南京对外开放的新平台。西南南面（SSW）以及西南面（SW）建设用地扩展主要由滨江开发区的建设，以及机场高速沿线两侧区域的快速土地城镇化造成。滨江经济开发区位于扬子江南京段上游，始建于2003年底，2006年被批准为省级开发区，以环保生态型现代工业新城为定位，作为以装备制造业为主的先进制造业基地近年来得到较快的发展，城镇用地扩展迅速。

东北方向的城镇用地扩展仅次于西南方向，东北北面（NNE）、东北面（NE）、东东北面（NEE）建设用地扩展面积依次为16.58平方千米、15.76平方千米、13.18平方千米，其中，东北北面（NNE）城镇用地扩展主要是绕城高速沿线区域土地城镇化以及麒麟街道用地扩展引致；东北面（NE）、东东北面（NEE）的城镇用地扩展则主要源于汤山街道内部汤山新城的开发与建设。汤山新城位于汤山街道内部核心地域，邻接仙林新市区，位于南京沪宁新兴产业带，是承接仙林新市区功能拓展的重要空间，正处于拉伸发展框架阶段，计划依托已有基础设施和优良生态环境，大力推动文化、旅游、房地产业发展。

（三）不同圈层扩展分布的时空异质性

研究区城镇用地扩展的同心圆分析结果如图6-3所示。1986~1999年，江宁建设用地扩展呈现典型的圈层式结构特征，呈现单中心城市发展模式，从城市中心到外围城镇用地扩展的数量不断减小，至最外围圈层（离城市中心38千米处）接近零。该时期内，离城市中心6~8千米半径范围内（对应第3、第4圈层，见图6－1）城镇用地面积达到波峰值，结合对应年份城镇用地图层可以发现，江宁经济技术开发区以及靠近南京主城的北面岔路口片区居住组团的发展是该时期城镇用地扩展的热点区域。

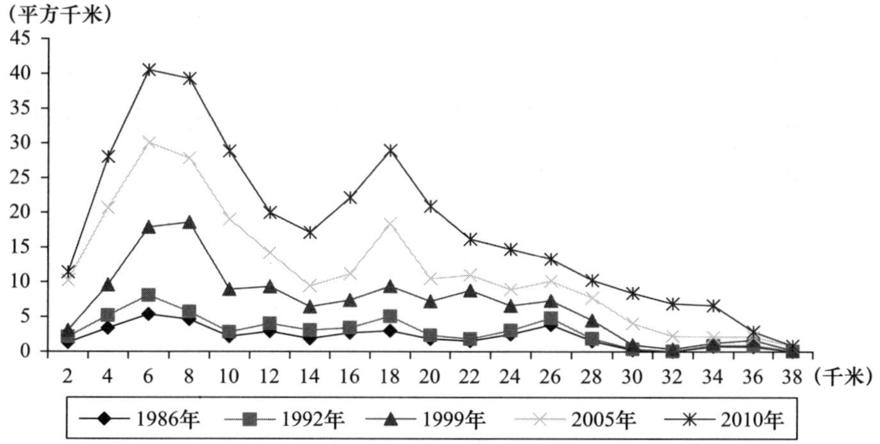

图6－3　研究区城镇用地扩展的圈层差异

1999~2010年，研究区城镇用地扩展的面积与速率远快于慢速和增速扩展阶段，在离城市中心6~8千米半径范围内城镇用地继续快速增长，面积波峰值大幅提升，对应圈层2010年城镇用地面积较1999年增加了1倍（约20平方千米），继续延续“摊大饼”的城市发展模式。从对应年份城镇用地图层（见图5－1）可以发现，该时期城镇用地发展特征体现为南面城乡交错带的继续外延，直至绕城高速公路，西面上坊、淳化组团与核心城区的融合。在绕城高速公路的外围，西南面江宁大学城的建设与发展继续扩大了核心城区的规模与范围，该时期特别是1999~2005年，多所大中专院校在江宁区西南面选址建设，成立新校区，如中国药科大学、中国传媒大学、晓庄方山分校、东南大学分校等。

从城镇用地扩展的同心圆分析还可发现，在离城市中心 16 ~ 20 千米半径范围内（对应第 8 ~ 10 圈层，见图 6 – 1）另出现了一个城镇用地扩展中心，这主要是由于该圈层区域内空港工业园的成片开发建设以及各街道城镇组团的发展所引致。另外，在半径为 30 ~ 34 千米的城市远郊，1999 年之前面积接近零，滨江开发区的建设与发展使得 2005 年、2010 年该圈层区域的城镇用地面积有了较快的增长。

（四）小结与讨论

综合扇面分析以及同心圆分析的结果可以发现，1986 ~ 1999 年城市慢速和增速扩展阶段的研究区城镇用地扩展呈现单中心发展模式（见图 6 – 4（a）），该时期城镇用地扩展体现在江宁开发区的成片开发，岔路口片区与南京主城的对接以及远郊禄口国际机场的建设等方面。

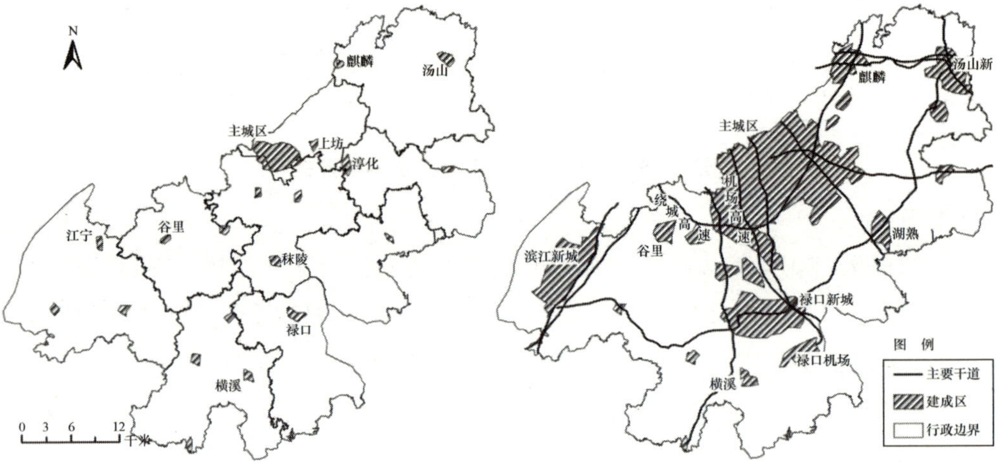

(a) 1986年单中心　　(b) 2010年“一主三核”

图 6 – 4　研究区城镇用地扩展空间结构示意图

1999 ~ 2010 年城市快速扩展阶段，核心城区继续外延并逐渐融合附近的城镇组团，大学园区新校区的选址建设是该时期城镇用地扩展的主要特征，继续延续“摊大饼”的城镇用地扩展模式。西南方向（包括 SWW、SSW、SW 扇面）是城镇用地扩展的主导方向，东北方向（包括 NNE、NE、NEE）仅次于西南方向，表明以开发区建设和原有城镇组团共同构成的三个新城——禄口新城、滨江新城、汤山新城，以及机场高速、绕城高速沿线区域是城镇用地扩展的热点区域（见图 6－4（b））。另外，外围部分城镇组团（如秣谷里、麒麟等街道）建设用地扩展也较为迅速。总之，扇面分析与同心圆分析有力地表明了江宁区已经突破了传统的单中心发展模式，逐渐向“一主（主城区）、三核（禄口、滨江、汤山新城）、多组团”的空间发展格局转型，主城区的“摊大饼”式外延，空港、滨江和汤山新城的成片开发，大学城高校新校区的选址建设以及沿高速公路的轴线开发是其快速扩展阶段的 4 项基本特征。

二、研究区城镇用地扩展形式的时空异质性

（一）分析方法

城镇用地扩展形式的判别方法众多，如凸壳原理（刘纪远等，2003）、自相似理论（Huang et al.，2007）、公共边界法（Xu et al.，2007）等。本书延续 Wilson 对城镇用地扩展形式的划分，将城镇用地扩展划分为填充式、外延式、飞地式三种形式，借鉴 Xu 等（2007）的公共边界法并利用 GIS 拓扑分析功能对其进行改进，也即拓扑空间边界法，以期定量、定位判别研究区城镇用地扩展的三种形式，其计算公式如下：

$$R_{Type} = Lenth_{(New,Old)} / Perimeter_{(New)}, \quad R_{Type} \in [0, 1] \tag{6-1}$$

$$城市扩展形式\begin{cases}填育式扩展 & 0.5 < R_{Type} \leqslant 1 \\ 外延式扩展 & 0 < R_{Type} \leqslant 0.5 \\ 飞地式扩展 & R_{Type} = 0\end{cases} \quad (6-2)$$

式中，R_{Type}为公共边界与周长的比值，是城镇用地扩展形式的判定指标，R_{Type}值为0.5是判定填充式、外延式扩展的临界值（Xu et al.，2007；程兰等，2009）；$Lenth_{(New,Old)}$为新增城镇斑块与原城镇斑块公共边界的长度，$Perimeter_{(New)}$为新增城镇斑块的周长。

（二）扩展形式的划分及空间可视化

在ARCGIS 9.3中利用拓扑分析工具，分别计算研究区各时期新增城镇用地斑块的周长，及其与原城镇化斑块的空间拓扑公共边界，根据式（6-1）、式（6-2），得到江宁都市新区各时段城镇用地扩展形式的空间分布图（见图6-5和图6-6）。总体而言，三种城镇用地扩展形式呈现各自典型的空间分布特征，填充式扩展主要分布于研究区核心城区以及外围各城镇组团内部的未城镇化区域；外延式扩展在空间上的分布较广泛，以城乡交错带区域、远郊开发园区及外围各城镇组团的边缘更突出；飞地式扩展形式则体现了城镇用地扩展的自发性与随机性特征，其布局远离核心城区，在城市主干道两侧区域分布相对较多。

（三）扩展形式时空异质性与扩展形态的关联

对各时期三种扩展形式的面积与比例进行统计，可把握研究区城镇用地扩展形式的时空异质性特征（见图6-7）。在整个研究期内，外延式是研究区城镇用地扩展的主导形式，在1986~2005年，其城镇用地扩展面积逐渐增大，在2005~2010年略有减少；飞地式、填充式两种扩展形式的城镇用地扩展面积与比例分别于1992~1999年、2005~2010年达到顶峰值。

在1986~1992年城市慢速扩展阶段，研究区城镇用地扩展面积较小，三种扩展形式的数量相差不大，填充式、外延式、飞地式的比例依次为

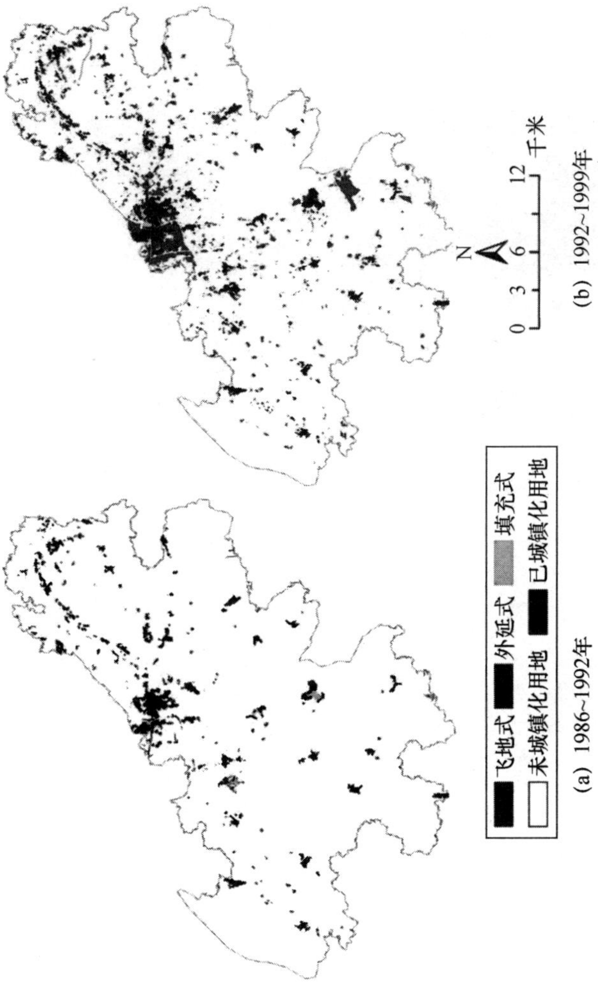

图6－5 1986～1999年研究区城镇用地扩展三种形式的空间分布示意图

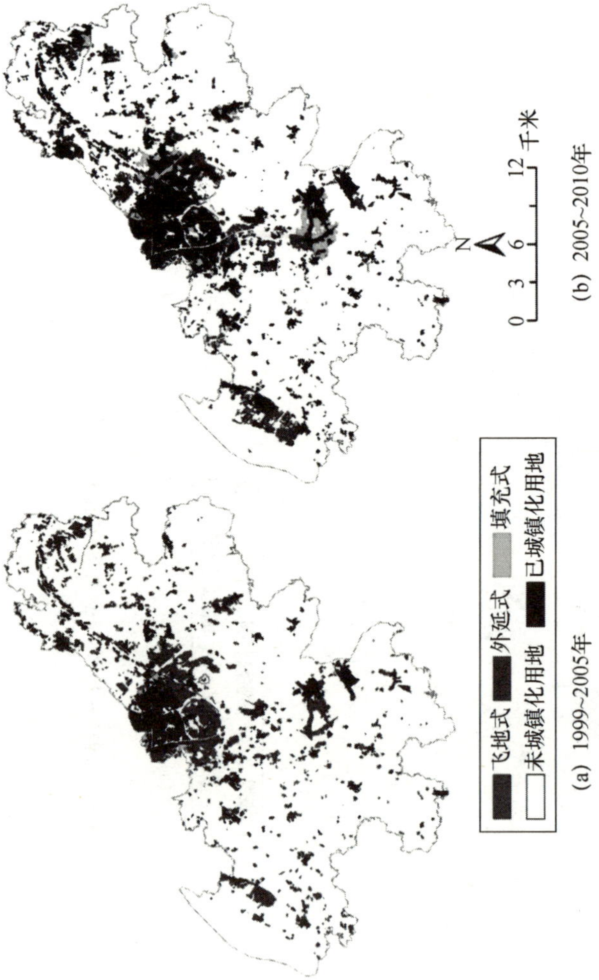

图 6-6 1999~2010 年研究区城镇用地扩展三种形式的空间分布示意图

24.33%、49.28%、26.39%。以禄口街道以及谷里街道为主导的外围各城镇组团内部填充式开发是该时期的典型特征之一，故城镇用地发展相对紧凑，但是核心城区的外延式扩展以及飞地式扩展的出现又略微增加了城市边界的不规则性。这与第五章城镇用地扩展形态特征的分析相呼应，该时期城市紧凑度指数出现小幅下降，由 0.47 降至 0.45；城市边界分形维数对应小幅上升，由 1.15 增加至 1.16。

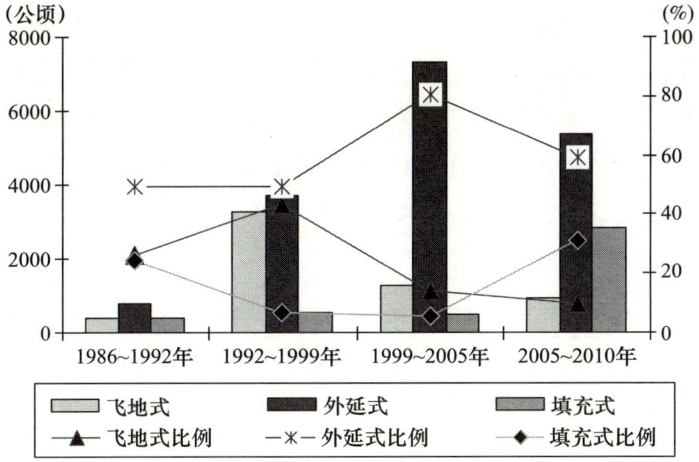

图 6-7　1986～2010 年研究区城镇用地扩展三种形式的面积与比例

在 1992～1999 年城市增速扩展阶段，江宁开发区的成片建设开启了城镇用地外延式扩展的加速模式，外延式扩展面积达 3729.68 公顷，比例为 49.68%；飞地式扩展也是该时期用地发展的典型特征，受该时期全国兴起的开发区建设热潮的影响，在高速公路、城市主干道等交通设施的两侧区域，城镇用地尤其是工业用地发展呈现“遍地开花”模式，其扩展面积与比例都接近外延式扩展形式，扩展面积达 3254.09 公顷，比例为 43.34%；尽管填充式扩展形式的面积较上一阶段有所增加，但其比例由 1986～1992 年的 24.33% 下降至 6.98%。在外延式与飞地式扩展的共同作用下，该时期的城市空间形态发生剧烈的变动，与此相对应，城市紧凑度指数与边界分形维数发生大幅变动，紧凑度指数由1992年的0.45降至0.28，边界分形维数则由1.16提升至1.24。

1999～2005年，对应江宁区城市快速扩展的前期阶段，外延式扩展形式的面积在该阶段达到最大值，其值为7335.11公顷，比例高达80.46%；飞地式的面积与比例较上一阶段下降程度较大，其比例由43.34%降至13.97%；填充式的面积与比例则与上一阶段相当，变化不大。外延式扩展是该时期最典型的用地发展特征，在绕城公路的内侧城乡交错带区域，呈现“摊大饼”发展模式；空港工业园、滨江开发区、汤山新城都发生较大程度的外延式扩展；机场高速沿线两侧区域，上一阶段产生的飞地式斑块继续扩展从而转变成外延式。对应城市形态指数，城镇用地外延式扩展的主导作用使得城市紧凑度指数继续小幅下降，由1999年的0.28减少至2005年的0.25，反映城市边界的复杂性与不规则程度的边界分形维数也对应由1.24增至1.25。

2005～2010年，对应城市快速扩展的后期阶段，外延式扩展形式的面积与比例较上一阶段有所下降，但比例依然达59.01%；飞地式扩展形式的面积与比例继续延续下降趋势，2010年其比例仅为9.99%；填充式扩展在经历前三个阶段的沉寂后迅速增长，比例由上一阶段的5.57%提升至31.01%，其扩展面积为2685.65公顷。填充式扩展形式主要分布于核心城区、空港工业园以及外围部分城镇组团的内部，究其原因，这与国家耕地保护政策密切相关。在“保护18亿亩耕地红线”的号召下，全国各地在2006年展开新一轮的土地利用总体规划修编工作，下发了耕地保有量、新增建设用地等刚性指标，并划定了基本农田保护区并纳入数据库管理，这无形中增加了耕地的占有成本，故城市内部一些空地在新增建设用地严格限制下得到有效开发。填充式发展使得城镇用地斑块之间不断发生融合，导致城市紧凑度指数小幅提升，由2005年的0.25增加至0.28；城市边界形状的不规则程度相应下降，边界分形维数由2005年的1.25降至1.22。

（四）小结与讨论

结合城镇用地扩展的形式划分与全局扩展形态特征进行分析，有助于把握研究区城镇用地扩展的动态过程与空间格局。在1986～1992年慢速扩展阶段，城镇用地扩展面积较小且三种形式的比例相差不大，城市空间结构相对较为稳定，故该时期城市紧凑度指数与边界分形维数仅发生小幅变动。在1992～1999年增速扩展阶段，飞地式扩展是该时期用地发展的典型特征之一（比例为43.34%），空间布局呈现“遍地开花”模式，城市空间形态发生剧烈的变动，全局尺度下紧凑度指数由1992年的0.45降至0.28，边界分形维数则由1.16提升至1.24。在1999～2005年城市快速扩展阶段前期，外延式扩展形式的比例达到最大值（80.46%），“一主三核”的城镇用地在该时期快速蔓延，对应的城市紧凑度指数继续下降。在2005～2010年城市快速扩展阶段后期，受耕地保护政策的影响及土地利用总体规划的严格实施，核心城区、空港工业园以及外围部分城镇组团内部的一些空地在新增建设用地严格限制下得到有效开发，填充式扩展在经历前三个阶段的沉寂后迅速增长，并导致城市紧凑度指数的小幅提升。

尽管外延式在整个研究期内都为研究区城镇用地扩展的主导形式，但是城镇用地扩展的不同时期又存在各自的特征，呈现三种形式均衡（1986～1992年）—外延式主导，辅以飞地式（1992～1999年）—外延式绝对主导（1999～2005年）—外延式主导，辅以填充式（2005～2010年）的变化特征。与之对应，1986～2010年，研究区城镇用地的紧凑度指数与边界分形维数呈现相应的变化趋势，城市形态边界趋于复杂化，城市建设与土地利用的活跃，受耕地保护、用地指标、生态环境等的制约，近期已走向外延式与填充式并重的扩展模式。

三、研究区城镇用地扩展梯度的时空异质性

景观生态学研究方法已经广泛应用于城市生态学领域，用于理解、掌握城镇化所引致的景观格局变化及其与生态过程之间的关系。从景观角度，城市空间扩展可认为是由城镇用地斑块的扩展、融合和新斑块不断出现共同构成的一个复杂过程，景观格局分析对理解城镇用地扩展中土地利用的结构特征及其动态变化具有重要意义。

（一）分析方法

城市景观梯度分析法是指以研究区中心为轴心，通过轴心沿特定方向设立典型城乡梯度带，借助景观指数对城乡梯度带的景观格局与过程进行定量分析的方法，用于反映城镇用地扩展过程中城乡景观格局的时空异质性特征。据前文不同扇区城镇用地扩展分布的异质性分析，受空港工业园成片开发建设以及城乡接合部外延式扩展的带动，西南南（SSW）方向是研究区1986~2010年城镇用地扩展的主要方向之一。故本书以江宁区CBD所在地为轴心，经该方向设计一条长度为34千米的样线，设定城乡梯度带截面宽4千米，步长为2千米，共有17个面积相等的样方。每个样方面积为8平方千米（4千米×2千米），将研究区CBD所在地的样方编号为0，往西南方向编号逐渐增大（见图6-8）。

为了能够较全面地反映研究区的城乡景观梯度特征，并降低景观指数间的冗余度，根据梯度分析需要，本书在景观水平和类型水平上，从数量、密度、形状、多样性等方面选取了以下指数：PLAND（城镇用地比例）、MPS（平均斑块面积）、ED（边界密度）、面积加权形状指数（AWMSI）、面积加权平均分形维数（AWMPFD）、多样性指数（SDI）。各

指数的定义、描述与运算公式可参考邬建国《景观生态学：格局，过程，尺度与等级》一书及相关参考文献（邬建国，2000；全泉等，2009）。利用在 ARCGIS 9.3 中集成的景观分析软件 Patch Analyst 5.0 计算各样方的景观水平和类型水平的格局指数，以探究江宁都市新区典型城乡梯度带的景观格局变化以及城镇用地扩展的时空异质性特征。

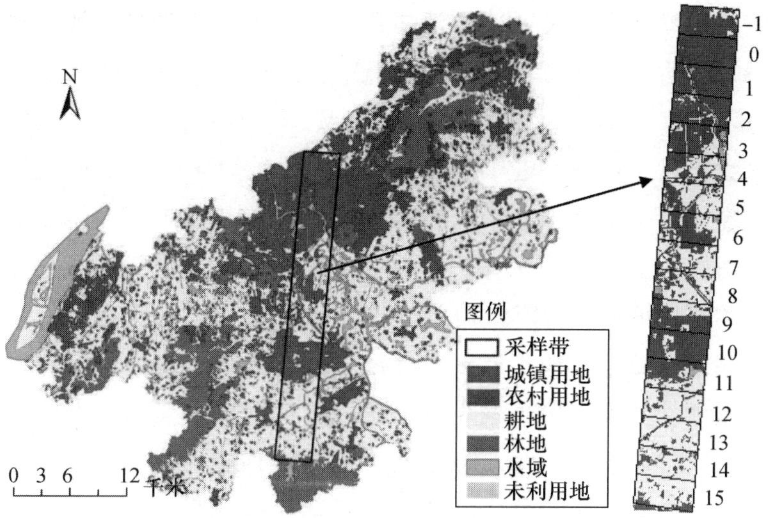

图 6-8 2010 年研究区土地利用分类及典型城乡梯度带示意图

（二）城乡梯度带景观格局变化的时空异质性

景观水平选取了平均斑块面积（MPS）、边界密度（ED）、多样性指数（SDI）、面积加权平均分形维数（AWMPFD）四类指数。其中，MPS 从斑块的平均大小体现景观特征，可间接表征斑块类型的破碎化程度；ED 用来描述景观类型被边界分割的程度，是景观破碎化程度的直接反映，其值越大景观格局越破碎；SDI 用以度量景观组成的类型及其空间分布，其值越大景观类型的多样性越大；AWMPFD 则是景观斑块几何形状复杂性的反映，其值越大景观斑块形状越复杂。运用 Patch Analyst 5.0 集成模块，以各样方为单位分别进行计算，各指数沿城乡梯度带的变化特征如图6－9所示。

就总体趋势而言，MPS在城乡梯度带上，从城市中心至最外围（样方0～15）总体呈现V形趋势，另外两个景观指数ED、AWMPFD与其相对应，呈现倒V形趋势。究其原因，城市中心所在样方0及其附近样方，景观类型以城镇用地斑块为主导，而最外围区域（样方13～15）则分布了大量的农业用地，这两类区域的景观类型单一化，几何形状规则化，景观破碎度偏低，所以平均斑块面积（MPS）较大，其他三类反映景观破碎度（ED）、多样性（SDI）以及形状特征（AWMPFD）的景观指数都偏低。近郊城乡交错带以及远郊空港工业园则由于土地城镇化的不断加速导致景观破碎度及斑块复杂度增加，景观类型多样化，平均斑块面积相对较小。

在时间趋势上，1986～2005年，除核心区域（样方－1～1）外，采样带的平均斑块面积（MPS）总体呈现下降趋势。这主要是因为近郊外延式、远郊飞地式城镇用地扩展以及农村居民点建设导致耕地等农用地景观的破碎度增大，从而引致平均斑块面积的逐年下降，其中在近郊及远郊又以1999～2005年降幅最大，对应该时期多样性指数（SDI）与边界密度（ED）曲线的急剧上升。总体而言，1999年是研究区城镇用地发展与空间结构转型的关键时期。1986～1999年，采样带的城市形态景观特征，包括反映景观斑块破碎度、多样性、形状复杂程度的ED、SDI、AWMPFD，都未发生显著变化（核心区域除外）；1999～2005年，采样带的城市景观特征变幅最大，斑块平均面积下降，破碎度与复杂度增加，尤其在近郊城乡接合部及远郊工业区最突出，体现了城市用地外延式的扩展模式。这进一步表明：城镇用地扩展的增速阶段，是城市空间结构形成的关键时期，验证了第三章中关于江宁区城市空间结构的雏形，极有可能形成其增速扩展阶段的判断。

至2010年，近郊城乡接合部、远郊工业区城镇用地斑块的融合以及农业地域农村居民点的整治，斑块的平均面积较2005年有所提升，反映斑块破碎度的ED以及几何形状复杂程度的AWMPFD也对应下降，景观斑块

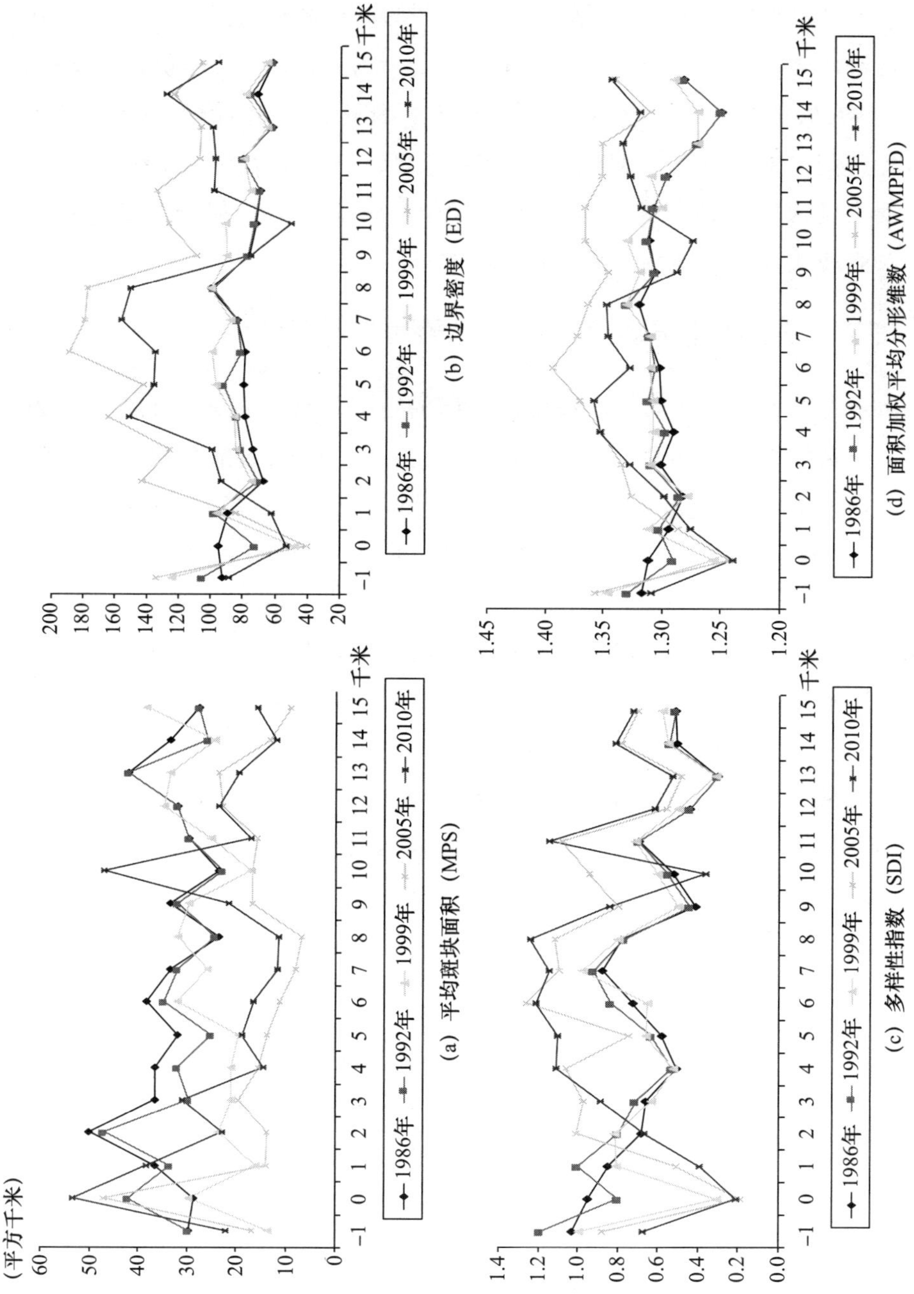

图6-9　1986~2010年景观水平指数沿样带的梯度变化

在空间上发生融合，充分表征了城镇用地发展模式由发散式向紧凑式的过渡。在城乡景观梯度带上，远郊空港工业园的内部填充式发展使得样方 10 的平均斑块面积迅速扩大，此时 MPS 的总体空间分布趋势也由 1986～2005 年的 V 形向近似 W 形趋势转变，ED、AWMPFD 则由倒 V 形向近似 M 形趋势转变。由此可见，研究区采样带景观格局具有显著的梯度分异特征，现状呈现城镇区域主导—城乡交错带—农业地域主导—城镇区域主导—农业地域主导的过渡特征。

（三）城乡梯度带城镇用地扩展的时空异质性

由于本书重点关注的是城镇用地扩展的空间过程与模式，故在类型水平上，只对城镇用地斑块的景观特征进行分析，选取的指数包括 PLAND（城镇用地比例）、MPS（平均斑块面积）、ED（边界密度）、面积加权形状指数（AWMSI）。其中，面积加权形状指数（AWMSI）是斑块形状特征描述的重要指标之一，其值越大斑块形状就越复杂、越不规则。研究区城乡梯度带上，城镇用地斑块各景观指数梯度变化如图 6－10 所示。

总体而言，随着与城市中心距离的增加，研究区城镇用地景观格局现状呈现出核心城区与近郊街道融合—远郊园区—远郊街道的景观梯度特征。1986～1999 年，研究区城镇用地呈现典型的单中心发展模式，至 1999 年城市中心所在样方 0 的城镇用地比例（PLAND）达到 92.71%，近郊秣陵街道所在样方 6 的城镇用地比例为 12.45%，相互独立发展（见图 6－10（a））。1999～2010 年，近郊的秣陵街道城镇组团逐渐融入江宁核心城区，进一步扩大了城乡接合部的范围，2010 年所在样方 6 的城镇用地比例也增加至 47.94%；禄口街道与空港工业园（样方 9～11）的共同发展使得另一城市副中心——禄口新城产生，该时期城乡梯度带的城镇用地扩展呈现“一主一副双中心”模式，2010 年样方 10 的城镇用地比例高达 89.63%（见图 6－10（a））。城镇用地平均斑块面积（MPS）的曲线图也进一步验证了上述判断，2010 年，“一主一副双中心”所在样方 0 和样方 10 的城镇用地平均斑块面积都达到了曲线峰值，其值分别为 384.79 公顷、

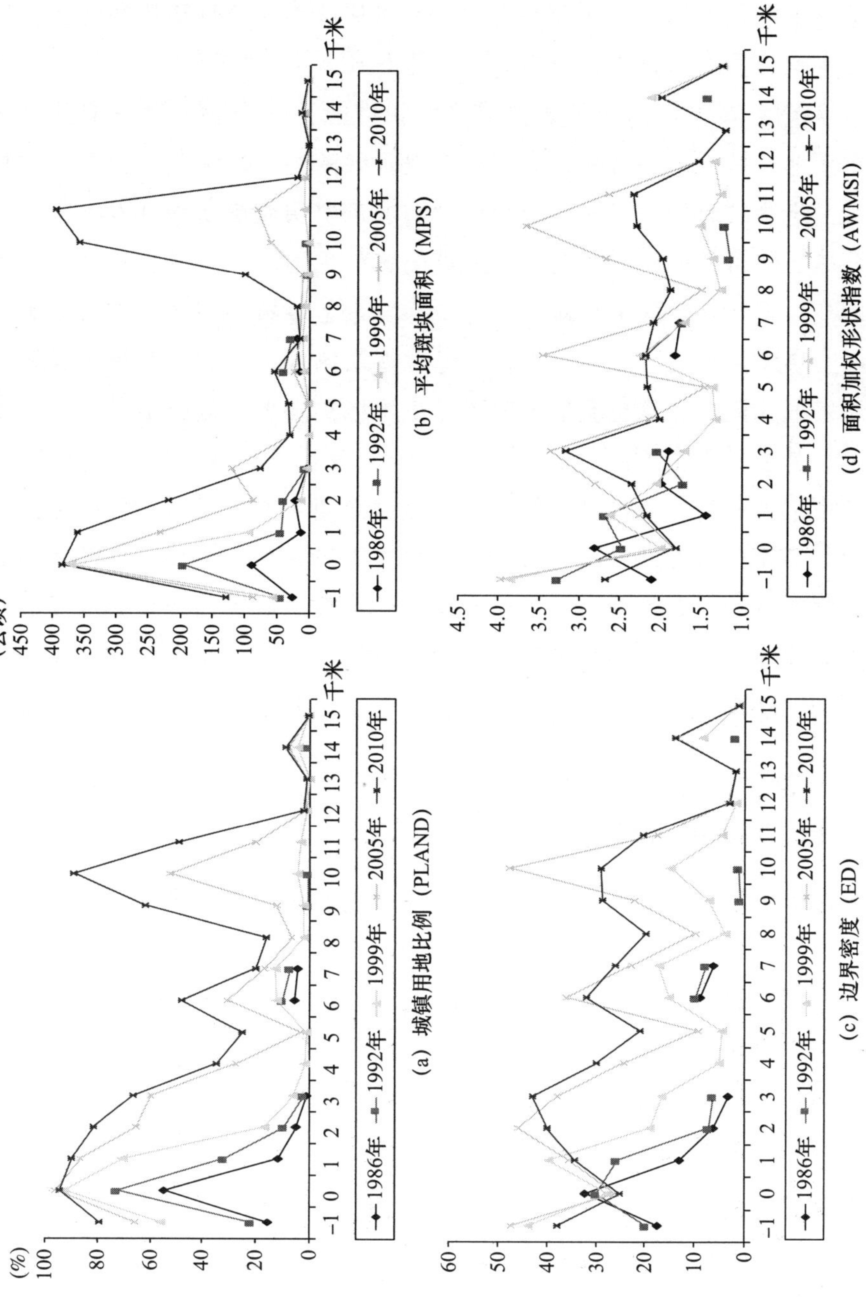

图 6-10　1986~2010 年类型水平指数沿样带的梯度变化

394.99公顷（见图6-10（b））。另外，“一主一副双中心”附近样方城镇用地比例以及平均斑块面积的增加，表明其核心区域城镇用地范围及社会经济影响力进一步扩大。

边界密度（ED）与面积加权平均形状指数（AWMSI）能够有效地表征城镇用地扩展的空间特征，其值越大表明城镇用地斑块被边界分割的程度越大，斑块破碎度与形状不规则程度增加，说明城市土地开发处于一种相对分散、随机的状态；其值越小则对应城市土地的填充开发模式。两类指数的变化趋势在空间上相对应，城乡梯度带上除核心城区（样方0和样方1）外的其他区域，两类指数总体呈现逐渐增加的趋势，表征了城镇用地扩展发散式模式，这也验证了前述城镇用地扩展形式划分中“历史时期以外延式为主导”的判断（见图6-10（c）和图6-10（d））。2010年，在城镇用地扩展的热点区域，如位于城乡接合部的样方3，近郊秣陵街道以及远郊开发区所在的样方6和样方10，ED和AWMSI值较2005年出现一定程度的下降，有效地表征了对应地带开始进入城镇用地填充式发展模式，而其他地域（如样方5和样方8）两类指数值继续增加，同样验证了城镇用地扩展形式划分中以“2005~2010年外延式主导，辅以填充式”的发展模式。

（四）小结与讨论

景观指数与梯度分析的结合不仅可以验证前述关于城镇用地扩展阶段判断，而且能够从景观生态学视角，在景观水平、类型水平上详细分析江宁都市新区城乡梯度带的景观格局变化与城镇用地扩展的时空异质性特征，利于把握研究区城镇用地扩展的时空过程与格局。景观梯度分析从斑块的空间行为更微观地展现城镇用地空间扩展过程，可以形象地描述各类景观类型尤其是城镇用地斑块在空间上的扩散与融合行为，以及由此造成的耕地破碎度增加、林地与水域侵占等景观生态后果，可为相关部门城市管理工作提供有益参考。

在景观水平上，1986~2005年，平均斑块面积（MPS）在城乡梯度带上总体呈现V形趋势，而边界密度（ED）、面积加权平均分形维数（AWMPFD）与其相对应，呈现倒V形趋势；至2010年，由于远郊空港工业园城镇用地斑块的不断融合，MPS的曲线趋势由V形向近似W形转变，而ED、AWMPFD的曲线趋势则由倒V形向近似M形转变。因此，研究区城乡梯度带的景观格局特征由初期的城镇地域主导—城乡交错带—农业地域主导逐渐向现状的城镇地域主导—城乡交错带—农业地域主导—城镇地域主导—农业地域主导转变。

在类型水平上，1986~1999年，研究区城镇用地扩展呈现单中心模式；1999~2010年，近郊秣陵组团逐渐融入主城区，城乡接合部范围进一步扩大，远郊禄口新城的成片开发与建设，使得该时期末在城乡梯度带上呈现两个中心。城镇用地斑块的ED、AWMSI指数总体呈现逐渐增加的趋势，表征了城镇用地扩展发散式模式，验证了前述城镇用地扩展形式划分中“历史时期以外延式为主导的”的结论。2010年，在城镇用地扩展的热点区域，ED和AWMSI值较2005年有所下降，说明对应地域已进入填充式发展模式，验证了前述扩展形式划分中“2005~2010年外延式与填充式并重”的判断。城乡梯度带城镇用地斑块最终呈现核心城区与近郊街道融合—远郊园区—远郊街道的分布规律，各单元城镇用地发展逐渐由原来的各自相互独立向点—轴衔接模式转变。

第七章　研究区城镇用地扩展驱动机制的时空异质性

据前述第二章都市新区城镇用地扩展的理论分析，外部社会经济因素是城市空间扩展的诱因与原动力，决定城镇用地的总量增长，而适宜性要素、集聚性要素、通达性要素以及空间规划要素等内部地理区位因子则是城镇用地空间扩展的原因与关键，决定某一具体地块单元是否发生城镇用地转变。本书第五章已基于经济转型背景，对研究区城镇用地的总量增长进行了分析。本章将借助 Logistic 模型、空间异质模型等 GIS 空间建模方法，基于局域地块单元探究研究区城镇用地空间扩展的驱动机制及其时空异质性特征，以期挖掘不同扩展阶段及其对应扩展形式的主控因子变化过程，进一步讨论各地理区位因子对研究区城镇用地扩展驱动效应的空间差异特征。

一、研究方案与数据处理

（一）研究方案

本章研究方案如图 7－1 所示，研究区城镇用地扩展驱动机制的时空异质性研究包括两部分内容：第一，城镇用地扩展驱动机制的时间异质性；第二，城镇用地扩展驱动机制的空间异质性。第一部分内容在获取与处理相关空间数据的基础上，采用 Logistic 模型进行回归分析，以期识别不同扩展阶段（1986～1999 年慢速和增速扩展阶段、1999～2010 年快速扩展阶段）及其对应扩展形式（填充式、外延式、飞地式）的城镇用地扩展主控因子，挖掘并掌握研究区城镇用地扩展的内在规律。据第三章城镇用地扩展阶段的分析，慢速扩展阶段（1986～1992 年）、增速扩展阶段（1992～1999 年）城镇用地扩展的速率与强度偏低，社会经济实力相对较弱，这两个阶段的用地扩展特征具有相似性，故本章将其整合予以分析。第二部分内容在传统 Logistic 模型应用的基础上，探索性地将空间扩展模型、地理加权逻辑回归模型两类空间异质模型应用于研究区城镇用地扩展驱动机制的空间异质性分析中。通过评价与比较两类模型的适用性，择优用以揭示驱动因子对研究区城镇用地扩展作用效应的空间非平稳性特征。

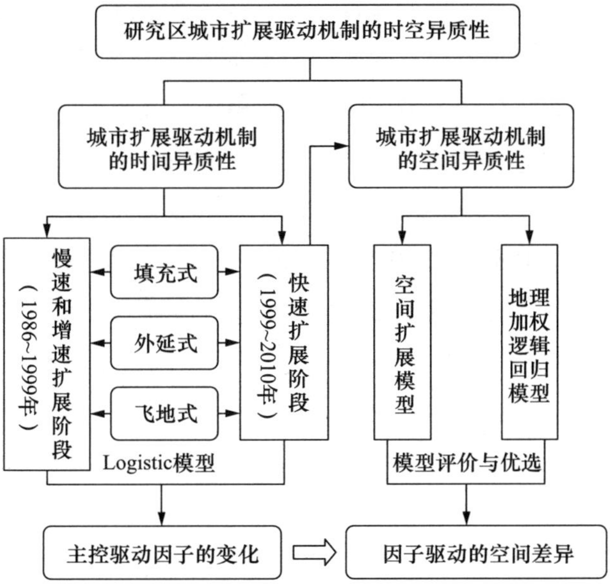

图 7－1　研究区城镇用地扩展的驱动机制研究框架

（二）数据源与土地利用采样

基础数据源包括经遥感影像解译与精度验证后得到1986年、1999年、2010年的土地利用类型图。参考Luo和Wei（2009）的研究，为减少空间回归中自变量之间的共线性问题，将农村建设用地、耕地和未利用地归并为可发展用地，也即将研究区土地利用类型划分为城镇用地、林地、水域和可发展用地四大类。另外，我们还收集了江宁区2010年交通道路现状图，2006～2010年城市建设规划图以及行政区划图等GIS空间资料。

城镇用地扩展驱动机制研究的主要数据源是基于遥感影像获取的空间数据，数据的空间自相关则是在构建回归模型时需要着重考虑的问题，忽视相邻地块之间的相关性将导致不可靠的参数估计。土地利用采样有两大目的：第一，降低空间回归模型的数据量，增加模型运行的速度与效率；第二，降低空间数据的空间自相关性，提高模型的解释能力与结论说服力度。系统采样与随机采样是土地利用采样中的两种常用方法，系统采样能够较大限度降低数据的空间自相关效应，但是可能失去一些特殊位置的重要信息，缺乏代表性；随机采样则具有较好的代表性，能够有效反映实验区的数据概况，但在消除空间相关性方面存在不足（Cheng and Masser，2003）。借鉴Liao和Wei（2012）的研究，本章采取系统、随机采样相结合的方法，分别对1986～1999年，1999～2010年的土地利用变化进行空间采样，若采样点发生城镇用地转变，因变量赋值为1，反之则赋值为0。

以1986年研究区非城镇化区域为对象，采用等间距系统采样方式，从东西方向以10个像元（300米）为间隔进行采样，共得到的土地利用样点17044个，其中，1986～1999年转变为城镇用地的采样点有1007个。为达到无偏估计效果，继续从未发生城镇用地转变的采样点中，以随机抽样方式抽取总数的7%（1125个），故本次采样最终确定的土地利用样点个数为2132个，如图7－2（a）所示。采用相同方法，对1999年研究区非城镇化区域进行土地利用采样，共确定的土地利用样点个数为4664个，其中城镇用地采样点2326个，非城镇用地采样点2338个，如图7－2（b）所示。

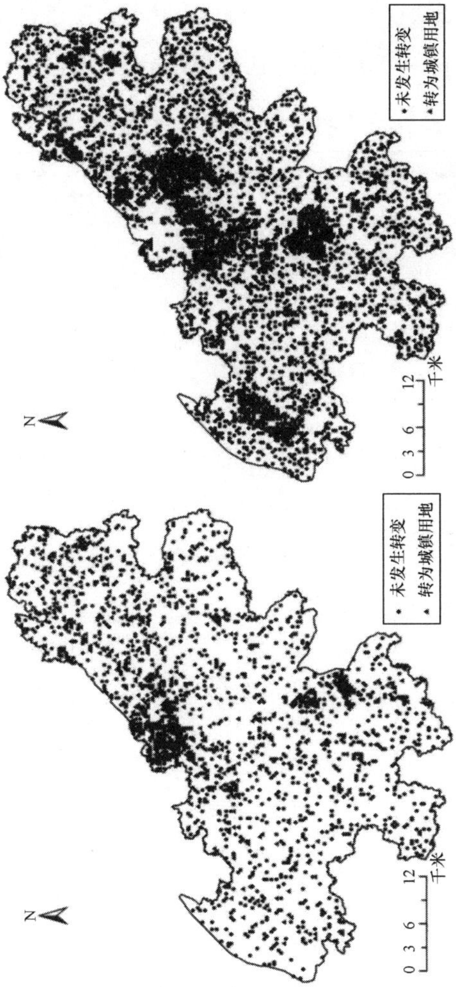

(a) 1986~1999年　(b) 1999~2010年

图7－2　土地利用采样点空间分布示意图

（三）解释变量的选取与描述

由都市新区城镇用地扩展驱动机制的理论分析可知，地理区位因子是驱动城镇用地空间扩展的关键，主要包括集聚性要素、通达性要素、适宜性要素以及空间规划要素。本节从这四个方面的空间驱动要素选取 Logistic 模型的解释变量（见表 7 -1），各类城市要素设施的空间分布则如图 7 -3 所示。

表 7 -1　解释变量的选取与描述

空间驱动要素	变量名称	描述	变量类型	预计相关性
集聚性要素	DIS_ CENT	到城市中心距离 （Distance to City Center）	邻近变量	负
	DIS_ TCEN	到镇街中心距离 （Distance to Township Center）	邻近变量	负
	DIS_ INDU	到开发园区距离 （Distance to Industrial Park）	邻近变量	负
	DEN_ URBAN	城镇用地密度 （Density of Urban Land）	邻域变量	正
通达性要素	DIS_ MRD	到主干道距离 （Distance to Major Road）	邻近变量	负
	DIS_ ORD	到次干道距离 （Distance to Minor Road）	邻近变量	负
	DIS_ SUB	到地铁站点距离 （Distance to Subway Site）	邻近变量	负
适宜性要素	DEN_ AVAIL	可发展用地密度 （Density of Available Land）	邻域变量	正
	DEN_ FORE	林地密度 （Density of Forest Land）	邻域变量	负
	DEN_ WATER	水域密度 （Density of Water Body）	邻域变量	负
空间规划要素	PLAN	空间规划 （Spatial Planning）	二元变量	正

1. 集聚性要素

集聚性要素的选取主要基于增长极理论、产业集聚理论等相关理论，确定三个邻近变量①和一个邻域变量②，分别为：到城市中心的距离（DIS_ CENT）、到镇街中心的距离（DIS_ TCEN）、到开发园区的距离（DIS_ INDU）以及城镇用地密度（DEN_ URBAN），表征采样点的经济区位，反映社会经济因素尤其是城市与工业集聚效应对城镇用地扩展的影响。依据现实经验，预计这三个邻近变量与城镇用地转变呈负向相关，也即距离城市中心、镇街中心、开发园区越近，采样点城镇用地转变的概率就越高；城镇用地密度（DEN_ URBAN）则预计与城镇用地转变呈正向相关，也即邻域范围内土地开发强度越大，采样点城镇用地转变的概率就越高。

2. 通达性要素

通达性要素的选取主要基于点—轴发展理论，确定三个邻近变量，分别为：到主干道的距离（DIS_ MRD）、到次干道的距离（DIS_ ORD）、到地铁站点的距离（DIS_ SUB），表征采样点的交通区位条件，反映其通达性与便捷度。城市主干道是高速公路、国道和省道的统称，次要公路则包括城市道路和乡镇公路，研究区城市道路网络如图 7 - 3 所示。根据现实经验，通达性要素对城镇用地转变具有正向促进作用，呈现负相关，也即距离城市交通设施越近，采样点发生城镇土地转用的概率就越高。另外，由通达性要素及效应的分析，铁路、机场设施对其沿线及周边地域城镇用地扩展的带动作用不显著，故未纳入模型的解释变量中。地铁 1 号线南延线于 2000 年规划、2006 年动工、2010 年通车，故 DIS_ SUB（到地铁站点距离）也仅在 1999 ~ 2010 年城市快速扩展阶段予以考虑。

---

① 各采样点的邻近变量通过 Arcgis 10.0 中的 Spatial Analyst 模块实现，首先应用 Euclidean Distance 工具计算各邻近变量的距离栅格表面，再应用 Extract Values to Points 工具赋值到各采样点。

② Verburg（2004）认为，在城市区域土地利用配置过程中，邻域效应的最大距离约为 500 米，据此，其选取 480 米（遥感影像分辨率的 16 倍）作为邻域效应半径用以计算各采样点的邻域变量密度值。

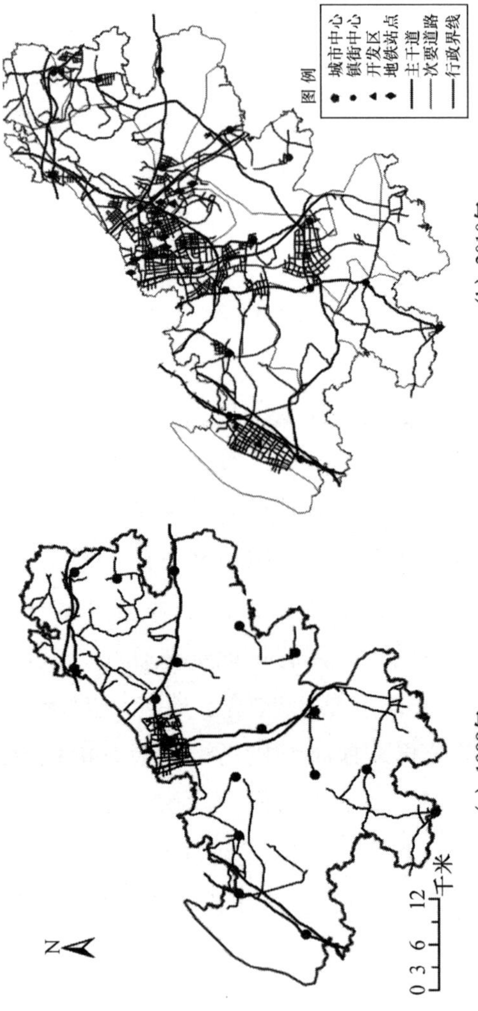

图7-3 研究区城市设施的空间分布示意图

3. 适宜性要素

某一具体地块单元是否转变为城镇用地不仅取决于自身适宜性条件，还与周边地块的土地利用性质息息相关，也即土地利用存在着邻域效应（Cheng and Masser，2003）。本书研究中适宜性要素选取了三个邻域变量，分别为：可发展用地密度（DEN_ AVAIL）、林地密度（DEN_ FORE）以及水域密度（DEN_ WATER），表征采样点的土地适宜性以及自然环境条件，反映邻域地块对采样点城镇用地转变的正向或逆向效应。另外，坡度也是制约城镇用地转变的重要适宜性因素，本书从研究区 DEM 数字高程图中提取了各采样点的坡度信息进行分析。通过数据相关性检验发现，各采样点坡度与邻域变量中的林地密度（DEN_ FORE）高度正相关，这是因为林地主要集中分布于研究区境内的风景名胜山地，故将坡度变量剔除以避免共线性问题。

4. 空间规划要素

城镇用地扩展是在自上而下与自下而上双重机制下发生的，空间规划要素作为一类自上而下的城镇化力量，对城镇用地扩展具有重要的引导作用。本书将规划要素作为研究区城镇用地转变的一个重要解释变量，并将其在空间上予以区位化，通过设置虚拟变量 PLAN（见表 7 - 1）以定量评估空间规划对研究区城镇用地扩展的作用。借助 GIS 工具，经 2006 ~ 2010 年江宁近期建设规划图提取规划建设用地图层（见图 7 - 4），若采样点为规划建设用地 PLAN 变量赋值为 1，否则为 0。另需做出说明的是，在 1986 ~ 1999 年城市慢速和增速扩展阶段，受制于规划资料的缺乏，未能设置 PLAN 变量，而仅在 1999 ~ 2010 年城市快速扩展阶段中予以了考虑。

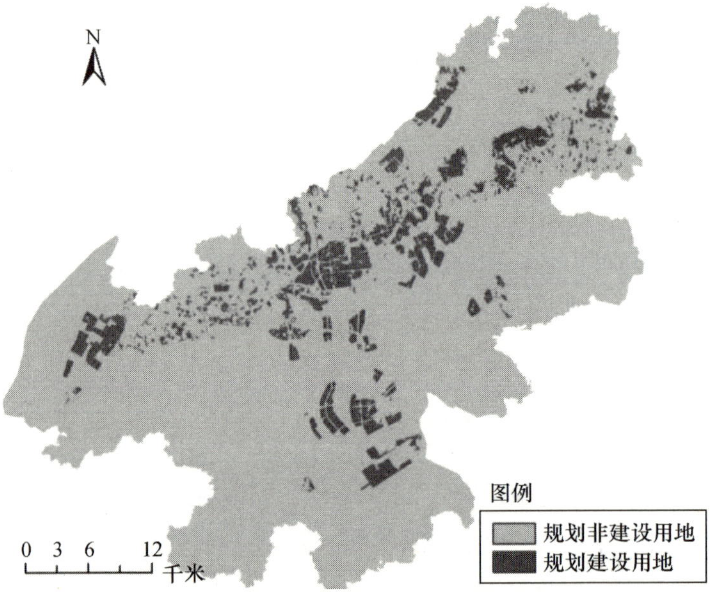

图 7-4 研究区规划建设用地图层示意图

二、研究区城镇用地扩展驱动机制的时间异质性

（一）分析模型

传统的多元线性回归模型，对解释变量与被解释变量有连续性要求，在离散变量的表达方面存在缺陷，因而在城镇用地扩展驱动机制研究中有很大的局限性。与多元线性回归模型相比，Logistic 回归模型存在变量表达优势，无须连续变量以及正态分布的约束，是针对二分类或多分类因变量进行回归时常用的一类统计方法。Logistic 回归模型被广泛应用于国内外多个城市的城镇用地扩展及土地利用变化的驱动机制研究中，已被证明为探索城镇用地扩展驱动机制的有效方法（Verburg et al.，2004；刘瑞等，

2009；Liu et al.，2010）。在 Logistic 模型的建模过程中，某事件在一组自变量 x_i 作用下发生的结果需要用二元分类变量 Y 表示（刘瑞等，2009），应用在城镇用地扩展研究中可具体表示为：某一地块转变为城镇用地时 Y 赋值为 1，未发生转变时 Y 赋值为 0，其表达式如下：

$$P = \frac{e^{(c+\sum_i \beta_i x_i)}}{1 + e^{(c+\sum_i \beta_i x_i)}} \tag{7-1}$$

$$\text{In}\left(\frac{P}{1-P}\right) = C + \sum_i \beta_i x_i \tag{7-2}$$

式中，β_i 为模型解释变量 x_i 对应的回归系数，C 为常数项，P 为采样点转变为城镇用地（$Y=1$）的发生概率。在 Logistic 回归模型中，城镇用地转变概率是解释变量的非线性函数，回归参数的估计则采用最大似然法。发生比是事件的发生频数与不发生频数之比，在这里可以理解为发生城镇用地转变的概率与不发生转变概率的比值，其表达式如下：

$$\text{Odd(p)} = \frac{P}{1-P} = \exp(C + \sum_i \beta_i x_i) \tag{7-3}$$

式中，Odd（p）为城镇用地转变的发生比，β_i 的自然指数 e^{β_i} 指其对应自变量 x_i 每增加一个单位时发生比变化的倍数。类似线性回归模型，Logistic 模型的回归系数可以用来评价解释变量的相对重要性，但前提是需要对解释变量进行标准化处理。在统计显著和其他自变量不变的基础上，解释变量的系数为正，表明某一事件的发生比随对应解释变量值的增加而增大；解释变量的系数为负，则表明某一事件的发生比随对应解释变量值的增加而减小（王济川、郭志刚，2001；张波，2012）。

（二）慢速和增速阶段及对应扩展形式的主控因子识别

在运行 Logistic 模型前，需要对各解释变量进行预处理。第一，采用极差标准化公式①进行解释变量的标准化处理，消除各变量量纲的影响，

① $E' = (E - E_{min})/(E_{max} - E_{min})$ 或 $E'' = (E_{max} - E)/(E_{max} - E_{min})$，式中 E'、E'' 分别为极差标准化处理后的结果，E_{max}、E_{min} 分别为某解释变量中的最大值与最小值。

以比较不同解释变量对研究区城市空间扩展的重要性。第二，已有相关研究表明，解释变量之间相关程度的提高将导致回归系数估计的标准误增加，但这种趋势在变量之间的相关性小于0.6之前并不明显（Cheng and Masser，2003）。利用SPSS 16.0软件分别对1986～1999年、1999～2010年各自变量进行两两相关分析，若两个变量之间的相关性超过0.6，则只保留其中一个变量进入回归模型以降低模型的多元共线性问题。受制于规划资料的缺乏，城镇用地扩展的慢速和增速阶段未能设置PLAN变量。

1. 解释变量相关性检验

表7－2为1986～1999年慢速和增速扩展阶段研究区城镇用地转变各解释变量的相关系数检验，据表7－2可发现DIS_ INDU（到开发园区距离）与DIS_ CENT（到城市中心距离），DEN_ AVAIL（可发展用地密度）和DEN_ FORE（林地密度）两个变量之间显著相关，相关系数分别达0.93、－0.81，其他解释变量之间的相关性相对较小，故剔除DIS_ INDU、DEN_ AVAIL两个变量以降低多元共线性对Logistic模型的影响。DIS_ INDU、DIS_ CENT二者高度正相关，主要是因为在慢速和增速扩展阶段，研究区境内仅存在一个位于核心城区的江宁开发区，两个变量在一定程度上都表征了江宁核心城区的集聚效应。

2. 慢速和增速阶段城镇用地转变的主控因子识别

1986～1999年研究区城镇用地转变的逻辑回归模型输出结果如表7－3所示，模型采样点个数为2132个，调整后的R^2为0.44，预测准确率达到74.10%。预测准确率（Predicted Percentage Correct，PCP）主要根据模型预测值与实际值进行对比得到，预测值以0.5为分界点，用于判断城镇用地是否发生转变，当预测值大于0.5时，发生城镇用地转变，反之亦然。在自变量相互独立的情况下，Logistic模型的标准回归系数常被用于判断自变量对因变量的相对重要性（Cheng and Masser，2003；Luo and Wei，2009；Han et al.，2009）。

表 7-2　1986~1999 年解释变量的相关系数检验

解释变量	DIS_ CENT	DIS_ TCEN	DIS_ INDU	DIS_ MRD	DIS_ ORD	DEN_ WATER	DEN_ FORE	DEN_ URBAN	DEN_ AVAIL
DIS_ CENT	1.00	-0.01	0.93**	0.53**	0.40**	-0.02	0.10**	-0.19**	-0.05*
DIS_ TCEN	-0.01	1.00	-0.10**	0.16**	0.25**	0.09**	0.12**	-0.16**	-0.11**
DIS_ INDU	0.93**	-0.10**	1.00	0.46**	0.38**	-0.06**	0.17**	-0.17**	-0.10**
DIS_ MRD	0.53**	0.16**	0.46**	1.00	0.32**	-0.04*	0.21**	-0.16**	-0.13**
DIS_ ORD	0.40**	0.25**	0.38**	0.32**	1.00	0.20**	0.10**	-0.19**	-0.13**
DEN_ WATER	-0.02	0.09**	-0.06**	-0.04*	0.20**	1.00	-0.12**	0.02	-0.32**
DEN_ FORE	0.10**	0.12**	0.17**	0.22**	0.10**	-0.12**	1.00	-0.05*	-0.81**
DEN_ URBAN	-0.19**	-0.16**	-0.17**	-0.16**	-0.19**	0.02	-0.051*	1.00	-0.29**
DEN_ AVAIL	-0.05*	-0.11**	-0.10**	-0.13**	-0.13**	-0.32**	-0.81**	-0.29**	1.00

注：** 表示在 1% 水平显著，* 表示在 5% 水平显著。

表 7-3　1986~1999 年城镇用地转变的 Logistic 模型参数估计

解释变量	标准回归系数	标准差	t 统计值	发生比
DIS_ CENT	-1.60**	0.26	-6.15	0.20
DIS_ TCEN	0.58 n/s	0.31	1.87	1.77
DIS_ INDU	_exclude	—	—	—
DIS_ MRD	-3.00**	0.39	-7.69	0.05
DIS_ ORD	-5.14**	0.51	-10.08	0.01
DEN_ WATER	-0.12 n/s	0.48	-0.25	0.89
DEN_ FORE	0.28 n/s	0.18	1.56	1.33
DEN_ URBAN	6.07**	0.76	7.99	434.08
DEN_ AVAIL	_exclude	—	—	—
Constant	1.29 n/s	0.16	8.06	3.64
模型参数	采样点个数	-2 Log likelihood	PCP（%）	Nagelkerke R^2
	2132	2198.42	74.10	0.44

注：** 表示在 1% 水平显著，* 表示在 5% 水平显著，n/s 表示不显著，exclude 表示变量未选入回归模型；PCP 为模型预测准确率。

邻近变量系数为负值，表明城镇用地转变概率与距离因素成反比，其对研究区城镇用地扩展具有正向促进作用。DIS_ ORD（到次干道距离）、DIS_ MRD（到主干道距离）对研究区土地城镇化的促进作用位于前列，系数分别为 -5.14、-3.00，也即距离次干道、主干道越近，发生城镇用地转变的概率越高，这充分表明在1986~1999年慢速和增速扩展阶段，城市交通网络尤其是城市内部道路对城镇用地扩展的牵引作用强烈。DIS_ CENT（到城市中心距离）表征了江宁区城市中心对城镇用地扩展的促进作用，由于与DIS_ INDU（到开发园区距离）之间存在高度相关性，也间接体现了江宁经济技术开发区对城镇用地扩展的作用，其值为 -1.60说明江宁核心城区集聚效应的存在，但是其对城镇用地转变的推动作用要小于城市主、次交通网络。DIS_ TCEN（到镇街中心距离）统计上不显著，表明研究区各镇街对历史时期城镇用地扩展并没有起到明显的拉动作用，这也可以从1986~1999年土地利用类型变化图中得到验证，大多数乡镇、街道的建成区面积并没有得到显著增长。

邻域变量中只有DEN_ URBAN（城镇用地密度）通过显著性检验，已城镇化斑块的密度值越大，城镇用地转变的概率越高，其系数值为6.07，表征了已城镇化斑块对土地城镇化强烈的牵引与辐射作用。DEN_ WATER（水域密度）、DEN_ FORE（林地密度）在统计上不显著，表明水域、林地并未对研究区城镇用地扩展起到应该有的限制作用。由解译得到的历史时期土地利用类型图可知，1986~1999年研究区新增建设用地占用林地、水域面积分别为1066.09公顷、313.65公顷（见表3-1）。

综上所述，在城市慢速和增速扩展阶段（1986~1999年），城市主、次干道以及已城镇化斑块是研究区城镇用地转变的主控因子，其中城市次干道，也即城市内部交通网络对城镇用地扩展的牵引作用要大于城市主干道。核心城区（包括老城片区与江宁经济技术开发区）的城市、工业集聚效应对土地城镇化的推动作用相对较弱。

3. 慢速和增速阶段不同扩展形式的主控因子识别

据第三章慢速和增速阶段城镇用地扩展形式的划分（见图6-5），本书继续对土地利用采样点分不同扩展形式建立 Logistic 模型深入分析其驱动机制，以期识别该时期填充式、外延式、飞地式三种扩展形式的主控因子，输出结果如表 7－4 所示。填充式、外延式、飞地式扩展形式的模型采样点个数分别为 314 个、1011 个、807 个（合计 2132 个），预测准确率为 92.50%、83.01%、62.5%，对应的拟合优度依次为 0.81、0.62、0.17。所选邻近、邻域变量对填充式扩展的解释效果最优，外延式扩展次之，飞地式扩展最差。

表 7－4　1986～1999 年不同扩展形式的 Logistic 模型参数估计

解释变量	填充式	外延式	飞地式
	B（S. E.，t）	B（S. E.，t）	B（S. E.，t）
DIS_ CENT	－4.32** （1.47，－2.94）	－2.94** （0.58，－5.07）	－0.24n/s （0.38，－0.63）
DIS_ TCEN	－4.06* （2.02，－2.01）	0.73* （0.51，1.38）	－0.27n/s （0.50，－0.54）
DIS_ INDU	_exclude	_exclude	_exclude
DIS_ MRD	－1.12n/s （2.24，－0.50）	－4.84** （0.79，－6.13）	－2.83** （0.61，－4.63）
DIS_ ORD	－15.43** （4.94，－3.12）	－10.63** （1.29，－8.22）	－2.38** （0.49，－4.85）
DEN_ WATER	7.85** （1.96，4.01）	－0.29n/s （1.00，－0.29）	－2.96** （1.01，－2.93）
DEN_ FORE	2.08* （1.04，2.00）	0.77* （0.31，2.48）	0.35n/s （0.27，1.30）
DEN_ URBAN	18.60** （4.00，2.48）	8.34** （1.14，7.32）	－0.97* （1.58，－0.61）
DEN_ AVAIL	_exclude	_exclude	_exclude
Constant	1.86* （0.75，2.48）	2.02** （0.29，6.97）	1.19n/s （0.24，4.96）
Logistic 模型参数			
采样点个数	314	1011	807
PCP（%）	92.50	83.01	62.50
Nagelkerke R^2	0.81	0.62	0.17

注：B 为标准回归系数，S. E. 为标准差，PCP 为模型预测准确率；** 表示在 1% 水平显著，* 表示在 5% 水平显著，n/s 表示不显著，exclude 表示变量未选入回归模型。

邻近变量中的 DIS_ ORD（到次干道距离）、DIS_ CENT（到城市中心距离）、DIS_ TCEN（到镇街中心距离）和邻域变量的 DEN_ URBAN（城镇用地密度）是慢速和增速阶段填充式扩展形式的主控因子，四个变量共同反映城市集聚经济效应对填充式扩展的促进作用，其中城市内部交通网络、已城镇化斑块对城镇用地转变的牵引作用更突出。DEN_ WATER（水域密度）、DEN_ FORE（林地密度）系数显著为正，二者对研究区城镇用地转变均有促进作用，这与常识相悖，充分表明该时期研究区填充式扩展过程中并未注重对生态用地的保护，侵占了一定数量的水体和林地。

外延式扩展的驱动机制与全部的城镇用地转变类似，邻近变量的DIS_ ORD（到次干道距离）、DIS_ MRD（到主干道距离）和邻域变量的DEN_ URBAN（城镇用地密度）是其城镇用地转变的主控因子。DIS_ TCEN（到镇街中心距离）显著为正，表明其对外延式扩展存在负向抑制作用，这与该时期各乡镇、街道的建成区面积并未有效扩展形成对应。DEN_ WATER（水域密度）系数值不显著，DEN_ FORE（林地密度）系数值为正，表明外延式扩展过程水域、林地等生态用地同样未得到有效保护。

飞地式扩展的主控因子仅为DIS_ MRD（到主干道距离）、DIS_ ORD（到次干道距离），系数值为-2.83、-2.38，城市主干道对飞地式扩展形式的牵引作用更强。据1992~1999年城镇用地扩展形式分布图（见图6-5），该时期飞地式扩展形式呈现“遍地开花”特征，特别是在城市快速干道以及高速公路两侧区域分布较多。

综上所述，在城市慢速和增速扩展阶段（1986~1999年），不同城镇用地扩展形式的驱动机制存在异同。在这两个阶段，除受次干道、城镇斑块两个主控因子影响外，填充式、外延式扩展还分别受到城市主次中心、主干道的影响；飞地式扩展则主要受交通可达性的影响，且主干道的作用相对较强。另外，该时期填充式和外延式扩展过程中，水域、林地等生态用地并未得到有效保护。

（三）快速扩展阶段及对应扩展形式的主控因子识别

1. 解释变量相关性分析

在城市快速扩展阶段，本书增加了DIS_ SUB（到地铁站点距离）、

PLAN（空间规划）两个变量，进一步考虑地铁站点、空间规划因素对城镇用地扩展的影响。各解释变量的相关系数检验如表 7 - 5 所示。据表 7 - 5 可发现，DIS_ SUB（到地铁站点距离）和 DIS_ CENT（到城市中心距离），DEN_ AVAIL（可发展用地密度）和 DEN_ FORE（林地密度）两个变量之间显著相关，在 0. 01 显著水平上的相关系数分别为 0. 95、- 0. 73，故在建立 Logistic 回归模型时仅能保留每对变量中的一个，以降低空间回归的多元共线性问题。DIS_ SUB 与 DIS_ CENT 两者高度正相关，主要是由于南京地铁 1 号线南延线的多数站点都位于江宁核心城区，两个变量在一定程度上都体现了核心城区的城市集聚效应与经济交通区位。

表 7 - 5 1999 ~ 2010 年解释变量相关系数检验

变量	DIS_INDU	DIS_TCEN	DIS_CENT	DIS_ORD	DIS_MRD	DIS_SUB	DEN_FORE	DEN_AVAIL	DEN_WATER	DEN_URBAN	PLAN
DIS_INDU	1. 00	0. 31 **	0. 42 **	0. 34 **	0. 43 **	0. 32 **	0. 20 **	-0. 14 **	-0. 01	-0. 10 **	-0. 34 **
DIS_TCEN	0. 31 **	1. 00	0. 15 **	0. 19 **	0. 52 **	0. 15 **	0. 25 **	-0. 25 **	0. 10 **	-0. 13 **	-0. 12 **
DIS_CENT	0. 42 **	0. 15 **	1. 00	0. 51 **	0. 24 **	0. 95 **	0. 13 **	-0. 10 **	0. 08 **	-0. 21 **	-0. 29 **
DIS_ORD	0. 34 **	0. 19 **	0. 51 **	1. 00	0. 20 **	0. 47 **	0. 08 **	-0. 17 **	0. 22 **	-0. 18 **	-0. 25 **
DIS_MRD	0. 43 **	0. 52 **	0. 24 **	0. 20 **	1. 00	0. 18 **	0. 24 **	-0. 25 **	0. 16 **	-0. 17 **	-0. 15 **
DIS_SUB	0. 32 **	0. 15 **	0. 95 **	0. 47 **	0. 18 **	1. 00	0. 14 **	-0. 36 *	0. 10 **	-0. 18 **	-0. 26 **
DEN_FORE	0. 20 **	0. 25 **	0. 13 **	0. 08 **	0. 24 **	0. 14 **	1. 00	-0. 73 **	-0. 12 **	-0. 06 **	-0. 12 **
DEN_AVAIL	-0. 14 **	-0. 25 **	-0. 10 **	-0. 17 **	-0. 25 **	-0. 36 *	-0. 73 **	1. 00	-0. 38 **	-0. 32 **	0. 10 **

续表

变量	DIS_ INDU	DIS_ TCEN	DIS_ CENT	DIS_ ORD	DIS_ MRD	DIS_ SUB	DEN_ FORE	DEN_ AVAIL	DEN_ WATER	DEN_ URBAN	PLAN
DEN_ WATER	-0.01	0.10**	0.08**	0.22**	0.16**	0.10**	-0.12**	-0.38**	1.00	-0.06**	-0.08**
DEN_ URBAN	-0.10**	-0.13**	-0.21**	-0.18**	-0.17**	-0.18**	-0.06**	-0.32**	-0.06**	1.00	0.14**
PLAN	-0.34**	-0.12**	-0.29**	-0.25**	-0.15**	-0.26**	-0.12**	0.10**	-0.08**	0.14**	1.00

注：**表示在1%水平显著，*表示在5%水平显著。

2. 快速扩展阶段城镇用地转变的主控因子识别

ModelⅠ与1986~1999年慢速和增速阶段的驱动机制分析相对应，只将上一阶段的变量纳入Logistic模型，以探究历史时期（1986~2010年）研究区城镇用地转变驱动机制的时间异质性；ModelⅡ在原有变量基础上，再将DIS_ SUB（到地铁站点距离）、PLAN（空间规划）两个变量引入模型，考虑地铁站点、空间规划因素对研究区城镇用地扩展的影响。ModelⅠ和ModelⅡ输出结果如表7-6所示。ModelⅠ的模型拟合优度0.46，预测准确率（PCP）为76.60%；ModelⅡ的模型拟合优度与预测准确率较ModelⅠ都有一定程度的提高，分别为0.49%、78.10%。

（1）不同扩展阶段城镇用地扩展驱动机制的变化。将ModelⅠ与1986~1999年驱动机制进行对比可以发现，研究区的工业、城市集聚效应逐渐增强，DIS_ INDU（到开发园区距离）、DIS_ CENT（到城市中心距离）的标准化系数值分别为-5.15、-1.88（反映城市、工业集聚效应的原DIS_ CENT系数仅为-1.60），其中，工业集聚效应尤其显著。DIS_ TCEN（到镇街中心距离）也由上一阶段的不显著变为显著，这表明研究区各镇街在城市快速扩展阶段（1999~2010年）也得到了有效的发展，但是其对土地转用的促进作用要小于核心城区以及开发园区。城市交通网络的作用较上一阶段有所下降，DIS_ ORD（到次干道距离）、DIS_ MRD

（到主干道距离）系数值分别由 -5.14、-3.00 下降至 -2.63、-0.61，但城市次干道对研究区城镇用地扩展的牵引作用依然大于城市主干道。在邻域变量中，DEN_ URBAN（城镇用地密度）对土地转用的促进作用有所减弱，但其系数依然达 3.38；DEN_ WATER（水域密度）、DEN_ FORE（林地密度）的回归系数显著为负，其值分别为 -2.30、-0.58，这表明水域、林地对研究区城镇土地转用具有限制作用，其中水域的抑制效应更明显，在城市快速扩展阶段中注重对这些生态用地尤其是水域的保护。

表 7-6　1999~2010 年城镇用地转变的 Logistic 模型参数估计

解释变量	1986~1999 年	1999~2010 年	
		Model Ⅰ	Model Ⅱ
	B（S.E.，t）	B（S.E.，t）	B（S.E.，t）
DIS_ CENT	-1.60**（0.26，-6.15）	-1.88**（0.20，-9.4）	_exclude
DIS_ TCEN	0.57$^{n/s}$（0.31，1.84）	-1.32**（0.27，-4.89）	-1.18**（0.27，-4.37）
DIS_ INDU	_exclude	-5.15**（0.24，-21.46）	-4.75**（0.25，-19.01）
DIS_ MRD	-3.00**（0.39，-7.69）	-0.61**（0.28，-2.18）	-0.80**（0.29，-2.76）
DIS_ ORD	-5.14**（0.51，-10.08）	-2.63*（0.41，-6.41）	-2.74**（0.41，-6.68）
DIS_ SUB	_exclude	_exclude	-1.40**（0.18，-7.78）
DEN_ WATER	-0.12$^{n/s}$（0.48，-0.45）	-2.30**（0.32，-7.19）	-2.00**（0.32，-6.25）
DEN_ FORE	0.28$^{n/s}$（0.18，1.56）	-0.58**（0.15，-3.87）	-0.47**（0.15，-3.13）
DEN_ URBAN	6.07**（0.76，7.99）	3.38**（0.35，9.65）	3.23**（0.35，9.23）
DEN_ AVAIL	_exclude	_exclude	_exclude
PLAN	_exclude	_exclude	1.17**（0.12，9.75）
Constant	1.29$^{n/s}$（0.16，8.06）	3.23**（0.14，23.07）	2.44**（0.13，18.77）
Logistic 模型参数			
采样点个数	2132	4664	4664
-2 Log likelihood	2198.42	4471.53	4333.99
PCP（%）	74.10	76.60	78.10
Nagelkerke R^2	0.44	0.46	0.49

注：B 为标准回归系数，S.E. 为标准差，PCP 为模型预测准确率；** 表示在 1% 水平显著，* 表示在 5% 水平显著，n/s 表示不显著，exclude 表示变量未选入回归模型。

（2）地铁站点、空间规划对城镇用地扩展的作用。Model Ⅱ在原有变量基础上进一步考虑地铁运营、空间规划对研究区城镇用地扩展的影响，由于 DIS_ SUB（到地铁站点距离）和 DIS_ CENT（到城市中心距离）高度相关（二者的相关系数为 0.954），故 ModelⅡ保留了 DIS_ SUB 变量。总体而言，在考虑地铁站点、空间规划因素后，其他各变量对城镇用地转变的作用较 Model Ⅰ仅发生微小变动。DIS_ SUB 的系数值为 -1.40，在邻近变量中仅次于 DIS_ INDU（到开发园区距离）、DIS_ ORD（到次干道距离），是该时期江宁核心城区向外蔓延的重要因素。PLAN（空间规划）的系数值为 1.17，表明城市规划对研究区城镇用地扩展有积极的引导作用，但是其系数值较 DEN_ URBAN（城镇用地密度）偏小，在一定程度上也反映了规划作用的局限性。例如，《南京市江宁区 1986 ~2010 年土地利用总体规划》确定了规划期内建设占用耕地指标为 1320.00 公顷，然而仅至 2005 年底建设占用耕地面积已高达 8478.34 公顷，规划指标的突破导致规划修改频繁发生，土地利用规划的严肃性下降。

（3）江宁都市新区城镇用地转变的共性与特性规律。综合 Model Ⅰ和 Model Ⅱ的分析，本节认为邻近变量的 DIS_ INDU（到开发园区距离）、DIS_ ORD（到次干道距离）、DIS_ CENT（到城市中心距离）、DIS_ SUB（到地铁站点距离）以及邻域变量的 DEN_ URBAN（城镇用地密度）是 1999 ~2010 年快速扩展阶段城镇用地转变的主控因子。

Cheng 和 Masser（2003）对武汉的研究表明，到城市次干道、主干道、副中心的距离是其城镇用地扩展的重要因素，而到开发园区的距离则对城镇用地转变具有抑制作用。Luo 和 Wei（2009）对南京主城的研究也得出类似结论，距离开发园区越近，城镇土地转用的概率越低，且受“退二进三”、“退城进园”政策的带动，主城区大量工业项目外迁至郊区，从而在城乡接合部产生开发区建设的热潮。Han 等（2009）、Li 等（2013）则强调城市中心、高速公路对上海、北京城镇用地扩展的重要作用。Liao 和 Wei（2012）以东莞为例展开研究，发现城市次干道、镇街中心是其城镇用地扩展的重要驱动力，是自下而上城市发展模式的典型代表。

与上述研究相比，江宁都市新区城镇用地扩展有其共性和特性规律。共性规律主要表现在城市内部交通网络（包括城市次干道、地铁站点）、核心城区集聚效应是其城镇用地扩展的主控因子；特性规律则表现为工业集聚效应是研究区城镇用地转变的核心内部驱动力，政府主导的开发区建设、自上而下成片推进成为城镇用地扩展的主导模式。

3. 快速扩展阶段不同扩展形式的主控因子识别

继续建立 Logistic 模型对快速扩展阶段填充式、外延式、飞地式三种扩展形式的内部机制进行分析，结果如表 7－7 所示。填充式、外延式、飞地式扩展形式的模型采样点个数依次为 922 个、3309 个、433 个（合计 4664 个），拟合优度为 0.65、0.52、0.18，预测准确率分别为 85.01%、78.60%、64.20%。所选变量对填充式扩展的解释效果最优，外延式扩展次之，飞地式扩展最差，与慢速和增速阶段相似。

表 7－7　1999～2010 年不同扩展形式的 Logistic 模型参数估计

解释变量	填充式	外延式	飞地式
	B（S. E.，t）	B（S. E.，t）	B（S. E.，t）
DIS_ CENT	_exclude	_exclude	_exclude
DIS_ TCEN	-2.86**（0.73，-3.92）	-1.05**（0.33，-3.18）	-1.92**（0.74，-2.59）
DIS_ INDU	-5.34**（0.66，-8.09）	-5.53**（0.30，-18.43）	-0.20$^{n/s}$（0.68，-0.29）
DIS_ MRD	-1.17*（0.91，-1.29）	-0.68*（0.34，-2.00）	-0.74$^{n/s}$（0.71，-1.04）
DIS_ ORD	-7.45**（1.64，-4.54）	-3.05**（0.50，-6.10）	-1.38$^{n/s}$（0.76，-1.82）
DIS_ SUB	-3.25**（0.51，-6.37）	-1.44**（0.22，-6.55）	0.60$^{n/s}$（0.53，1.13）
DEN_ WATER	-4.09**（1.01，-4.05）	-1.86**（0.37，-5.03）	-1.48$^{n/s}$（0.78，-1.90）
DEN_ FORE	-0.23*（0.43，-0.53）	-0.51**（0.18，-2.83）	-0.29$^{n/s}$（0.37，-0.78）
DEN_ URBAN	4.84**（0.76，6.38）	2.89**（0.43，6.72）	-0.92$^{n/s}$（1.14，0.81）
DEN_ AVAIL	_exclude	_exclude	_exclude
PLAN	1.08**（0.28，3.86）	1.50**（0.13，11.54）	1.40**（0.39，3.59）
Constant	3.83**（0.37，10.35）	2.58**（0.16，16.13）	0.66$^{n/s}$（0.37，1.78）
Logistic 模型参数			
采样点个数	922	3309	433

续表

解释变量	填充式	外延式	飞地式
	B（S. E.，t）	B（S. E.，t）	B（S. E.，t）
PCP（%）	85.01	78.60	64.20
Nagelkerke R^2	0.65	0.52	0.18

注：B 为标准回归系数，S. E. 为标准差，PCP 为模型预测准确率；** 表示在 1% 水平显著，* 表示在 5% 水平显著，n/s 表示不显著，exclude 表示变量未选入回归模型。

邻近变量的 DIS_ ORD（到次干道距离）、DIS_ INDU（到开发园区距离）、DIS_ SUB（到地铁站点距离）以及邻域变量的 DEN_ URBAN（城镇用地密度）是研究区填充式扩展形式的主控因子；外延式的主控因子则包括 DIS_ INDU（到开发园区距离）、DIS_ ORD（到次干道距离）、DEN_ URBAN（城镇用地密度）；飞地式扩展形式除 DIS_ TCEN（到镇街中心距离）、PLAN（空间规划）两个变量显著外，其余解释变量均不显著，这表明该时期飞地式扩展形式更趋向分布于各镇街周边以及规划区域。另外，该时期填充式和外延式扩展过程中注重生态用地的保护，DEN_ WATER（水域密度）、DEN_ FORE（林地密度）两个变量都显著为负，而飞地式扩展过程中却并未避免侵占水域、林地等生态用地，两个变量的系数均不显著。

概括而言，研究区城市快速扩展阶段（1999 ~ 2010 年）填充式与外延式类型的驱动因子具有相似性，各邻近变量以及城镇用地密度对这两种类型都有正向促进作用。DIS_ ORD（到次干道距离）、DIS_ INDU（到开发园区距离）和 DEN_ URBAN（城镇用地密度）是位于第一层次的驱动因子，其中，填充式扩展形式最重要的主控因子为 DIS_ ORD，其系数值达 -7.45，表明城市内部交通网络对其强烈的促进作用；外延式扩展形式最重要的主控因子是 DIS_ INDU，其系数值为 -5.53，突出了以行政力量为主导的开发区成片推进模式。位于第二层次的驱动因子包括 DIS_ SUB（到地铁站点距离）、DIS_ TCEN（到镇街中心距离）和 PLAN（空间规划），其中，DIS_ SUB、DIS_ TCEN 对研究区填充式扩展的促进效应更显著，其系数值分别为 -3.25、-2.86，而 PLAN 更趋向于引导外延式扩展形式。

三、研究区城镇用地扩展驱动机制的空间异质性

Logistic 模型的应用隐含着城市均质地域的假设，其变量系数只能在整体上判断各驱动因子的相对重要性，而不能把握其空间非平稳性特征。空间扩展模型与地理加权回归模型是空间异质性处理中的两类较常用的模型，在房地产市场等领域的研究中得到广泛应用（Fik et al.，2003；Bitter et al.，2007）。然而，在城镇用地扩展及其土地利用变化领域则鲜见应用（Liao and Wei，2012），尤其是缺乏不同空间异质模型的对比与优选研究。本节内容在传统 Logistic 模型应用的基础上，分别构建空间扩展逻辑回归模型与地理加权逻辑回归模型并进行对比分析，进一步关注快速扩展阶段（1999～2010 年）江宁都市新区城镇用地扩展驱动机制的空间异质性特征，同时也为第八章 SLEUTH 元胞自动机模型的改进作铺垫。

（一）分析模型

1. 空间扩展逻辑回归模型（SELR）

空间扩展模型的雏形由俄亥俄州立大学地理系的 Cassetti 教授提出，其实质是通过空间坐标扩展自变量的系数以建立解释变量与地理位置之间的联系（Cassetti，1972；Fan，1994）、考虑空间区位并依然采用传统最小二乘估计的多元回归模型，经不断改进后已被用于探索房地产市场的空间异质性问题（Roorda，2010；董冠鹏等，2011）。空间扩展模型的运行可分为三个阶段：起始阶段、扩展阶段和最终阶段。各阶段都具有对应的子

模型，其中，扩展阶段子模型最关键，通过空间坐标构建多项式用于扩展起始阶段回归方程的自变量系数。

在城镇用地扩展研究中，空间扩展模型的实质是对 Logistic 模型的系数 β_i 进行多项式扩展，也即变形为空间扩展逻辑回归（Spatial Expansion Logistic Regression，SELR）模型。设样点 K 空间坐标为（u_k，v_k），以一阶多项式扩展为例，具体的模型设定如下：

$$\text{起始阶段：} In\left(\frac{P}{1-P}\right) = C + \sum_{i=1}^{n} \beta_i x_i \tag{7-4}$$

式中，β_i 为模型解释变量 x_i 对应的回归系数，P 为采样点转变为城镇用地（$Y=1$）的发生概率，C 为常数项。

$$\text{扩展阶段：} \beta_i^k = \gamma_i^0 + \gamma_i^1 u_k + \gamma_i^2 v_k \tag{7-5}$$

$$\text{最终阶段：} In\left(\frac{P}{1-P}\right)_k = C_k + \sum_{i=1}^{n} (\gamma_i^0 x_{ki} + \gamma_i^1 u_k x_{ki} + \gamma_i^2 v_k x_{ki}) \tag{7-6}$$

本书在对研究区城镇用地扩展各解释变量进行标准化的基础上，建立了二阶多项式空间扩展模型以分析微观尺度上的各驱动因素的空间非平稳性特征，扩展阶段子模型的表达式如下：

$$\beta_i^k = \gamma_i^0 + \gamma_i^1 u_k + \gamma_i^2 v_k + \gamma_i^3 u_k v_k + \gamma_i^4 u_k^2 + \gamma_i^5 v_k^2 \tag{7-7}$$

2. 地理加权逻辑回归模型（GWLR）

地理加权逻辑回归（Geographically Weighted Logistic Regression，GWLR）模型是普通地理加权回归（Geographically Weighted Regression，GWR）模型的变式，是针对二分类因变量并探测解释变量空间非平稳性的一类有效方法，在局域地块尺度上存在空间回归优势，其实质是 Logistic 模型与 GWR 模型的有机融合（罗罡辉，2007；李志等，2009；Luo and Wei，2009）。GWR 模型的一般表达式如式（7－8）所示，基于一般形式，地理加权逻辑回归（GWLR）模型表达式可修正为式（7－9）。

$$Y_k = C_k + \sum_{i=1}^{n} \beta_i(u_k, v_k) x_{ki} + \varepsilon_k \tag{7-8}$$

$$In\left(\frac{P}{1-P}\right)_k = C_k + \sum_{i=1}^{n} \beta_i(u_k, v_k) x_{ki} \tag{7-9}$$

式中，（u_k，v_k）为样点 K 的坐标，β_i（u_k，v_k）表示点 K 处局部回归模型的第 i 个解释变量 x_{ki} 的待估参数，P 为采样点转变为城镇用地（$Y=1$）的发生概率，C_k、ε_k 为 K 处的常数项与残差。

GWLR 模型遵从以距离为参照的权重分配方案，即基于空间接近性，通过全部观测值估计各空间位置 K 处的局部回归系数。GWLR 模型的系数估计公式如下：

$$\beta_i(u_k,\ v_k) = (X^T W(u_k,\ v_k) X)^{-1} X^T W(u_k,\ v_k) In\left(\frac{P}{1-P}\right)_k \qquad (7-10)$$

式中，X 为自变量矩阵，X^T 为其转置矩阵；W（u_k，v_k）为回归点 K 处的空间权重函数，固定带宽函数与适应带宽函数是其空间权重获取的两类主要方法。

（二）空间异质模型参数估计与比选

1. SELR 模型参数估计

考虑快速扩展阶段（1999～2010 年）出现的地铁站点、空间规划因素，采用与快速扩展阶段 Model Ⅱ 相同的解释变量以及采样点数据，本节构建二阶多项式空间扩展逻辑回归（SELR）模型继续对研究区城镇用地扩展进行拟合。SELR 模型系数的估算应用普通最小二乘法可进行逐步回归建模，借助 Stata12.0 编程命令实现，结果如表 7－8 所示，低于 5% 显著水平的变量未纳入最终模型。二阶 SELR 模型实质是借助地理空间坐标对解释变量的系数进行二次多项式扩展，与对应时期 Logistic 模型（Model Ⅱ）的回归结果比较，－2Log Likelihood 值为 3945.04，较 Logistic 模型减少 388.95，该值越小意味着模型拟合效果越优；总体拟合优度为 0.56，较 Logistic 模型提高了 7 个百分点；PCP 达 81.08%，较 Logistic 模型也有一定程度的提高。

在二阶 SELR 模型中，由解释变量与空间坐标构成的交互项具有特殊意义，在满足显著性条件下，解释变量的交互项越多，说明该解释变量对城镇用地转变的驱动作用在空间上的变化就越复杂（Pavlov，2000）。例如，DIS_ INDU 变量仅有一个交互项，其对城镇用地扩展的边际驱动效应只与采样点纵坐标的二次方有关，系数值呈现南北方向的变化趋势；DIS_ ORD 变量存在多个显著的交互项，因此其对城镇用地扩展的边际驱动效应就更复杂。根据各变量及其交互项的回归系数，SELR 模型可以计算出各解释变量的系数表面，从而体现各变量系数的空间非平稳性特征。以 DIS_ ORD（到次干道距离）为例，其系数表面的计算公式为：

$$D_{DIS\_ORD} = 8.95 - 44.61X - 24.96Y + 69.64XY$$

表 7－8　空间扩展逻辑回归（SELR）模型的参数估计结果

变量	系数	标准差	Sig.	变量	系数	标准差	Sig.
DIS_ INDU	-7.41	0.46	0	DIS_ ORD_ Y	-24.96	5.79	0
DIS_ ORD	8.95	1.76	0	DIS_ ORD_ XY	69.64	8.36	0
DIS_ MRD	-0.81	0.31	0.01	DIS_ SUB_ Y	-13.11	2.14	0
DIS_ SUB	0.91	0.53	0.05	DIS_ SUB_ Y^2	9.64	2.41	0
DEN_ WATER	-2.16	0.34	0	DEN_ FORE_ X	-0.75	0.27	0.05
DEN_ URBAN	2.73	0.36	0	CONSTANT	4.13	0.26	0
PLAN	1.41	0.12	0	模型参数			
DIS_ INDU_ Y^2	9.15	0.94	0	-2Log likelihood	3896.26		
DIS_ TCEN_ XY	-6.30	0.84	0	Nagelkerke R^2	0.56		
DIS_ ORD_ X	-44.61	3.78	0	PCP*	81.80%		

注：PCP*为模型预测准确率，预测值以 0.5 为分界点。

式中，X、Y 为（0，1）标准化后采样点的坐标，D_{DIS_ORD} 为 *DIS_ ORD* 变量在采样点（X，Y）处的系数值。

2. GWLR 模型参数估计

地理加权逻辑回归（GWRL）模型的参数估计同样采用快速扩展阶段（1999～2010 年）Model Ⅱ的解释变量，借助 GWR 4.0 软件实现，结果如表 7－9 所示。GWLR 模型的 -2 Log likelihood 为 3012.75，较 Logistic 模型减少了 1321.24；模型总体拟合优度为 0.61，较 Logistic 模型提高了 12 个百分点，较二阶 SELR 模型也提高了 5 个百分点。预测准确率（PCP）根据 GWLR 模型所输出的各采样点预测值进行测算，其值为 83.16%，较 Logistic 模型提高了 5.06 个百分点，较 SELR 模型也提高了 3.08 个百分点。

表 7-9　地理加权逻辑回归（GWLR）模型的参数估计结果

解释变量	平均值	标准差	下四分位	中值	上四分位
Intercept	2.30	1.76	1.76	2.77	3.27
DIS_ INDU	-6.40	4.64	-8.69	-6.17	-3.11
DIS_ TCEN	-0.82	3.13	-2.56	0.05	1.40
DIS_ ORD	-8.89	6.57	-14.21	-9.69	-2.89
DIS_ MRD	-1.35	1.99	-2.38	-1.30	-0.16
DIS_ SUB	-0.66	5.01	-3.45	-0.74	2.18
DEN_ FORE	0.18	0.90	-0.49	0.12	0.53
DEN_ WATER	-2.01	1.56	-2.89	-1.87	-1.00
DEN_ URBAN	3.81	2.76	1.78	3.36	5.34
PLAN	1.55	0.52	0.24	0.52	1.14
模型参数	采样点个数	-2 Log likelihood	PCP*	Nagelkerke R^2	
	4664	3012.75	83.16%	0.61	

注：PCP* 为模型预测准确率，预测值以 0.5 为分界点。

各解释变量对城镇用地扩展驱动效应的空间非平稳性可从其系数的四分位差异看出，其中 DIS_ TCEN（到镇街中心距离）、DIS_ SUB（到地铁站点距离）、DEN_ FORE（林地密度）三个变量存在方向异性。以 DIS_ SUB（到地铁站点距离）为例，其下四分位、上四分位的系数值分别为 -3.45、2.18，意味着在某一空间区位，地铁站点会促进该地域的城镇用地转换，而在另一空间位置，地铁的作用却未发挥，甚至抑制该地域的土地城镇化，这表明地铁站点有其作用半径，超出影响范围后地铁的作用将不再显著。

3. SELR 模型和 GWLR 模型的评价与优选

综合两类模型输出结果，SELR 模型与 GWLR 模型可分别解释江宁都市新区快速扩展阶段（1999～2010 年）56%、61% 的土地城镇化过程，模型预测准确率依次达 81.80%、83.16%，二者对城镇用地转变的解释能力较 Logistic 模型分别提高了 7%、12%，后者在局部参数估计方面存在优势，各项评价参数都相对较优，更适用于研究区城镇用地扩展驱动机制的空间异质性研究。另外，SELR 模型将解释变量的系数假定为空间坐标的数学函数，使得解释变量系数在空间上具有连续性特征，但并不能够有效刻画其离散性、突变性特征；GWLR 模型在局域地块尺度上的参数估计存在优势，能够有效克服二阶 SELR 模型的上述缺陷。故择优选择 GWLR 模型继续探讨各驱动因子驱动效应的空间非平稳性特征，揭示城镇用地扩展驱动机制的空间异质性。

（三）因子驱动效应的空间差异

借助 GIS 的表面分析功能（Surface Analysis），将 GWLR 模型输出的各采样点局部参数估计值进行反距离权重插值（Inverse Distance Weighted，IDW），能够可视化各解释变量对江宁都市新区城镇用地扩展驱动效应的空间非平稳性特征。

1. 集聚性要素驱动效应的空间差异

除东北部分区域外，DIS_ INDU（到开发园区距离）对研究区城镇用地扩展都具有正向促进作用，其系数值呈现南北方向变化趋势，在滨江开发区、江宁科学园、空港工业园出现了三处峰值，系数最高值达 –23.16（“–”表示距离镇街中心越近，城镇用地转换概率越高），如图 7–5（a）所示。西面的滨江开发区位、南面的空港工业园区位于城市远郊，发展以制造业为主的第二产业，对工业用地的需求量较大，园区内建设用地增长迅速；位于近郊的江宁科学园由高新产业区和江宁大学城两部分组成，南京各高校新校区的选址建设则是其城镇用地扩展的重要因素。

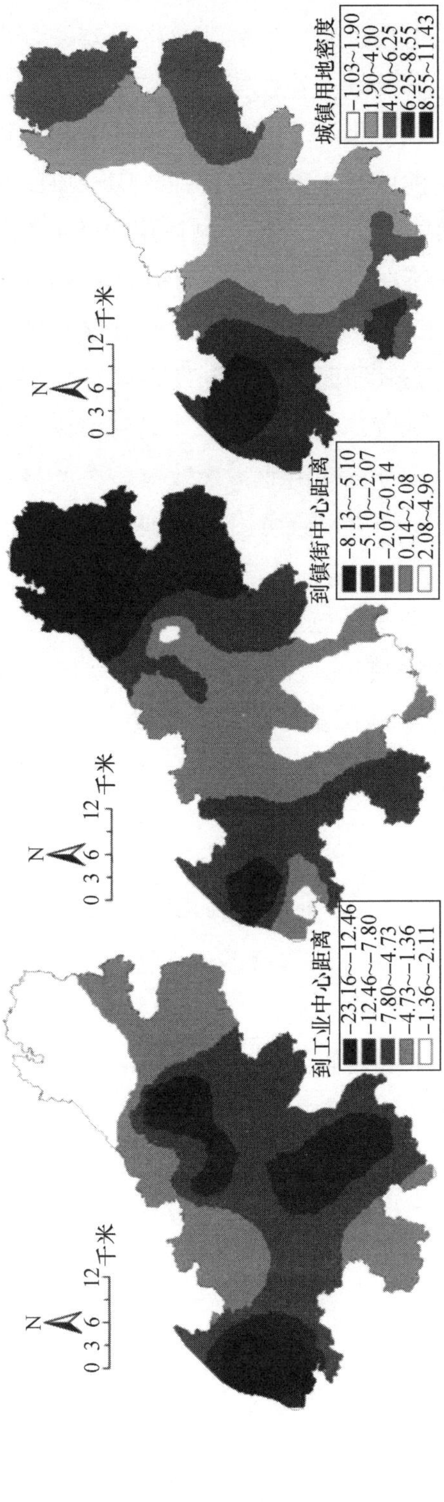

图 7－5　集聚性要素驱动效应的空间非平稳性示意图

DIS_ TCEN（到镇街中心距离）系数值整体呈现东西向变化趋势，两侧高、中间低，且具有显著的方向异性特征，在中部区域甚至产生抑制效应，如图7－5（b）所示。东北面的麒麟、汤山街道以及西面的江宁街道对周边区域城镇用地转变的促进作用相对较强，DIS_ TCEN 系数值最高为－8.13（“－”表示距离镇街中心越近，城镇用地转换概率越高）。

在西北面滨江开发区所在地域，DEN_ URBAN（城镇用地密度）的系数值达到最大，其值为11.43，而城镇用地密度对核心城区所在区域的促进效应却较小甚至为负。究其原因，滨江开发区是近年来江宁都市新区城市经济发展的重点区域，城镇建设用地的扩展具有连续性，受已城镇化斑块的牵引作用较明显，以充分发挥工业集聚效应。核心城区由于大部分区域已经城镇化，内部填充空间有限且可发展用地的破碎度与开发成本均过高，导致 DEN_ URBAN 系数值偏小甚至为负，如图7－5（c）所示。

2. 通达性要素驱动效应的空间差异

DIS_ SUB（到地铁站点距离）的对江宁核心城区及其东面大学城区域城镇用地转变的促进效应要显著大于其他地域，该地域 DIS_ SUB 的系数最高值达－14.75，如图7－6（a）所示。地铁的建设拉伸了江宁都市新区的城市发展框架，促进了沿线区域的土地转用与地价升值，拉伸了城市的发展框架。

DIS_ MRD（到主干道距离）系数值在中部区域较大，最高系数值为－8.05，如图7－6（b）所示。位于中部区域的城市主干道，具体包括机场高速、宁杭高速、宁溧公路和宁丹公路，是研究区城市空间扩展的伸展轴，具有重要的指向作用，沿轴线两侧区域在该时期得到较大程度的开发。

与 DIS_ MRD 比较，DIS_ ORD（到次干道距离）系数值在研究区范围内普遍较大，系数最大值达－24.12，总体呈现由中部区域向两侧逐级递减趋势，次干道对研究区中部区域的城镇用地扩展促进强烈，表明“交通引导开发”的交通先行策略在该区域有其实现的理论基础，如图7－6（c）所示。然而，在研究区东、西面两侧区域，城市主、次干道研究区城镇用地扩展的驱动效应都相对较弱。

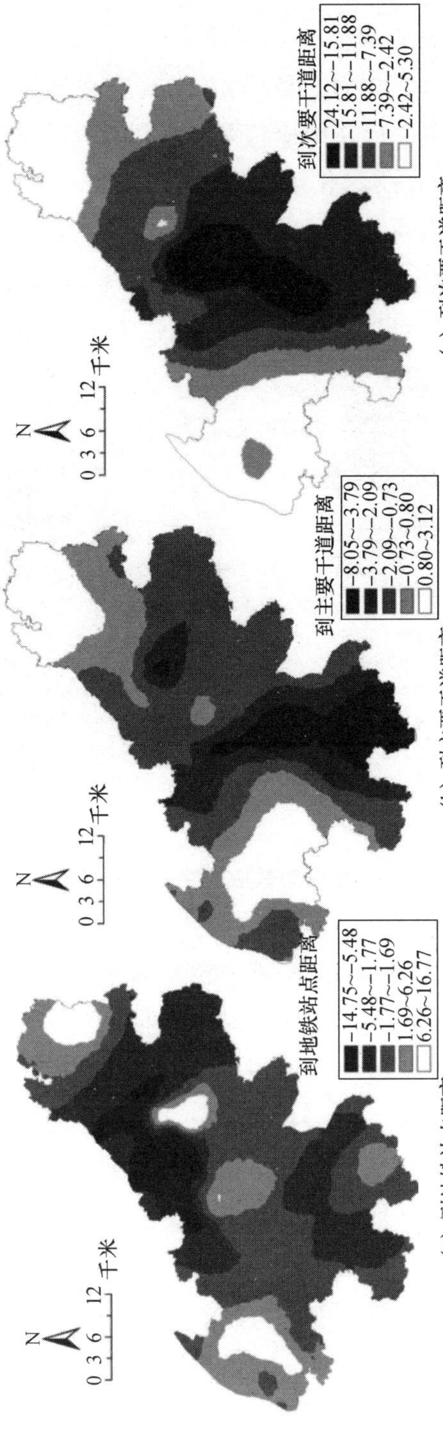

(a) 到地铁站点距离　(b) 到主要干道距离　(c) 到次要干道距离

图 7－6　通达性要素驱动效应的空间非平稳性示意图

3. 适宜性要素驱动效应的空间差异

除东北面少数区域外，DEN_ WATER（水域密度）系数表面都为负值，在全局范围内对研究区城镇用地转变起限制作用，其系数值在核心城区和西面区域较高，最大值为 -5.99（“-”表示水域密度越大，城镇用地转换概率越低），对城镇用地转变的抑制作用更强，表明该区域的水体在城镇用地扩展过程中得到了较好的保护，如图 7-7（a）所示。

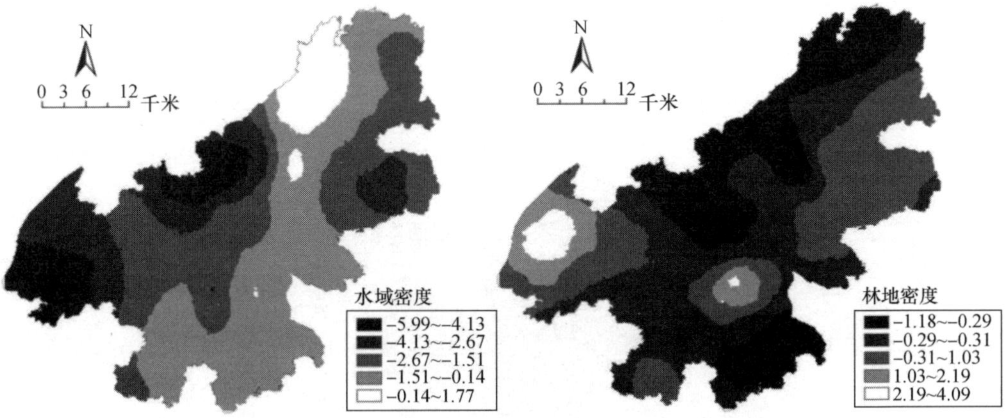

(a) 水域密度　　(b) 林地密度

图 7-7　适宜性要素驱动效应的空间非平稳性示意图

DEN_ FORE（林地密度）的系数表面呈现明显的方向各异性特征，在邻接南京主城的西北面区域，林地对城镇用地转变的抑制作用相对其他地域较为显著，其系数最大值为 -1.18（“-”表示林地密度越大，城镇用地转换概率越低），如图 7-7（b）所示。其他地域尤其是在滨江开发区与空港工业园所在地，林地密度城镇用地扩展具有正向促进作用，在一定程度上表明这两个园区在成片开发过程中未注重生态林地的有效保护。

4. 规划要素驱动效应的空间差异

PLAN（空间规划）对城镇用地扩展驱动效应的空间非平稳性如图 7-8 所示，其系数表面在研究区范围内呈现复杂的空间作用模式，除少数区域外，在全局范围内对研究区城镇用地转变具有正向促进作用，系数最大值为1.76。然而，相对其他变量而言，空间规划对研究区城镇用地扩展的导向作用较弱，这也进一步验证了前述Logistic回归模型中关于空间规划作用存在局限性，规划的严肃性亟待提高的判断。因此，在未来的土地管理工作中需要提升规划的严肃性与科学性，加强各空间规划的协调，以充分发挥规划应有的引导与管控作用。

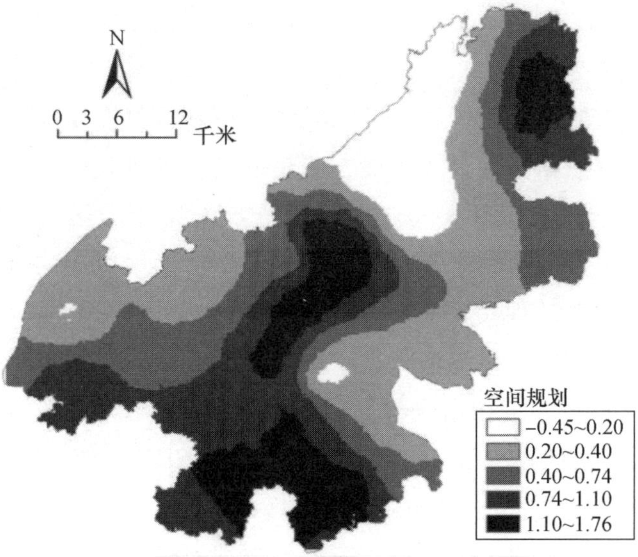

图7－8　规划要素驱动效应的空间非平稳性示意图

第八章　研究区未来城镇用地扩展的时空格局与管控

作为大都市城镇用地扩展重点区域的都市新区具有发展动态性、用地复杂性特征，其未来城市空间扩展方向是城市发展进程中亟须重视的关键问题（王勇和李广斌，2009）。在此背景下，对都市新区城镇用地扩展进行模拟与预测，并分析其未来时空格局差异，可为城市空间规划的编制提供支持，具有重要的现实意义。元胞自动机（Cellular Automaton，CA）模型因其在模拟地理实体空间演化过程中的优势，在城镇用地扩展领域中应用广泛，并与其他方法相结合得到较快的发展（聂婷等，2010；王磊等，2012）。根据第二章城镇用地扩展模拟与预测的研究评述可知，目前 CA 模型在城镇用地扩展模拟与预测的研究中具有两类不足：第一，多数 CA 模型很难进行移植，不具有普适性；第二，忽视对城镇用地扩展预测结果的分析与讨论。比较而言，由美国加州大学圣芭芭拉分校的 Clarke 教授开发的 SLEUTH 元胞自动机模型具有较强的普适性，在国内外一些城市如旧金山（Clarke et al.，1997）、华盛顿都市区（Clarke et al.，1998）、杭州（刘勇等，2008）等都取得了成功的应用，然而该模型的预测过程中存在一定的主观性。本章基于第七章地理加权逻辑回归（GWLR）模型的输出结果，将其与 SLEUTH 模型融合，对研究区未来城镇用地扩展进行预测并分析其时空格局演进特征，以期为研究区的城市发展决策和管理实践提供有益参考。

一、研究方案与模型选取

（一）研究方案

本章研究方案如图 8－1 所示，主要内容包括研究区未来城镇用地扩展的模拟预测、格局差异、管控对策三部分。首先，在建立空间数据库的基础上，利用地理加权逻辑回归（GWRL）模型输出结果对 SLEUTH 元胞自动机模型进行改进，并基于改进的 SLEUTH 模型对研究区未来城镇用地

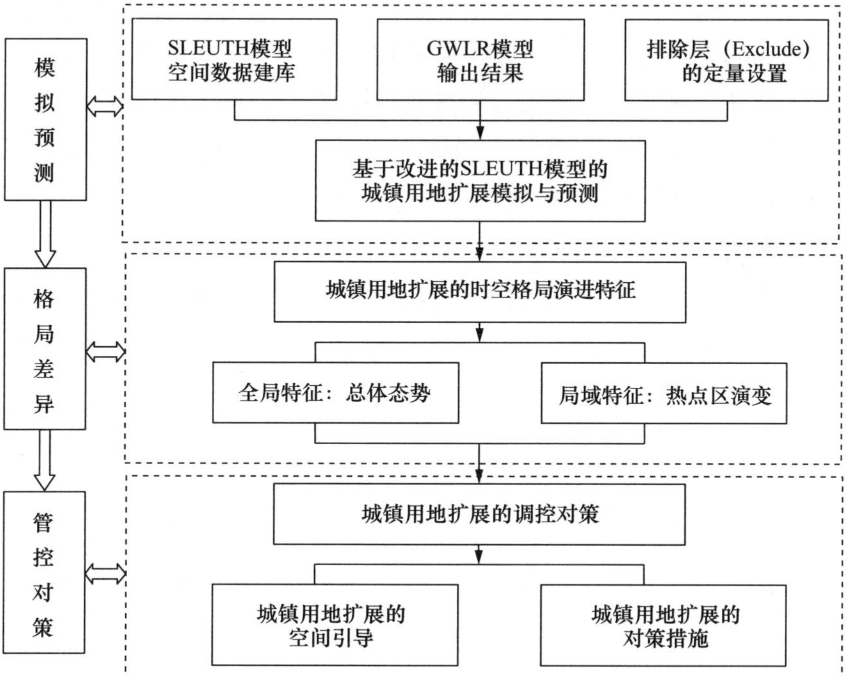

图 8－1　基于改进的 SLEUTH 模型的研究方案

扩展的时空演进过程进行预测。其次，针对关键年份模型预测结果，探究研究区城镇用地扩展的全局与局域特征，全局特征上主要把握研究区未来城镇用地扩展的总体态势，具体包括数量、速率与形态特征；局域特征上则采用空间关联分析方法，识别研究区城镇用地扩展的冷、热点区分布，以期深刻理解其未来用地趋势与空间增长过程。最后，借鉴城市“精明增长”理念，提出研究区未来城镇用地发展的管控对策，以期实现城市空间的理性增长。

（二）SLEUTH 模型

SLEUTH 模型是一类用于城市增长模拟与预测的元胞自动机模型，根据其所需输入数据层的首个英文字母命名，这些空间数据层包括坡度层（Slope）、土地利用层（Landuse）、排除层（Exclude）、城市范围层（Urban）、交通道路层（Transport）、阴影层（Hillshade），在城镇用地扩展预测中主要是依据历史年份的城市空间扩展过程，并充分考虑地形坡度、景观覆被、交通网络、城镇分布以及随机因子等因素对未来的城镇用地发展进行预测（Clarke and Gaydos，1998；Jantz et al.，2004；李明杰等，2010）。SLEUTH 模型由城镇用地扩展子模型、土地利用/覆盖子模型两个子模型构成，当调用土地利用/覆盖子模型进行土地利用变化模拟，必须输入土地利用层；当只进行城镇用地扩展预测时，可以不用输入土地利用层。本书研究关注的重点是研究区城镇用地扩展的时空动态演进过程，故只需激活城镇用地扩展子模型。

SLEUTH 模型的运行过程可分为三个阶段，分别为数据准备阶段、多重校准阶段和模型预测阶段。通过对历史时期城镇用地扩展数据反复训练得到的五类参数，即散布系数、繁殖系数、扩展系数、坡度系数、道路引力系数，模拟城市的自发增长、新扩展中心增长、边缘增长与道路引力增长四种增长方式，通过自修改规则自动调整参数以鼓励或抑制城镇用地扩展，能有效地模拟城市沿 S 形曲线的增长方式（刘克华，2010）。在数据准备阶段，需要对数据的格式和命名按 SLEUTH 模型的要求进行标准化处理，以保证后期模型的正常运行。多重校准阶段是模型运行的关键阶段，采用传统的蒙特卡洛迭代方法，经过粗校准（Coarse Calibration）、精校准（Fine Calibration）、终校准（Final Calibration）三个校准阶段，获取针对研究区的最优控制参数组合（Best Solution Set，BSS），同时可用于评价SLEUTH模型在城镇用地扩展模拟与预测中的适用性。在模型预测阶段，根据最近年份城镇用地扩展数据设置排除层，然后启用模型的Predict预测模块，同时输入规划交通图层以及多重校准阶段所获得的BSS，经多次蒙特卡洛迭代运算可输出未来年份连续的城镇用地扩展预测图，如图8－2所示。

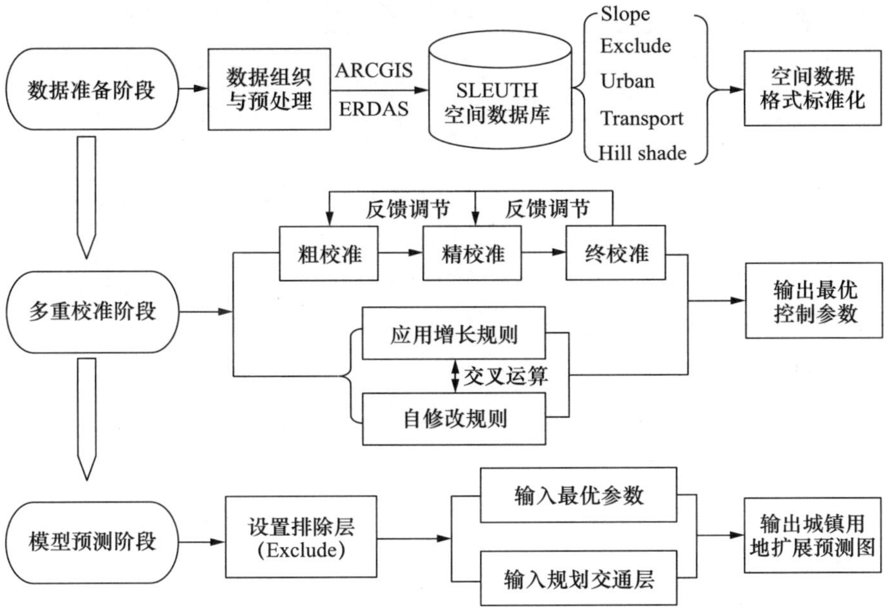

图8－2　SLEUTH模型运行阶段与过程

（三）模型空间数据库的建立

遥感影像依然是城镇用地扩展预测采用的主要数据源，具体包括覆盖研究区 1992 年、1999 年、2005 年的 Landsat TM 影像（30 米 ×30 米）以及 2010 年的 ETM + 影像（30 米 ×30 米），DEM 数字高程图。另外，本书还收集了研究区 2008 年土地利用二次调查图、2007 ~2020 年交通规划图、行政区划图以及其他社会经济统计数据。SLEUTH 模型空间数据处理流程如图 8 –3 所示，具体步骤为：

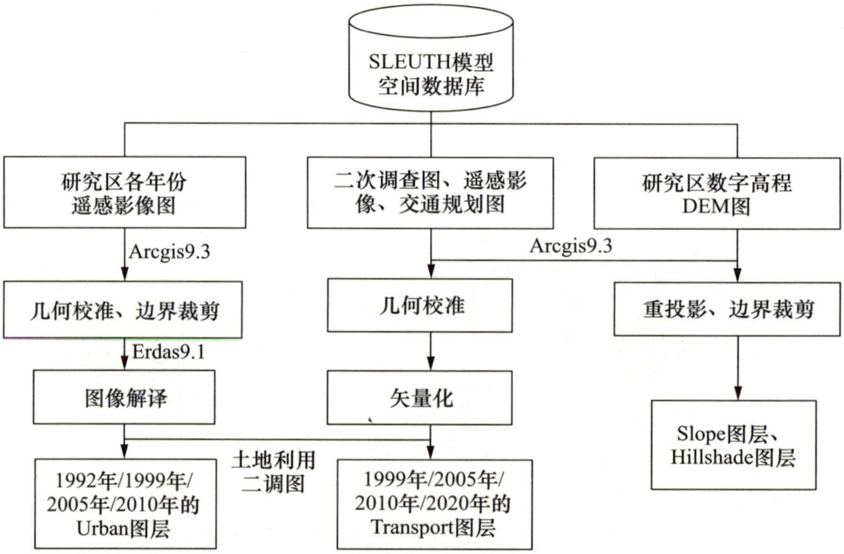

图 8 –3　SLEUTH 模型空间数据处理流程

第一，在 ERDAS 9.1 图像处理系统下，首先对 1992 年、1999 年、2005 年以及 2010 年四个时相的遥感影像进行几何校正、辐射校正、边界裁剪等预处理过程，然后采用监督分类中的最大似然法并结合人机交互目视解译，提取研究区对应年份的城市范围图层（Urban），该步骤在第四章城镇用地扩展过程与模式的数据处理中已完成。为使模型达到较优的模拟结果，历史时期的城市范围图层一般不少于四个（杨得志，2010）。城市范围图层用一个二进制分类表示，0 表示非城市区域，1 表示城镇化区域，如图 8 –4 所示。

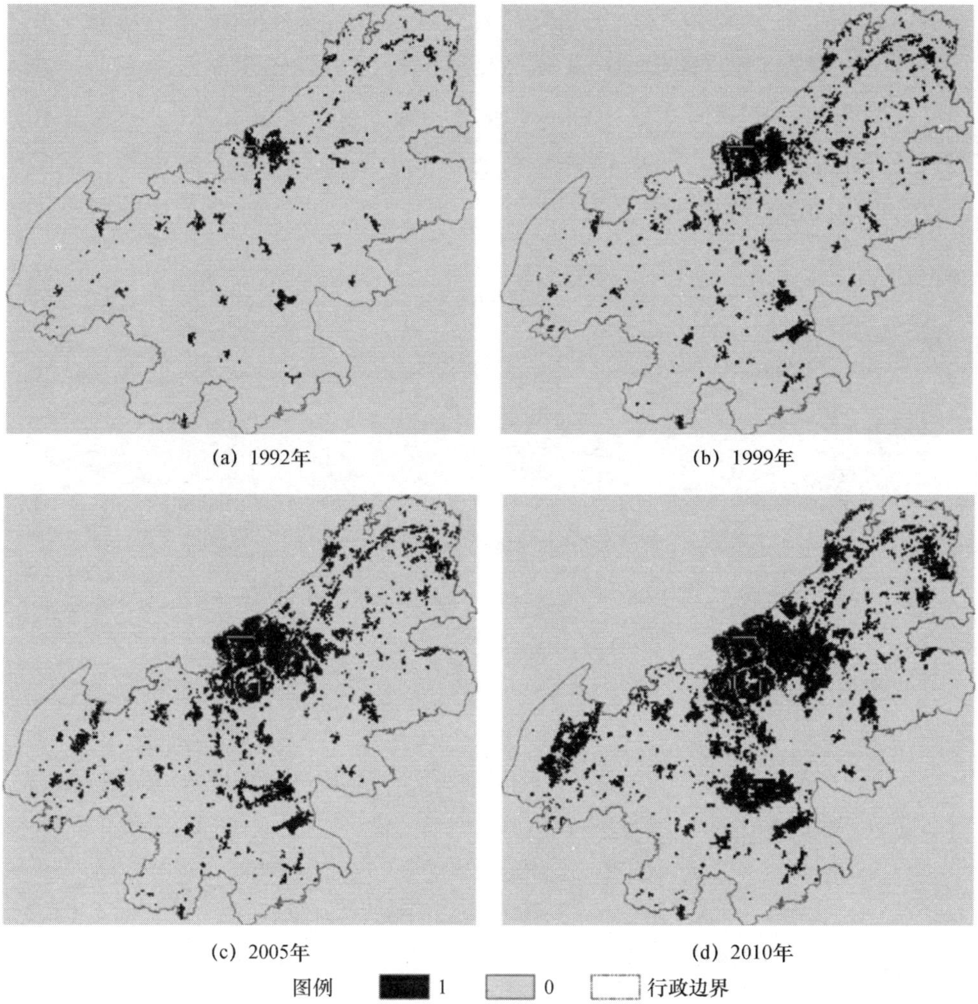

图 8－4　研究区各年份城市范围图层示意图

第二，一般而言，模型要求至少输入两个年份的交通图层（Transport），从较早期的交通图层开始初始化，随着时间递近达到一个更近年份的交通图层（刘克华，2010）。根据研究区 1999 年、2005 年、2010 年遥感影像以及 2020 年规划的交通图层，并结合 2008 年土地利用二次调查图，在几何校准的基础上进行手动矢量化工作，生成研究区 1992 年、

2005 年、2010 年及 2020 年规划的交通图层，并针对不同道路等级赋予相应权重值。在 SLEUTH 模型中，道路交通的等级可以用相对值来表征（杨得志，2009）。本书研究中，将高速公路、城市主干道赋值为 4，将城市内部交通网络赋值为 2，将其他低等级公路赋值为 1，而非交通用地则赋值为 0，见图 8－5。

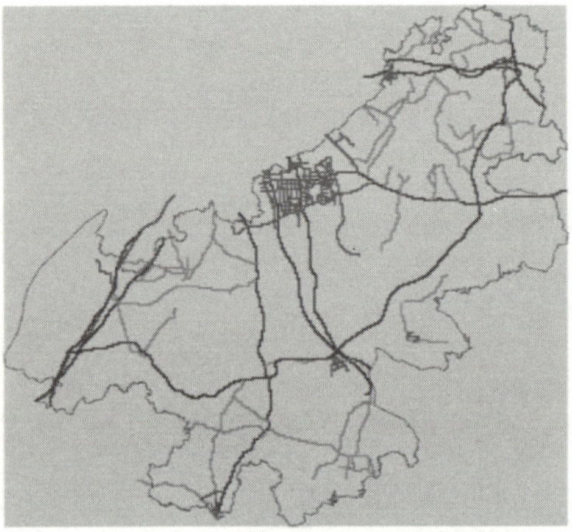

(a) 1999年

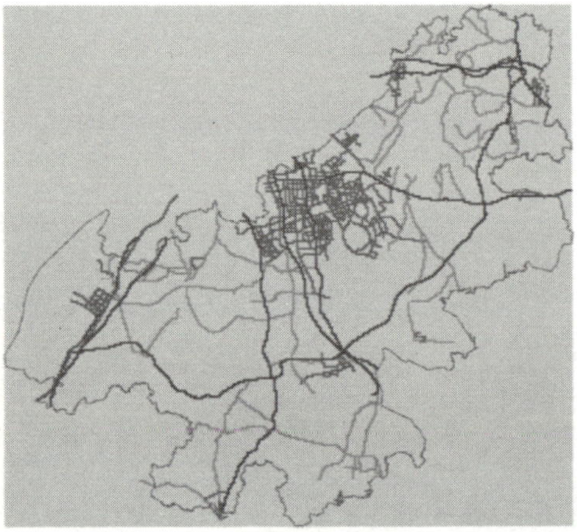

(b) 2005年

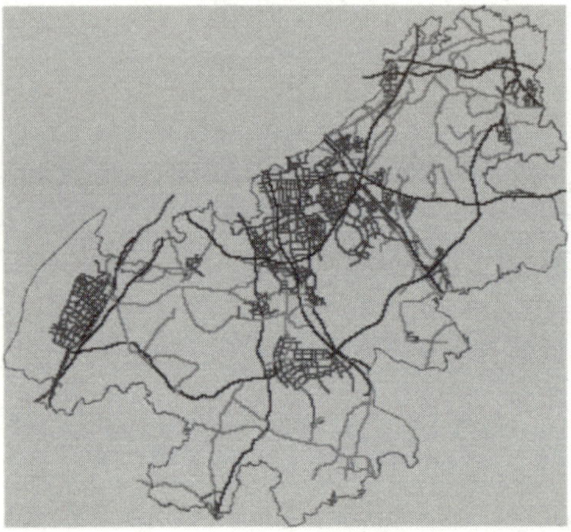

(c) 2010年

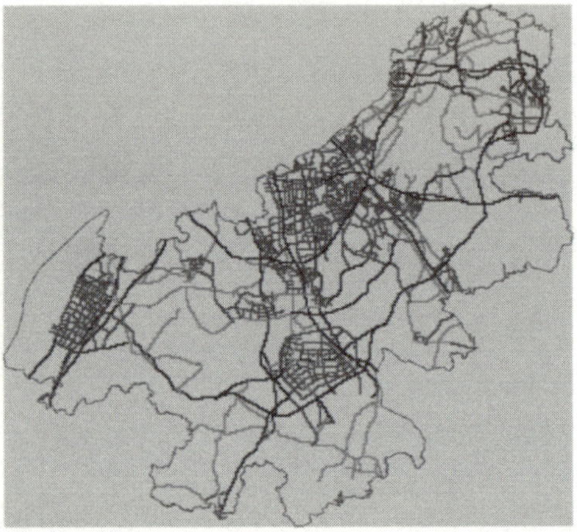

(d) 2020年

图 8－5　研究区各年份交通图层示意图

第三，坡度也是制约城镇用地扩展的重要因素，在 SLEUTH 模型中也予以了考虑。坡度图层用百分比坡度来表示，取值范围为 0～100，坡度越大，城镇化概率越低。在 GIS 空间分析模块的表面分析（Surface Analysis）功能中，将研究区 DEM 数字高程图经重投影、边界裁剪后计算得到百分比坡度图层（Slope），如图 8－6（a）所示。阴影图层（Hillshade）不参与模型的运算，其主要作用是为了视觉效果，采取同样方法从 DEM 中提取，如图 8－6（b）所示。

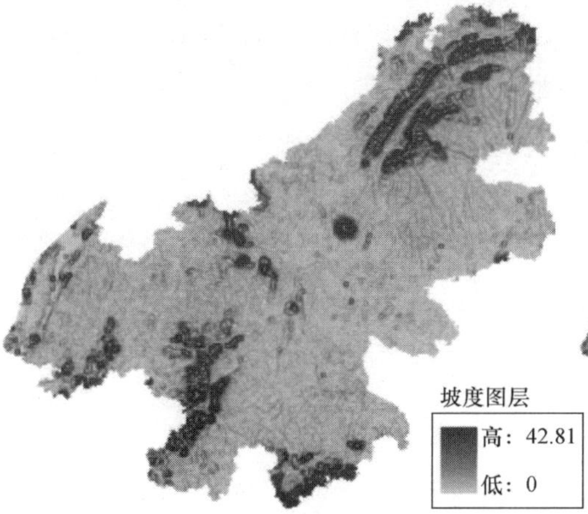

(a) 坡度图层

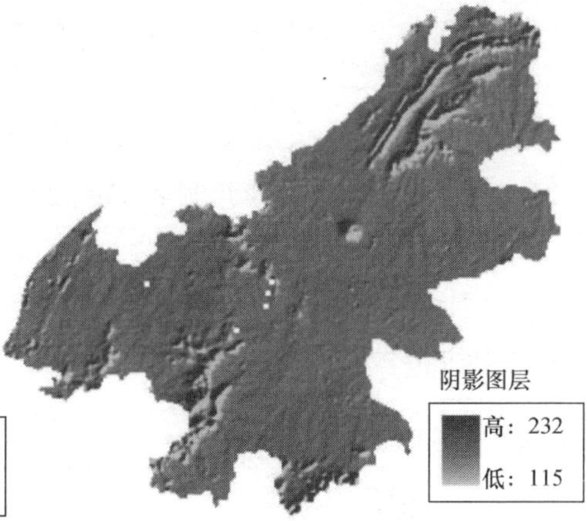

(b) 阴影图层

图 8－6　研究区坡度图层和阴影图层示意图

第四，在模型多重校准阶段，根据研究区 1992 年的 TM 影像设置 SLEUTH 模型的排除层（Exclude），排除大面积水域、生态林地以及高坡度区域的城镇化可能性。所有空间数据均统一投影至 WGS_ 1984_ UTM_ Zone_ 50N 坐标系中。

（四）模型校准与适用性评价

1. 模型校准过程

校准阶段是 SLEUTH 模型运行和预测的关键，决定了本次模拟的精度与科学性，其最终目的是获取能够反映研究区历史年份城镇用地扩展趋势与规律的最佳控制参数组合（BSS），并对模型的适用性进行评价。在模型校准过程中，可采用蒙特卡洛强力校正方法确定 SLEUTH 模型的最佳控制参数值，即利用计算机反复计算不同参数组合所产生的模拟结果与实际情况的拟合度。模型校准过程分为粗、精、终三个阶段，模型控制参数的变化范围逐渐缩小并最终确定。在粗校准（Coarse Calibrate）阶段，五类控制参数变化范围都为 0～100，计算步长一般取值较大，如本例中取值为 25，计算过程按（0，25，50，75，100）顺序进行。粗校准阶段后，模型控制参数取值范围变小，在此基础上选取合适的步长，再经精校准（Fine Calibrate）、终校准（Final Calibrate）两个阶段，进一步缩小参数取值范围，最终得到反映研究区历史年份城镇用地扩展内在规律的最佳控制参数组合（BSS），本次模拟校准过程的具体参数设置如表 8－1 所示。

表 8－1　SLEUTH 模型校准参数设置

模型控制系数	粗校准		精校准		终校准		最优控制参数
	蒙特卡洛迭代次数＝4		蒙特卡洛迭代次数＝8		蒙特卡洛迭代次数＝12		
	范围	步长	范围	步长	范围	步长	
散布系数	0～100	25	0～20	5	0～5	1	3
繁殖系数	0～100	25	5～25	5	15～25	2	23
扩展系数	0～100	25	75～100	5	85～95	2	89
坡度系数	0～100	25	25～50	5	5～10	1	5
道路引力系数	0～100	25	25～75	10	50～60	2	57
最低速度临界值	0.97		0.97		0.97		自修改规则
最高速度临界值	1.3		1.3		1.3		
坡度阈值	25		25		25		
繁荣系数	1.01		1.01		1.01		
萧条系数	0.09		0.09		0.09		

坡度是制约城镇用地扩展的重要因素，在城市规划领域常涉及临界值坡度的概念，用于评定拟作为城市发展用地的适宜性，平原地区临界百分比坡度值为21%，丘陵地区可适当增加（米丽娜，2008）。南京江宁区是宁镇扬丘陵山地的组成部分，地势南北高、中间低，属典型的丘陵、平原地貌，故将其坡度阈值设置为25。以1992年研究区城市范围层作为基期样本，利用1999年、2005年、2010年三期的城市范围进行样本训练，可得到精度模拟的最优控制参数组合：散布系数值为3、繁殖系数值为23、扩展系数值为89、坡度系数值为5、道路引力系数值为57。

2. 模型适用性评价

城市的自发增长由SLEUTH模型的散布系数所控制，新扩展中心增长由模型的繁殖系数控制，决定那些自发增长所产生的城市元胞的再繁殖能力；城市边缘增长与道路引力增长则分别由模型的扩展系数、道路引力系数控制，决定已城镇化斑块周边区域及道路两侧区域的城镇土地转用概率（Clarke et al.，1997；Jantz et al.，2010）。经多重校准所获取的最优控制参数表明：边缘增长和道路引力增长是历史年份江宁都市新区城镇用地扩展的主要方式，受已城镇化斑块的带动以及道路交通的牵引作用较大，与之对应，模型的扩展系数与道路引力系数分别达89、57；新扩展中心增长对应的繁殖系数为23，与同类研究相对比该系数值偏大，这可能与江宁区近郊、远郊大量的工业区成片开发与建设相关，是都市新区城镇用地发展的典型特征。

在模拟验证方面，选取SLEUTH模型输出的面积指数（Compare）和形状指数（Lee－Salle）两类指数，分别从城镇用地扩展的数量拟合、空间匹配方面考察多重校准的效果，从而评价该模型与研究区的适用性。Compare为控制年份模拟的城市范围面积与实际范围面积的比值，Lee－Sall则用来度量控制年份模拟的城市边界与实际边界在空间上的匹配度（Clarke et al.，1997；Xi et al.，2012），在模型校准过程中会对这两个评价指数自动进行计算。

据SLEUTH模型多重校准的输出结果，各控制年份（1999年、2005

年、2010年）的Compare值依次为0.9231、0.8965、0.9017，城镇用地扩展的数量拟合结果总体较好，至控制末年（2010年）有90.17%的建设用地被捕捉到；各控制年份Lee－Salle值依次为0.6028、0.5847、0.5914，相关研究中该指数较少超过0.6（刘勇等，2008）。另外，利用获取的最优控制参数组合重建历史时期（1992～2010年）江宁都市新区的城市空间扩展过程，并将模拟得到的2010年城市范围图和实际观测图进行对比计算，二者的标准Kappa统计值达到0.79，与其他成功案例相当（吴晓青等，2009；Xi et al.，2012）。综上所述，SLEUTH模型能较好地应用于江宁都市新区的城镇用地扩展模拟与预测研究，其对城镇用地扩展的数量拟合要优于空间匹配，经反复训练获取的最优控制参数组合（BSS）可较好地解释历史时期研究区的城镇用地扩展特征。

二、融合GWLR模型和SLEUTH模型的城镇用地扩展预测

（一）GWLR模型与SLEUTH模型的融合

本书对SLEUTH模型的改进主要针对模型的预测阶段。排除层（Exclude）是SLEUTH模型预测阶段的主要媒介，可通过定义各地块不被城镇化的概率，即排除概率以反映不同地块转变为城镇用地的可能性。排除概率取值范围为0～100%，其值越小，对应地块的城镇化可能性就越大；其值越大，对应地块的城镇化可能性就越小。若排除概率为0，表示对应地块单元已城镇化斑块或预测年份必定会发生城镇用地转变的地块，如规划近期确定建设的未城镇化区域；排除概率为100%，则表示不可能实现城镇化的区域，如模拟区内的大面积水体、绿地、森林及大于一定坡度比例的地区。

在已有 SLEUTH 模型的应用研究中，预测阶段对排除层（Exclude）的设置过于主观，一般是根据研究者的经验并结合当地实际，主观地确定不同用地类型的排除概率，具有较大的随意性与不准确性。例如，米丽娜（2008）、吴巍等（2011）按一般经验，将水域、林地的排除概率定为100%，排除其城镇化的可能性，将其他未城镇化区域的排除概率都赋值为50%，使其具有一定的随机城镇化概率。然而，事实情况与此不符，在城镇用地扩展的过程中，通常也会侵占一定比例的生态用地，而且受城市集聚效应的作用，核心城区周边地域的城镇化概率将会偏高，位于近郊的农地转用概率要明显大于远郊。因此，科学、准确地设置排除层（Exclude），定量、客观地表达各空间元胞对应的微观地块单元的排除概率，是 SLEUTH 模型城镇用地扩展预测的关键。

在第五章都市新区城镇用地扩展驱动机制的空间异质性研究中，通过将邻近变量、邻域变量、规划变量在空间上予以整合，地理加权逻辑回归（GWLR）模型可以有效地解释研究区历史时期城镇用地扩展过程，总体拟合优度达到61，模型的预测准确率达到83.16%，故 SLEUTH 模型排除层的设置可参照 GWLR 模型的模拟结果，以准确表达历史时期各地块单元的城镇化概率。本节研究基于第七章 GWLR 模型输出结果设置排除层（Exclude），将 GWLR 模型与 SLEUTH 模型进行融合，改进传统的 SLEUTH 模型。

1. 基于 GWLR 模型的城镇用地扩展概率表面

城镇用地扩展概率表面是根据前文各邻近变量、邻域变量以及规划变量对城镇用地扩展的空间驱动模式，利用 GWLR 模型对研究区历史时期城镇用地扩展过程进行反演，得出的 2010 年研究区的城镇用地扩展概率表面，如图 8－7 所示。基于 GWLR 模型得到的城镇用地扩展概率表面可较好地表征研究区现状城镇用地（2010 年）的空间分布特征，体现出其“一核、三元、多组团”的总体布局与发展趋势。

2. SLEUTH 模型排除层的设置

在 SLEUTH 模型排除层的设置中，各地块单元的排除概率参考地理加

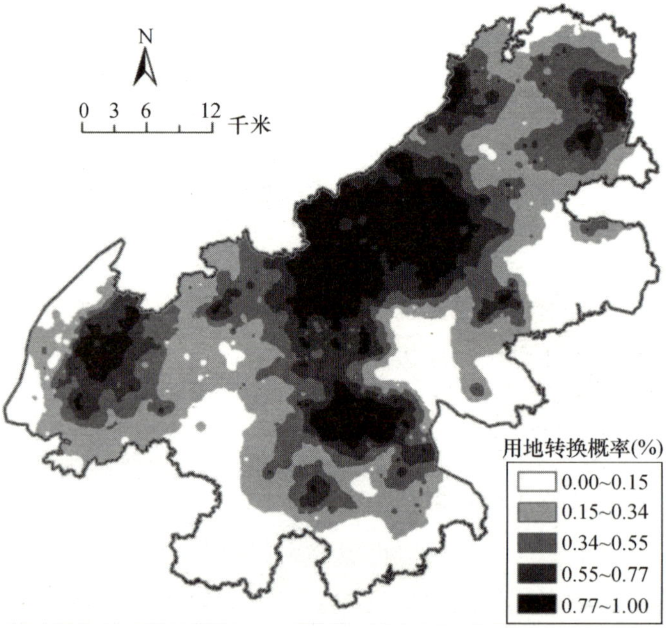

图 8－7　基于 GWLR 模型的历史时期城镇用地扩展概率表面示意图

权逻辑回归（GWLR）模型输出的城镇用地扩展概率表面综合确定，具体处理过程为：首先，将 2010 年现状城镇用地斑块的排除概率赋值为 0，表示对应地块单元已城镇化。其次，大面积水域、核心生态保护区是研究区重要的生态用地，生态系统服务价值高，严格的生态环境政策将极大地限制其转为城镇用地，故排除概率赋值为 1 以排除其城镇化的可能性。最后，其他地域的排除概率则由 1 减去对应的 GWLR 模型输出的城镇用地转换概率来确定。借助 GIS 空间分析中栅格计算器（Raster Calculator）工具，通过编辑 CON 条件函数进行运算，计算结果如图 8－8 所示。总体而言，融合 GWLR 模型与 SLEUTH 模型，能够有效地降低传统的 SLEUTH 模型排除层设置过程中的主观人为因素作用，可使城镇用地扩展的时空演进预测更客观和准确。

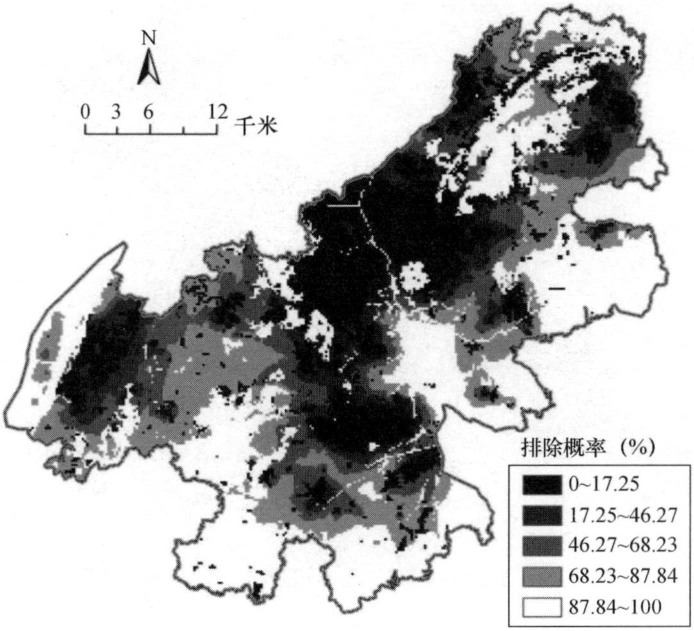

图 8－8　基于城镇用地扩展概率表面的 SLEUTH 模型排除层设置

（二）未来城镇用地扩展的预测结果

利用 SLEUTH 模型对城镇用地扩展进行模拟与预测有两个重要的基本假设：第一，未来的城镇用地扩展可以由历史数据模拟预测获得；第二，城镇用地扩展是一个持续增长的连续过程，不存在城镇用地向非城镇用地转变（米丽娜，2008）。调用 SLEUTH 模型的预测模块，输入校准阶段所获取的最优控制参数组合（BSS）以及研究区 2020 年规划的交通图层，经多次蒙特卡洛（Monte Carlo）迭代运算得到研究区 2011～2030 年连续的城镇用地扩展概率图，并从中选择 2020 年、2030 年两个关键年份的城镇用地扩展概率图进行分析，如图 8－9 所示。

SLEUTH 模型预测年份的高、低概率城镇化区域以 85% 为阈值（Rafiee et al.，2009）。本研究将未来的高概率城镇化区域作为预测年份研

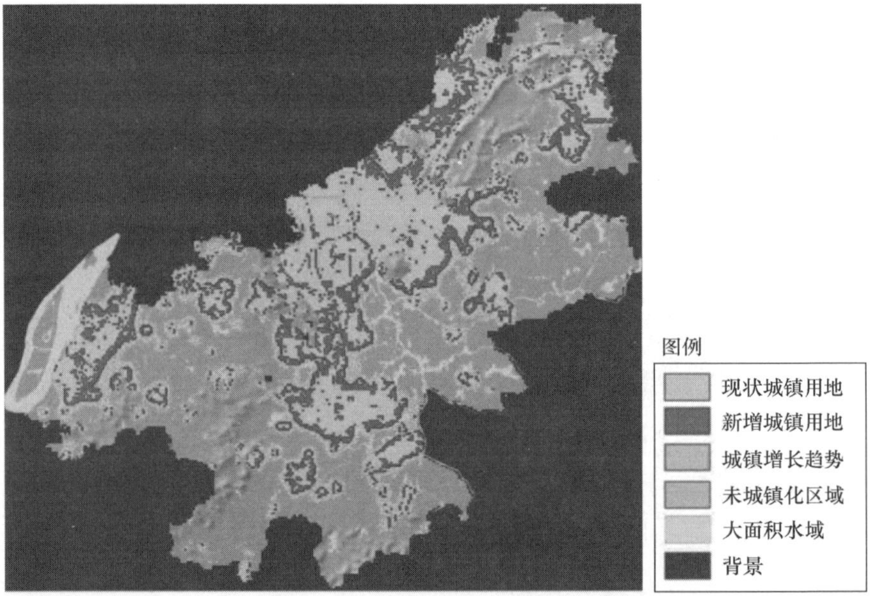

(a) 2020年城镇用地扩展

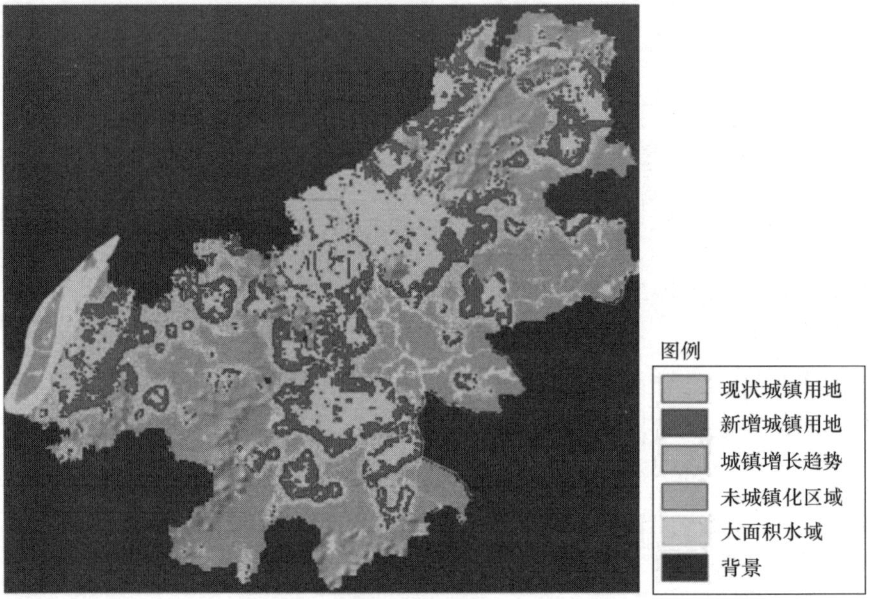

(b) 2030年城镇用地扩展

图 8－9　研究区 2020 年、2030 年城镇用地扩展概率示意图

究区的新增城镇用地，低概率城镇化区域作为未来城镇用地的扩展趋势。总体而言，预测年份研究区城镇用地扩展较紧凑，呈填充式与外延式增长特征，体现为现状城市斑块的"繁殖"作用，飞地式斑块的数量相对较少，利于实现城市空间的紧凑发展。"轴线开发"是研究区城镇用地扩展的另一特征，在机场高速、沪宁高速等高等级公路两侧区域扩展较快，体现为道路交通对建设用地的牵引作用。

三、研究区未来城镇用地扩展的时空格局

本节从全局、局域特征两个方面探究研究区未来城镇用地扩展的空间格局差异，全局特征主要在宏观上把握研究区未来城镇用地扩展的总体态势；局域特征则采用空间关联分析方法，识别预测年份城镇用地扩展的热点区与冷点区，以期深刻理解其未来的城市空间增长过程，并为相关城市管理部门提供决策支持。

（一）未来城镇用地扩展的总体态势

1. 城镇用地扩展全局特征

延续全局特征计量指数分析方法，继续分析2020年、2030年城镇用地扩展的数量、速率与形态特征，以从宏观上把握研究区由过去至未来的城镇用地扩展动态特征。通过GIS栅格计算得知，2020年、2030年研究区城镇用地面积分别达到44594.19公顷、56269.59公顷，依次为基期（2010年）城镇用地面积的1.45倍、1.83倍（见表8－2）。与之对应，2010～2020年、2020～2030年研究区的城镇用地扩展速率分别为1390.43公顷/年、1167.54公顷/年，扩展强度指数为0.88%、0.74%，较城市快速扩展阶段（1999～2005年和2005～2010年）有所下降（见图8－10）。

究其原因，主要是由于预测年份研究区境内适宜建设的、坡度相对平缓的未城镇化用地不断减少所致，未来的城镇用地扩展受坡度、农地转用以及生态保护等的阻力将会持续不断地增加。

表 8－2　2010 年、2020 年研究区城镇用地扩展总体态势分析

年份	像元个数	城镇用地面积（公顷）	紧凑度	分形维数
2010	7672	30689. 85	0. 27	1. 22
2020	11149	44594. 19	0. 45	1. 13
2030	14067	56269. 59	0. 47	1. 11

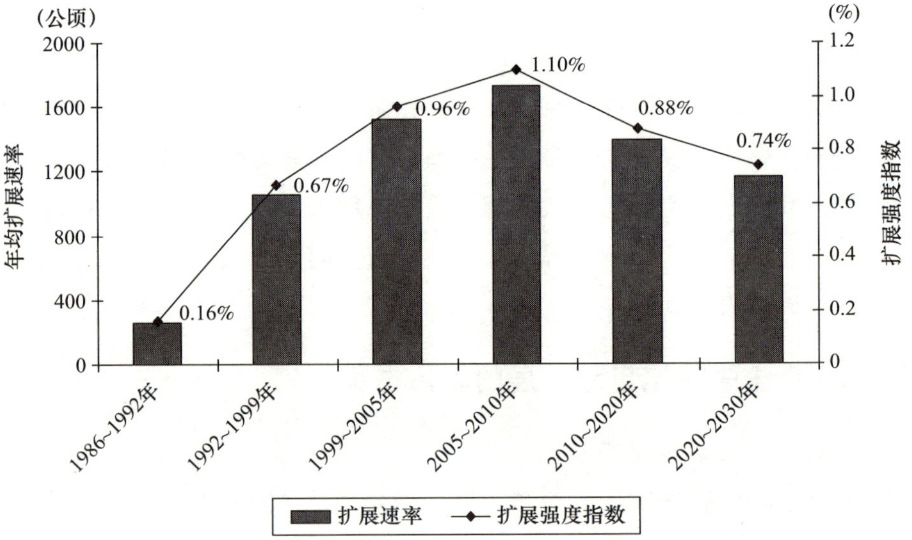

图 8－10　研究区城镇用地扩展速率与扩展强度变化曲线

模型预测结果（见图 8－9）表明，城镇化斑块的“繁殖”效应与道路交通的牵引作用是研究区城镇用地扩展的两种主要方式，新增建设用地与原城镇用地斑块不断融合，总体布局趋于紧凑集中，具有自发性、随机性的“飞地式”斑块较少，较好地保护了研究区境内的农用地、生态用地等其他斑块的完整性。与此对应，反映城市形状的紧凑度指数由2010年的0.27提升至2020年、2030年的0.45、0.47；分形维数则由2010年的1.23下降至2020年、2030年的1.13、1.11（见表8-2），城市空间形态的复杂性降低，城镇用地趋于紧凑发展。

研究区城镇用地重心坐标继续向西南方向迁移，但是空间迁移的距离相对较小（见图8-11）。重心坐标由2010年的（673498.60米，3530706.96米）迁移为2030年的（673157.79米，3530000.00米），空间迁移距离为784.82米，为历史时期（1986~2010年）总迁移长度（3752.30千米）的20.92%。结合城镇用地扩展预测图（见图8-9）进行分析，城镇用地重

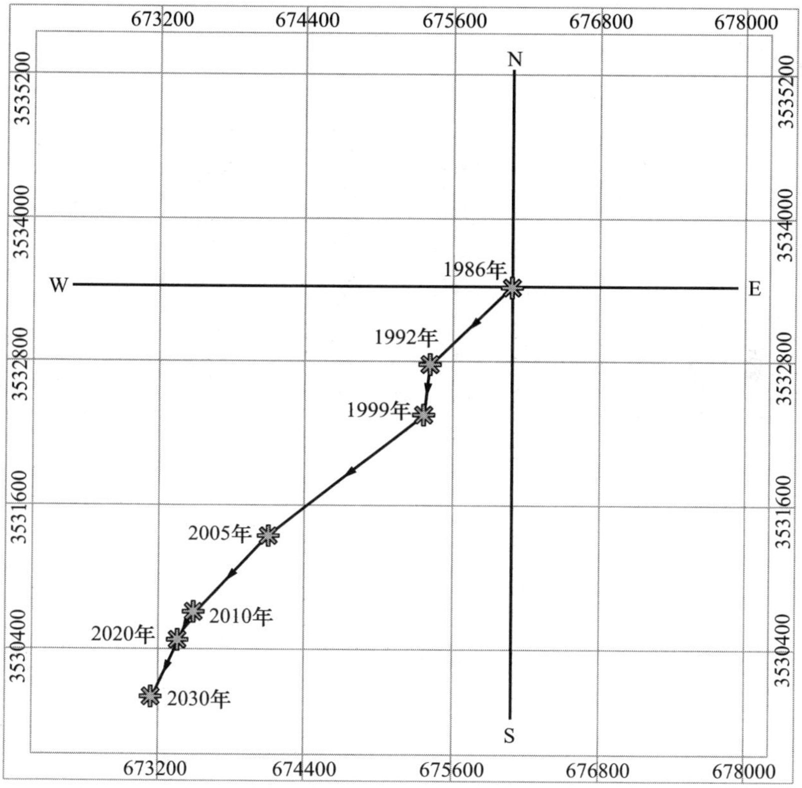

图8-11　研究区城镇用地重心迁移轨迹

心向西南方向迁移主要是受西南面的滨江开发区、空港工业园以及江宁经济技术开发区的继续扩展引致，而东北面的汤山街道以及麒麟街道建设用地的增长有力地缩短了城镇用地重心的迁移距离，各园区、街道的城镇用地扩展分析如下。

2. 分园区、街道城镇用地扩展

江宁共辖10个街道，考虑到开发园区对研究区社会经济发展的巨大推动作用，当地政府部门在其土地管理实践中往往将开发园区单列，并同样赋予土地管理职能。为与研究区土地管理实践保持一致，提高分析结果的实用性，本书分园区、街道对新增城镇用地进行统计，以从宏观上把握研究区新增城镇用地的总体分布特征，统计结果如图8－12和图8－13所示。

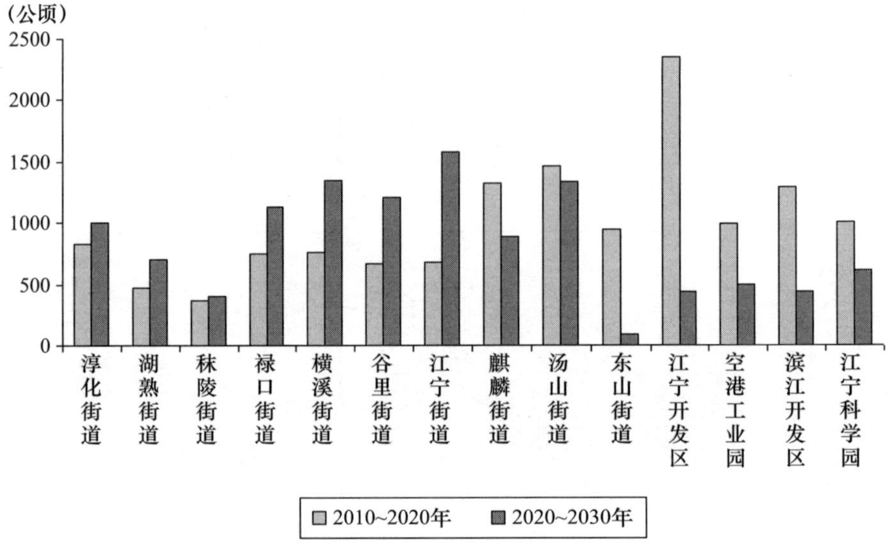

图8－12　研究区2010～2020年、2020～2030年分园区、街道新增城镇用地面积

2010～2020年，研究区新增城镇用地13904.34公顷，其中江宁开发区、滨江开发区、空港工业园、江宁科学园这四个园区依然延续快速用地发展趋势，新增城镇用地合计为5644.79公顷，占总量的40.60％。另外，

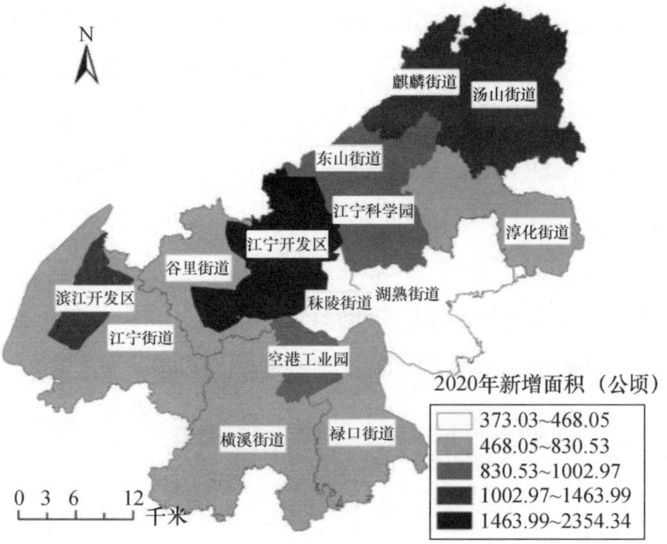

(a) 2010~2020年

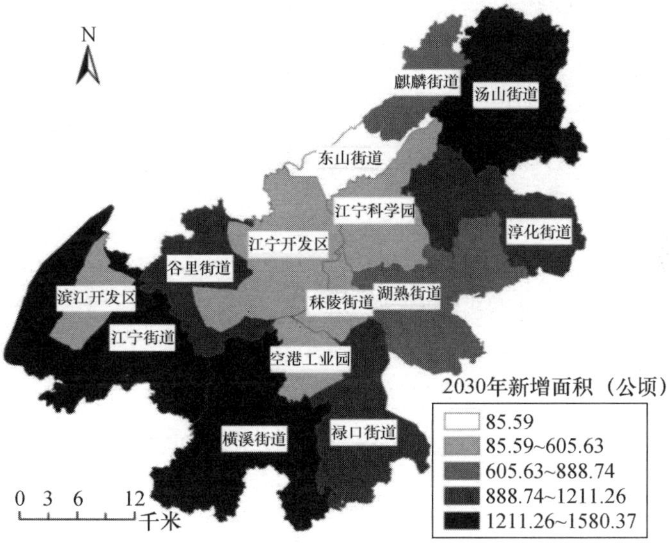

(b) 2020~2030年

图 8－13　研究区 2010～2020 年、2020～2030 年分园区、街道城镇用地增长空间分布示意图

东北面靠近南京主城的东山街道、麒麟街道和汤山街道也是城镇用地扩展的重点区域，新增城镇用地合计为3733.87公顷，占总量的26.85%。其他七个街道城镇用地增长面积相对较小，仅占总量的32.55%。2020～2030年，研究区新城城镇用地11675.40公顷，除汤山街道外，上一阶段快速增长的行政单元，建设用地扩展面积都有不同程度的下降，其中又以位于核心城区的江宁经济技术开发区、东山街道下降最快（见图8-13）。上述七个街道单元的城镇用地扩展面积较上一阶段都有不同程度的增加，其新增建设用地面积为8106.12公顷，占新增总量的63.20%。

（二）未来城镇用地扩展的冷热点区变化

局域尺度冷热点区分析是指选择一定大小的格网作为空间分析单元，通过计算各网格单元的城镇用地扩展强度指数，借助空间关联分析方法探究城镇用地扩展空间格局演进特征的一种方法。本书选取Getis-Ord Gi*空间关联指数，用于测度研究区城镇用地扩展的局域空间聚簇特征，识别高值簇与低值簇的空间位置，也即热点区（Hot Spots）与冷点区（Cold Spots）在空间上的分布，其计算公式如下：

$$\text{Getis-Ord}\quad Gi* = \sum_{j}^{n} w_{ij}(d)x_j / \sum_{j}^{n} x_j \tag{8-1}$$

式中，d为到各空间栅格单元的距离，w_{ij}（d）为以距离规则定义的空间权重，x_i和x_j是第i个、第j个栅格单元的年均扩展强度指数。

研究表明，不同格网尺寸会对城镇用地扩展冷热点区分析产生一定程度的影响，而当格网数约为建设用地斑块数的一半时，此类数据尺度效应相对较低（Sudhira et al.，2004；王磊等，2010）。故根据上述经验公式，确定本书研究的格网尺寸为1千米×1千米，利用GIS工具对研究区进行分割，经划分后研究区格网单元合计1754个，其中包括位于行政区边缘的残缺格网351个。利用空间关联分析方法，分别计算预测近期（2010～2020年）、远期（2020～2030年）各评价单元的城镇扩展强度指数的局域Gi*关联指数，并在Arcgis 9.2平台上采用自然断裂法（Nature Break）将其划分为高值区、次高值区、中值区、低值区四类，进而得到研究区城镇用地扩展的冷、热点区分布图，如图 8 - 14 所示。

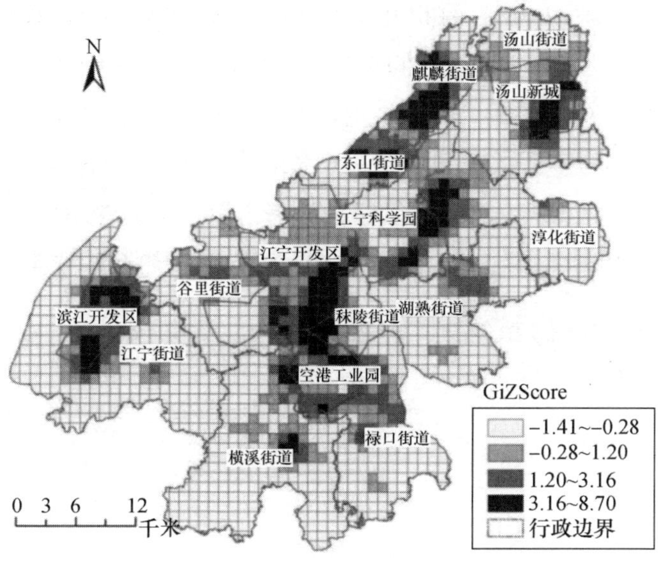

(a) 2010~2020年

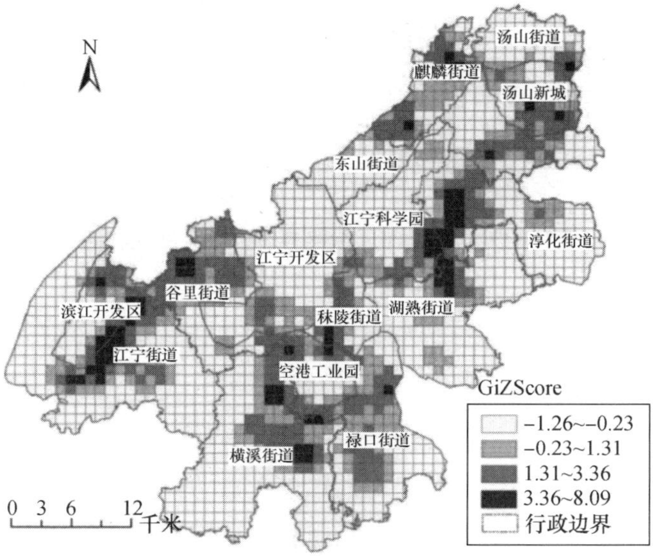

(b) 2020~2030年

图 8 - 14　研究区城镇用地扩展的热点区演变示意图

局域 Gi * 关联指数的高值区、次高值区对应城镇用地扩展的热点区和次热点区，据图 8 – 14 可知，随着预测时间的推移，研究区城镇用地扩展的热点区分布发生迁移与变化。2010 ~ 2020 年，研究区城镇用地扩展的热点区相对较多，局域 Gi * 指数的高值区、次高值区占研究区行政区域面积的比例分别为 7.18%、11.80%（见图 8 – 15），次高值区环绕高值区分布，空间布局较为紧凑。2020 ~ 2030 年，局域 Gi * 指标高值区的比例下降至 4.05%，城镇扩展的热点区数量显著下降，且空间集聚性有所弱化，而次高值区的比例上升至 15.17%，较上一阶段次热点区数量有所提升。

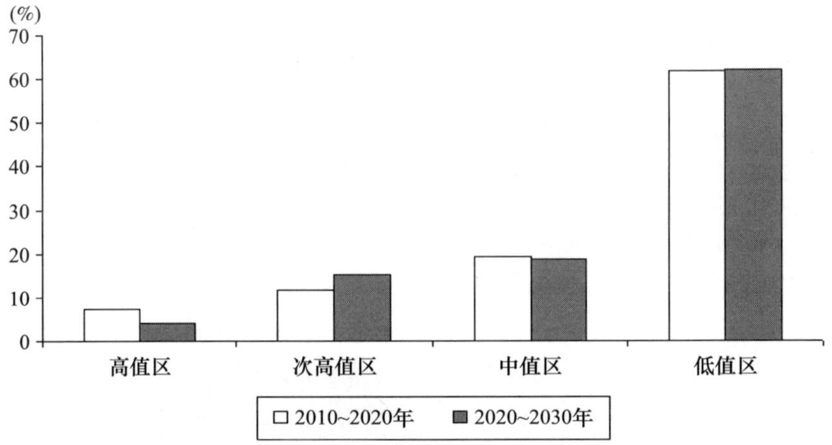

图 8 – 15　局域 Gi * 指标各级别区比例柱状图

2010 ~ 2020 年，研究区城镇用地扩展热点区与次热点区在空间上的分布总体呈现“一核四元双环式”结构。“一核”是指江宁主城区，在其外围产生多个扩展热点区，具体分布于江宁经济技术开发区南部及其外围、江宁科学园东部及其外围、东山街道东部，这些热点区的产生正是核心城区向外围外延式扩展的结果，并由绕城高速公路串联，构成热点区分布的“内环”。“四元”是指滨江开发区、空港工业园、汤山新城以及麒麟街道，这些区域共同构成热点区分布的“外环”。在该时期，江宁开发区、秣陵街道、空港工业园城镇用地将逐渐相连，成为研究区城镇用地扩展的主导方向。

2020~2030年，研究区城镇扩展热点区与次热点区向外推移，总体布局较发散，呈现斜Z字形。滨江开发区东面205国道沿线区域（位于江宁街道和谷里街道内部），空港工业园外围区域（位于横溪街道）以及江宁科学园西南部区域（位于淳化街道、湖熟街道）的城镇用地得到快速扩展。城市发展的核心边缘化特征明显，“一核四元”率先得到发展，当人口、产业、资本集聚到一定程度后，在扩散效应的作用下带动周边区域的发展。另外，其余城镇扩展热点区以填充式开发为主，在空间上主要零散分布于麒麟街道、汤山街道，相关城市管理部门需逐渐重视该区域的旧城改造工作，提高土地利用的效率，加强土地利用结构调整与空间布局优化。

四、研究区未来城镇用地扩展的管控对策

自20世纪六七十年代，西方发达国家的城镇化历程先后经历了人口郊区化、工业郊区化、商业郊区化以及办公郊区化的浪潮。20世纪末，针对郊区化发展引发的城市蔓延问题，“精明增长”理念率先由美国规划师与环境学者提出，并被广泛应用于美国联邦政府、州和地方政府的城市发展实践中。“精明增长”理念可以认为是一类协调城市发展的新型理论工具，通过划定城市增长边界、大力发展公共交通、提倡土地混合使用、提高土地利用效率、保护城市开敞空间、鼓励规划公众参与等措施来解决城市蔓延中出现的社会、经济、环境问题（Song，2005）。本节借鉴城市“精明增长”理念，从城镇用地扩展的空间引导、对策措施两个方面对研究区未来城镇用地扩展进行管控。

（一）未来城镇用地扩展的空间引导

在郊区化发展背景下，城市增长边界（Urban Growth Boundary，UGB）被视为应对城市无序蔓延与扩展的空间政策响应，同时也是实现城市“精明增长”的重要技术手段，当前已经在美国和其他西方国家得到成功的应用。按发展期限划分，城市增长边界可以划分为弹性 UGB 和刚性 UGB，弹性 UGB 通常是指规划确定的适建区范围，也即最大城市发展空间；刚性 UGB 则是指规划近期需要开发的刚性土地总量与空间范畴。近年来，针对中国快速城镇化过程引发的耕地资源流失、生态环境破坏、土地利用效率低下等问题，国内众多学者也正在逐渐开展城市增长边界的理论与实践研究。同时，2006 年实施的《城市规划编制办法》要求在总体规划和中心城区规划的编制过程中，应“研究空间增长边界，提出建设用地规模和建设用地范围”，以引导城市空间紧凑发展，实现土地集约利用，但并未提出 UGB 划定的技术规范与管理措施。

传统的 UGB 划定技术往往缺乏有效的分析方法和科学依据，主观随意性较大，在控制与引导城镇用地发展方面的成效并不明显（Han and Dang，2008；徐毅松等，2009）。本书研究基于前述 SLEUTH 模型城镇用地扩展模拟的预测结果，划定江宁都市新区的弹性和刚性城市增长边界。综合考虑地形坡度、农地转用制约以及生态保护等自然人文因素，江宁都市新区未来的城镇化进程应走紧凑型道路，需要控制城镇建设用地的扩张，故弹性 UGB 范围采用前述 2030 年的城镇用地扩展预测图划定（见图 8－9（a）），确定 2030 年城市建成区范围为研究区未来城市空间扩展的最大发展边界；刚性 UGB 指城市近期允许的发展空间，依据前述 2020 年城镇用地扩展预测图（见图 8－9（b））划定，也即 2020 年的城市建成区范围，在其外围强制要求不能进行城市建设。

（二）未来城镇用地扩展的对策措施

1. 把握未来城市重点发展用地，提前做好土地开发准备工作

本书对研究区未来城镇用地扩展时空格局的分析结论，有利于准确把

握研究区未来城市发展的重点用地，可为相关部门城市土地管理工作尤其是“两规”空间协调提供参考。在土地利用规划自上而下刚性指标的约束下，城市规划的未来发展用地需求往往较难得到满足，本书基于 SLEUTH 元胞自动机模型的江宁都市新区城市增长的时空演进模拟，能够准确地回答未来城市建设急需的用地布局问题。2010～2020 年，研究区城镇用地扩展热点区与次热点区分布总体呈现“一核四元双环式”结构，主城区、秣陵街道、空港工业园城镇用地将逐渐相连，成为研究区城镇用地扩展的重点地域；2020～2030 年，热点区与次热点区发生转移和变迁，总体布局较发散，呈现斜 Z 字形特征，位于各开发园区外围的各街道城镇用地得到快速扩展（见图 8－14）。相关城市管理部门需以城市空间规划为依据，根据本书研究的图件成果，提前做好土地收购储备、基础设施布设、热点区控规覆盖等土地开发前期准备工作，加强对城市土地供应的调控，使有限的建设用地指标尽量满足研究区城市建设以及重点项目的用地需求。

2. 提高开发园区用地门槛，促进工业用地的节约集约利用

到开发园区的距离（DIS_ INDU）是江宁都市新区快速扩展阶段（1999～2010 年）最重要的主控因子，工业集聚效应成为研究区城镇用地转变的核心驱动力，代表了一类以政府力量为主导的自上而下城镇化成片推进的发展模式，是研究区用地发展的典型特征之一。区内各开发园区在成立初期为了加速发展实施了“基础设施适度超前”的策略并采取了宽松的土地政策，位于核心城区的江宁经济技术开发区（简称江宁开发区）、江宁科学园以及西面的滨江开发区和南面的空港工业园是历史时期研究区城镇用地扩展的热点区域，土地利用较粗放。经过多年的发展与积累，各开发园区已经具备了较好的经济基础，对于新引进的工业项目，应该严格审核其投资规模、规划容积率等指标，坚决拒绝未达到投资门槛的企业项目，以促进园区内土地的节约与集约利用。当前江宁都市新区正处于土地利用外延和内涵并举的发展阶段，既要积极利用外延拓展机会，又要重视已有建设用地利用效率的提升，制定出一套与用地指标、优惠政策以及政绩考核密切挂钩供—用监管考评指标体系也是实现开发园区土地集约利用

的重要诉求。

3. 完善与整合城市内部交通网络，实施交通先行的土地开发策略

研究区城镇用地扩展驱动机制的研究表明，在慢速和增速扩展阶段（1986～1999年），由城市主、次干道组成的城市交通网络是研究区城镇用地扩展的主控因子，其中次干道对土地城镇化的牵引作用更突出；1999～2010年快速扩展阶段，城市主、次干道的作用较上一阶段有所下降，但城市次干道的牵引作用依然大于主干道，且对研究区中部区域的边际驱动效应要大于东、西两侧区域。上述研究结论表明，城市内部交通网络能够显著地促进周边土地发生城镇用地转变，充分表明“交通引导开发”的先期引导策略在研究区有其实现的理论基础。完善与整合城市内部交通网络将有助于加强城镇组团间的有机联系与融合，促进研究区城镇空间布局的调整与优化。TOD（Transit - Oriented Development）发展模式则是土地开发交通先行策略的重要方面，该模式成功运用的关键在于政府行动领先于市场需求，在城市尚未成片开发的区域，先期导入公共交通等基础设施，引导城镇用地扩展的方向与布局。相关政府部门应继续推进区域内的公路网络化工程，逐渐完善与整合“外成环、内成网、环网相连，快速便捷”的交通格局，优先发展城市公共交通，尤其对未来城镇用地扩展的重点区域，先期引入TOD土地利用开发模式，充分发挥城市内部交通网络对土地城镇化的牵引作用。

4. 提高空间规划的合理性与严肃性，发挥其对城镇用地扩展的引导作用

研究区快速扩展阶段（1999～2010年）城镇用地转变的各驱动因子中，空间规划对城镇用地扩展的导向作用存在一定的局限性，PLAN变量系数值在全局范围内普遍偏小。在土地利用活跃的城乡接合部区域，突破刚性指标、违反规划布局的现象普遍存在，规划的编制、实施缺乏合理性与严肃性，不能有效发挥空间规划应有的引导与管控作用。在这样的背景下，提倡规划的公众参与制度，综合各方的利益与意见，让空间规划的编制与实施过程接受广大公众的监督，有利于提高空间规划编制的合理性。

另外，本书基于地理加权逻辑回归（GWLR）模型的城镇用地扩展驱动机制空间异质性研究，能够准确地刻画各因子驱动效应的空间差异特征，从而判断研究区不同地域内城镇用地转变的主导因子及限制因子，这些主控因子若能在空间规划中予以考虑，也能提升规划编制的科学性。例如，需要发展或保护某一具体片区，可从该片区土地城镇化的主控因子入手，在空间规划的编制过程中鼓励或限制对应城市要素设施的布设，从而达到促进或抑制所在区域城镇用地转变的目的。

第九章　研究结论与展望

一、研究结论

本书按照总体态势—过程格局—驱动机制—预测管控研究框架，对江宁都市新区城镇用地扩展过程、机理的时空异质性以及未来城镇用地扩展的时空格局和管控对策进行了系统研究，主要结论如下：

（一）借助 GIS 分析方法，深化、细化了已有城镇用地扩展过程格局的研究，研究区城镇用地扩展呈现强劲势头，城市空间结构已由“单中心”向“一主、三核、多组团”转型，扩展形式以外延式为主导，飞地式、填充式等多种形式并存

1986～2010 年，江宁都市新区城镇用地扩展迅速，城镇用地面积增长了 6.68 倍，城市形态的复杂性先增加、后降低，呈现强劲的发展态势。研究区城镇用地扩展经历了慢速扩展（1986～1992 年）、增速扩展（1992～1999 年）与快速扩展（1999～2010 年）三个阶段，空间结构已由“单中心”向“一主、三核、多组团”转型，扩展成外延式、飞地式、填充式等多种形式并存。在慢速扩展和增速扩展阶段，城镇用地扩展速率较慢且具

有各向异性的空间特点，扩展形式以外延式为主，飞地式特征较明显。在快速扩展阶段，受开发区及新城建设的引导，城镇用地扩展速率加快且偏西南方向，扩展形式仍以外延式为主，填充式也占有相当比例并逐渐加大；城乡梯度带的景观格局发生剧烈变化，多中心格局显现，城镇用地扩展受到耕地保护、用地指标、生态环境等的制约。

（二）研究区不同阶段城镇用地扩展的驱动机制存在差异，与我国第三、第四波城市化进程相呼应。慢速和增速阶段的主控因子为交通“牵引”与斑块“繁殖”，快速扩展阶段的关键因素为工业集聚效应，各阶段填充式、外延式、飞地式扩展的主控因子又存在异同

叶嘉安等（2006）将新中国成立以来我国城市化进程划分为四个主要波，其中第三波城市化始于20世纪80年代末期，大都市郊区化日益明显，新区建设方兴未艾。与之对应，在慢速扩展与增速扩展阶段（1986～1999年），交通网络的牵引与城镇斑块的“繁殖”是研究区城镇用地扩展的重要驱动力，“轴线开发”是城镇用地扩展的主导形态，其中城市次干道的牵引作用要大于主干道；水域、林地在该时期城镇用地扩展过程中未得到有效保护。在这两个阶段，除受次干道、城镇斑块两个主控因子影响外，填充式、外延式扩展还分别受城市主次中心、主干道的影响；飞地式扩展则主要受交通可达性的影响。

第四波城市化则始于21世纪初，城市内部空间频繁重组，城市中心重点发展服务业，“退二进三”、“退城进园”的过程加剧。与之对应，快速扩展阶段（1999～2010年），研究区的工业聚集效应逐渐增强，政府主导的开发区建设、自上而下成片推进是城镇用地扩展的主导模式；城市内部交通（次干道、地铁站点）、核心城区集聚效应也对城镇用地扩展的驱动明显，空间规划的作用则存在局限性；扩展过程中注重了对生态用地尤其是水域的保护。该阶段，开发园区、次干道、城镇斑块是填充式、外延式扩展的主控因子，地铁站点、镇街中心对填充式扩展的驱动作用不容忽

视；飞地式扩展则主要受镇街中心、空间规划的影响。

（三）较之 SELR 模型，GWLR 模型能够有效刻画因子驱动效应的空间非平稳性特征，确定主控因子的关键作用地域，揭示城镇用地扩展驱动机制的空间异质性

对比空间扩展逻辑回归（SELR）模型、地理加权逻辑回归（GWLR）模型对研究区快速扩展阶段（1999～2010 年）的城镇用地扩展驱动机制研究结果，GWLR 模型的解释能力比 SELR 模型高出 5 个百分点，各项评价参数相对较优，能有效刻画因子作用的离散性、突变性和跳跃性特征。开发园区作为关键的主控因子之一，对其周边土地城镇化的促进作用显著，体现了研究区城镇用地扩展集中集聚成片推进的特征。其中，远郊滨江开发区、空港工业园的扩展是大量工业用地需求引致，近郊江宁科学园的扩展则与大学城各高校新校区的建设密切相关。次干道对研究区中部区域的城镇用地扩展促进强烈，表明“交通引导开发”的交通先行策略在该区域土地开发起关键作用。受工业集聚效应的影响，城镇斑块的“繁殖”作用在远郊滨江开发区最强，城镇用地扩展具连续性。地铁作为江宁都市新区的新空间要素，对区域城镇用地转变的效应显著，有力地促进了沿线区域的土地城镇化，拉伸了城市的发展框架。

（四）研究区未来城镇用地扩展的速率下降，空间形态趋于紧凑，城镇用地扩展的热点区将会发生变化，城市发展的核心边缘化特征明显

融合 SLEUTH 模型与 GWLR 模型的城镇用地扩展预测结果表明，受坡度、农地转用、生态保护等的制约，研究区未来城镇用地扩展的速率将逐渐下降，城市空间形态的复杂性也将降低，城镇用地趋于紧凑式发展。在局域特征方面，未来研究区城镇用地扩展的热点区域将会发生变化，2010～2020 年，城镇用地扩展热点区、次热点区的分布总体呈现“一核四元双环式”结构，核心城区、滨江新城、禄口新城、汤山新城和麒麟街道扩展迅

速；2020～2030年，城镇用地扩展热点区、次热点区将向外推移，总体分布较发散，呈斜Z字形，城市发展的核心边缘化特征明显。"一核四元"率先得到发展，当人口、产业、资本集聚到一定程度后，在扩散效应的作用下带动周边区域的发展。为有效管控城镇用地扩展、提升用地效益，应划定城市增长边界、把握重点发展用地、整合城市内部交通、节约集约利用土地等。

二、研究创新点

本书试图在以下方面能有所创新：

第一，建立了转型背景下都市新区城镇用地扩展动力分析的理论框架。基于经济转型背景对城镇用地总量增长的影响因素进行分析，进一步选取集聚性、通达性、适宜性、空间规划四类要素对城镇用地空间扩展的驱动机制展开理论阐述，为都市新区城镇用地扩展的机理研究提供新的分析视角。

第二，开展了不同形式下城镇用地扩展的机制研究，并探究了因子驱动效应的空间非平稳性。首先，在扩展形式空间划分的基础上，识别了研究区填充式、外延式和飞地式三种类型在不同扩展阶段的主控因子；其次，引入两类空间异质模型，择优探讨研究区城镇用地扩展驱动机制的空间异质性，揭示了因子驱动效应的空间差异特征，深化了都市新区城镇用地扩展驱动机制的研究。

第三，进行了城镇用地扩展预测的方法融合与改进。将SLEUTH元胞自动机模型与地理加权逻辑回归（GWLR）模型融合，基于GWLR模型输出的城镇用地扩展概率表面设置SLEUTH模型的排除层，降低排除层设置的主观性，改进与优化了SLEUTH模型预测方法。

三、未来研究展望

由于数据条件、写作时间以及本人学术水平限制，本书研究还存在诸多不足，有待进一步深入研究。主要体现在以下方面：

第一，尽管本书研究基于经济转型背景，从人口城镇化、市场化、分权化、全球化四个方面对江宁都市新区城镇用地的总量增长进行了宏观分析，并进一步开展了其社会经济影响因素的定量实证研究。但存在两个方面的问题：一是人口城镇化、市场化、分权化、全球化对应的四维动力社会力、市场力、政府力、外向力，在选取相应指标进行表征时，指标选取方面还值得商榷和进一步研究；二是受制于研究区的区县尺度，镇街层面的截面数据统计不全，仅用时序数据对城镇用地总量增长的影响因素进行回归，数据量偏少，可能在一定程度上影响研究结论。

第二，在研究区城镇用地扩展过程格局、驱动机制的时空异质性研究中，受数据可获取性与写作时间的制约，本书研究并未对不同功能城镇用地扩展的演化过程及驱动机制进行分析。商业、居住、工业用地是城市内部的三类主要城镇功能用地，其扩展的时空过程与格局存在差异，主控因子也不尽相同。对各类城镇功能用地扩展的时空异质性进行研究有利于研究区城镇用地的功能结构调整与空间格局优化，是当前城市土地利用研究的热点与难点。因此，未来将对这一内容进行深入与细化研究。

第三，经济转型背景下城市发展的复杂性导致影响城镇用地扩展的宏观因素普遍存在，使得基于微观层面的自下而上建模思路的元胞自动机模型在城镇用地扩展中的应用存在局限性。本书城镇用地扩展模拟与预测中，缺乏对经济、社会、政策等宏观因素的考虑，且未开展不同情景模拟的对比分析，预测结果只能体现填充式、外延式两种扩展形式，对具有突变特征的飞地式反映不足。未来研究应从系统角度综合考虑影响城镇用地扩展的各类宏、微观因素，采用自下而上与自上而下相结合的多智能体系统建模思路，构建新的城市增长模型，并充分模拟与评估未来可能的城市发展情景。

参考文献

[1] Anderson G, Ge Y. Do Economic Reforms Accelerate Urban Growth? [J]. Urban Studies, 2004, 41 (11): 2197 - 2210.

[2] Angel S, Parent J, Civco D L, *et al.* The Dimensions of Global Urban Expansion: Estimates and Projections for All Countries, 2000 - 2050 [J]. Progress in Planning, 2011, 75 (2): 53 - 107.

[3] Angel S, Sheppard S C, Civco D L. The Dynamics of Global Urban Expansion [M]. The World Bank, 2005.

[4] Azadi H, Ho P, Hasfiati L. Agricultural Land Conversion Drivers: A Comparison Between Less Developed, Developing and Developed Countries [J]. Land Degradation and Development, 2011, 22 (6): 596 - 604.

[5] Bagan H, Yamagata Y. Landsat Analysis of Urban Growth: How Tokyo Became the World's Largest Megacity During the Last 40 Years [J]. Remote Sensing of Environment, 2012, 127 (1): 210 - 222.

[6] Bhatta B. Analysis of Urban Growth Pattern Using Remote Sensing and GIS: A Case Study of Kolkata, India [J]. International Journal of Remote Sensing, 2009, 30 (18): 4733 - 4746.

[7] Bitter C, Mulligan G F, Dallerba S. Incorporating Spatial Variation in Housing Attribute Prices: A Comparison of Geographically Weighted Regression and the Spatial Expansion Method [J]. Journal of Geographical Systems, 2007,

9 (1): 7 -27.

[8] Braimoh A K, Onishi T. Spatial Determinants of Urban Land Use Change in Lagos, Nigeria [J]. Land Use Policy, 2007, 24 (2): 502 -515.

[9] Camagni R, Gibelli M C, Rigamonti P. Urban Mobility and Urban Form: The Social and Environmental Costs of Different Patterns of Urban Expansion [J]. Ecological Economics, 2002, 40 (2): 199 -216.

[10] Casetti E. Generating Models by the Expansion Method: Applications to Geographical Research [J]. Geographical analysis, 1972, 4 (1): 81 -91.

[11] Castella J C, Verburg P H. Combination of Process - Oriented and Pattern - Oriented Models of Land - Use Change in a Mountain Area of Vietnam [J]. Ecological Modelling, 2007, 202 (4): 410 -420.

[12] Cheng H Q, Masser I. Urban Growth Pattern Modeling: A Case Study of Wuhan City, PR China [J]. Landscape and Urban Planning, 2003, 62 (4): 199 -217.

[13] Cho S, Hong S, Kim J, *et al.* Design of Urban Growth Probability Model by Using Spatial Association Rules [J]. Knowledge - Based Intelligent Information and Engineering Systems, 2007, 4692 (1): 354 -362.

[14] Chow G C, Li K W. China's Economic Growth: 1952 -2010 [J]. Economic Development and Cultural Change, 2002, 51 (1): 247 -256.

[15] Clarke K C, Gaydos L J. Loose - Coupling a Cellular Automaton Model and GIS: Long - Term Urban Growth Prediction for San Francisco and Washington/Baltimore [J]. International Journal of Geographical Information Science, 1998, 12 (7): 699 -714.

[16] Clarke K C, Hoppen S, Gaydos L. A Self - Modifying Cellular Automaton Model of Historical Urbanization in the San Francisco Bay Area [J]. Environment and Planning B, 1997, 24 (2): 247 -261.

[17] Conzen M R G. Alnwick, Northumberland: a study in town - plan analysis [J]. Transactions and Papers (Institute of British Geographers), 1960

(1): iii - 122.

[18] Deng X Z, Huang J K, Rozelle S, *et al.* Economic Growth and the Expansion of Urban Land in China [J]. Urban Studies, 2010, 47 (4): 813 - 843.

[19] Deng X Z, Huang J K, Rozelle S, *et al.* Growth, Population and Industrialization, and Urban Land Expansion of China [J]. Journal of Urban Economics, 2008, 63 (1): 96 - 115.

[20] Ding C R. Foreign Direct Investment and Urban Growth in China [J]. Urban Studies, 2014, 51 (1): 221 - 223.

[21] Erickson R A. The evolution of the suburban space economy [J]. Urban Geography, 1983, 12 (4): 95 - 121.

[22] Fan C C. The Temporal and Spatial Dynamics of Income and Population Growth in Ohio, 1950 - 1990 [J]. Regional Studies, 1994, 28 (3): 241 - 258.

[23] Fan F L, Wang Y P, Wang Z S. Temporal and Spatial Change Detecting (1998 - 2003) and Predicting of Land Use and Land Cover in Core Corridor of Pearl River Delta (China) by Using Tm and ETM + Images [J]. Environmental Monitoring and Assessment, 2008, 137 (1 - 3): 127 - 147.

[24] Fazal S. Urban Expansion and Loss of Agricultural Land: A GIS Based Study of Saharanpur City, India [J]. Environment and Urbanization, 2000, 12 (2): 133 - 149.

[25] Fik T J, Ling D C, Mulligan G F. Modeling Spatial Variation in Housing Prices: A Variable Interaction Approach [J]. Real Estate Economics, 2003, 31 (4): 623 - 646.

[26] Foley J A, Defries R A, Gregory P, *et al.* Global Consequences of Land Use [J]. Science, 2005, 309 (5734): 570 - 574.

[27] Forman R T. Land Mosaics: The Ecology of Landscapes and Regions [M]. Cambridge University Press, 1995.

[28] Green K, Kempka D, Lackey L. Using Remote Sensing To Detect and Monitor Land - Cover and Land - Use Change [J]. Photogrammetric Engi-

neering and Remote Sensing, 1994, 60 (3): 331 -337.

[29] Guneralp B, Reilly M K, Seto K C. Capturing Multiscalar Feedbacks in Urban Land Change: A Coupled System Dynamics Spatial Logistic, Approach [J]. Environment and Planning B, 2012, 39 (5): 858 -879.

[30] Guo L Y, Wang D L, Qiu J J, *et al.* Spatial - Temporal Patterns of Land Use Change along the Bohai Rim in China during 1985 - 2005 [J]. Journal of Geographical Sciences, 2009, 19 (5): 568 -576.

[31] Han J, Hayashi Y, Cao X, *et al.* Evaluating Land - Use Change in Rapidly Urbanizing China: Case Study of Shanghai [J]. Journal of Urban Planning and Development, 2009, 135 (4): 166 -171.

[32] He C F, Wei Y, Xie X Z. Globalization, Institutional Change, and Industrial Location: Economic Transition and Industrial Concentration in China [J]. Regional Studies, 2008, 42 (7): 923 -945.

[33] Herold M, Couclelis H, Clarke K C. The Role of Spatial Metrics in the Analysis and Modeling of Urban Land Use Change [J]. Computers, Environment and Urban Systems, 2005, 29 (4): 369 -399.

[34] Huang J G, Lu X X, Sellers J M. A Global Comparative Analysis of Urban Form: Applying Spatial Metrics and Remote Sensing [J]. Landscape and Urban Planning, 2007, 82 (4): 184 -197.

[35] Jantz C A, Goetz S J, Donato D, *et al.* Designing and Implementing a Regional Urban Modeling System Using the SLEUTH Cellular Urban Model [J]. Computers Environment and Urban Systems, 2010, 34 (1): 1 -16.

[36] Ji C Y, Liu Q H, Sun D F, *et al.* Monitoring Urban Expansion with Remote Sensing in China [J]. International Journal of Remote Sensing, 2001, 22 (8): 1441 -1455.

[37] Jin H H, Qian Y Y, Weingast B R. Regional Decentralization and Fiscal Incentives: Federalism, Chinese Style [J]. Journal of Public Economics, 2005, 89 (10): 1719 -1742.

[38] Kim J, Kang Y, Hong S, *et al.* Extraction of Spatial Rules Using a Decision Tree Method: A Case Study in Urban Growth Modeling [J]. Knowledge – Based Intelligent Information and Engineering Systems, 2006, 4251 (1): 203 – 211.

[39] Knox P L, McCarthy L. Urbanization: An Introduction to Urban Geography [M]. Pearson Prentice Hall, 2005.

[40] Lambin E F, Helmut J. Land Use and Land Cover Change: Local Processes and Global Impacts [M]. Springer, 2006.

[41] Lambin E F, Turner B L, Geist H J, *et al.* The Causes of Land – Use and Land – Cover Change: Moving Beyond the Myths [J]. Global Environmental Change, 2001, 11 (4): 261 – 269.

[42] Lamparte A, Riveira I S, Maseda R C. Analysis of the Factors That Determine the Evolution of Land Use in Small Urban Settlements in the North Coast of Galicia [J]. Boletin De La Asociacion De Geografos Espanoles, 2010 (54): 57 – 67.

[43] Lauf S, Haase D, Hostert P, *et al.* Uncovering Land – Use Dynamics Driven by Human Decision – Making: A Combined Model Approach Using Cellular Automata and System Dynamics [J]. Environmental Modelling and Software, 2012, 272 (8): 71 – 82.

[44] Li H, Reynolds J F. On Definition and Quantification of Heterogeneity [J]. Oikos, 1995, 73 (2): 280 – 284.

[45] Li J, Zhao H M. Detecting Urban Land – Use and Land – Cover Changes in Mississauga Using Landsat Tm Images [J]. Journal of Environmental Informatics, 2003, 2 (1): 38 – 47.

[46] Li X H, Lin T, Zhang G Q, *et al.* Dynamic Analysis of Urban Spatial Expansion and Its Determinants in Xiamen Island [J]. Journal of Geographical Sciences, 2011, 21 (3): 503 – 520.

[47] Li X M, Zhou W Q, Ouyang Z Y. Forty Years of Urban Expansion in

Beijing: What is the Relative Importance of Physical, Socioeconomic, and Neighborhood Factors? [J]. Applied Geography, 2013 (38): 1 – 10.

[48] Liao H F, Wei Y D. Modeling Determinants of Urban Growth in Dongguan, China: A Spatial Logistic Approach [J]. Stochastic Environmental Research and Risk Assessment, 2012, 12 (1): 1 – 16.

[49] Ligtenberg A, Wachowicz M, Bregt A K, *et al.* A Design and Application of a Multi – Agent System for Simulation of Multi – Actor Spatial Planning [J]. Journal of Environmental Management, 2004, 72 (1 – 2): 43 – 55.

[50] Lin G. Regional Development in China: States, Globalization, and Inequality [J]. Environment and Planning A, 2003, 35 (5): 947 – 948.

[51] Lin G. The Growth and Structural Change of Chinese Cities: A Contextual and Geographic Analysis [J]. Cities, 2002, 19 (5): 299 – 316.

[52] Lin Y P, Lin Y B, Wang Y T, *et al.* Monitoring and Predicting Land – Use Changes and the Hydrology of The Urbanized Paochiao Watershed in Taiwan Using Remote Sensing Data, Urban Growth Models and a Hydrological Model [J]. Sensors, 2008, 8 (2): 658 – 680.

[53] Liu J Y, Zhang Z X, Xu X L, *et al.* Spatial Patterns and Driving Forces of Land Use Change in China during the Early 21st Century [J]. Journal of Geographical Sciences, 2010, 20 (4): 483 – 494.

[54] Liu J Y, Zhan J Y, Deng X Z. Spatial – Temporal Patterns and Driving Forces of Urban Land Expansion in China during the Economic Reform Era [J]. Ambio, 2005, 34 (6): 450 – 455.

[55] Liu Y, Yue W Z, Fan P L. Spatial Determinants of Urban Land Conversion in Large Chinese Cities: A Case of Hangzhou [J]. Environment and Planning B – Planning & Design, 2011, 38 (4): 706 – 725.

[56] Loibl W, Toetzer T. Modeling Growth and Densification Processes in Suburban Regions – Simulation of Landscape Transition With Spatial Agents [J]. Environmental Modelling & Software, 2003, 18 (6): 553 – 563.

[57] Long H L, Wu X Q, Wang W J, *et al.* Analysis of Urban – Rural Land – Use Change During 1995 – 2006 and Its Policy Dimensional Driving Forces in Chongqing, China [J]. Sensors, 2008, 8 (2): 681 – 699.

[58] Lopez T D, Aide T M, Thomlinson J R. Urban Expansion and the Loss of Prime Agricultural Lands in Puerto Rico [J]. Ambio, 2001, 30 (1): 49 – 54.

[59] Lu D, Weng Q. Use of Impervious Surface in Urban Land – Use Classification [J]. Remote Sensing of Environment, 2006, 102 (1): 146 – 160.

[60] Luo J, Wei Y. Modeling Spatial Variations of Urban Growth Patterns in Chinese Cities: The Case of Nanjing [J]. Landscape and Urban Planning, 2009, 91 (2): 51 – 64.

[61] Mcmillen D P. An Empirical – Model of Urban Fringe Land – Use [J]. Land Economics, 1989, 65 (2): 138 – 145.

[62] Mubareka S, Koomen E, Estreguil C, *et al.* Development of a Composite Index of Urban Compactness for Land Use Modeling Applications [J]. Landscape and Urban Planning, 2011, 103 (3 – 4): 303 – 317.

[63] Nee V. A Theory of Market Transition: From Redistribution to Markets in State Socialism [J]. American Sociological Review, 1989, 54 (5): 663 – 681.

[64] Oi J C. Fiscal Reform and the Economic Foundations of Local State Corporatism in China [J]. World Politics, 1992, 45 (1): 99 – 126.

[65] Overmars K P, Verburg P H, Veldkamp T A. Comparison of a Deductive and an Inductive Approach To Specify Land Suitability in a Spatially Explicit Land Use Model [J]. Land Use Policy, 2007, 24 (3): 584 – 599.

[66] Park S, Jeon S, Choi C. Mapping Urban Growth Probability in South Korea: Comparison of Frequency Ratio, Analytic Hierarchy Process, and Logistic Regression Models and Use of the Environmental Conservation Value Assessment [J]. Landscape and Ecological Engineering, 2012, 8 (1): 17 – 31.

[67] Pavlov A D. Space – Varying Regression Coefficients: A Semi – Para-

metric Approach Applied to Real Estate Markets [J]. Real Estate Economics, 2000, 28 (2): 249 -283.

[68] Roorda M J, Paez A, Morency C, *et al.* Trip Generation of Vulnerable Populations in Three Canadian Cities: A Spatial Ordered Probit Approach [J]. Transportation, 2010, 37 (3): 525 -548.

[69] Shaun B. Decentralisation, Globalisation and China' s Partial Re - Engagement with the Global Economy [J]. New Political Economy, 2000, 5 (2): 205 -226.

[70] Schneider A, Friedl M A, Potere D. Mapping Global Urban Areas Using Modis 500 - M Data: New Methods and Datasets Based on "Urban Ecoregions" [J]. Remote Sensing of Environment, 2010, 114 (8): 1733 -1746.

[71] Schneider A, Woodcock C E. Compact, Dispersed, Fragmented, Extensive? A Comparison of Urban Growth in Twenty - Five Global Cities Using Remotely Sensed Data, Pattern Metrics and Census Information [J]. Urban Studies, 2008, 45 (3): 659 -692.

[72] Semboloni F, Assfalg J, Armeni S. Citydev, an Interactive Multi - Agents Urban Model on the Web [J]. Computers, Environment and Urban Systems, 2004, 28 (1): 45 -64.

[73] Seto K C, Fragkias M, Guneralp B, *et al.* A Meta - Analysis of Global Urban Land Expansion [J]. Plos One, 2011, 6 (8): e23777.

[74] Seto K C, Fragkias M. Quantifying Spatiotemporal Patterns of Urban Land - Use Change in Four Cities of China with Time Series Landscape Metrics [J]. Landscape Ecology, 2005, 20 (7): 871 -888.

[75] Seto K C, Kaufmann R K. Modeling the Drivers of Urban Land Use Change in the Pearl River Delta, China: Integrating Remote Sensing With Socioeconomic Data [J]. Land Economics, 2003, 79 (1): 106 -121.

[76] Seto K C, Woodcock C E, Song C, *et al.* Monitoring Land - Use Change in the Pearl River Delta Using Landsat Tm [J]. International Journal of

Remote Sensing, 2002, 23 (10): 1985 -2004.

[77] Siedentop S, Fina S. Who Sprawls Most? Exploring the Patterns of Urban Growth across 26 European Countries [J]. Environment and Planning A, 2012, 44 (11): 2765 -2784.

[78] Skonhoft A, Solem H. Economic Growth and Land - use Changes: The Declining Amount of Wilderness Land in Norway [J]. Ecological Economics, 2001, 37 (1): 289 -301.

[79] Tan M H, Li X B, Lu C H. Urban Land Expansion and Arable Land Loss of the Major Cities in China in The 1990s [J]. Science in China Series D - Earth Sciences, 2005, 48 (9): 1492 -1500.

[80] Tan M H, Li X B, Xie H, *et al.* Urban Land Expansion and Arable Land Loss in China: A Case Study of Beijing - Tianjin - Hebei Region [J]. Land Use Policy, 2005, 22 (3): 187 -196.

[81] Tian G, Jiang J, Yang Z, *et al.* The Urban Growth, Size Distribution and Spatio - Temporal Dynamic Pattern of the Yangtze River Delta Megalopolitan Region, China [J]. Ecological Modelling, 2011, 222 (3): 865 -878.

[82] Verburg P H, Zhang Y M, Zhao S D, *et al.* Clue - S and Its Application for Simulating Temporal and Spatial Change of Land Use in Naiman Banner [J]. Journal of Natural Resources, 2003, 18 (3): 310 -318.

[83] Verburg P H, Van E J, De N T, *et al.* Determinants of Land - Use Change Patterns in the Netherlands [J]. Environment and Planning B - Planning & Design, 2004, 31 (1): 125 -150.

[84] Verburg P H, Soepboer W, Veldkamp A, *et al.* Modeling the Spatial Dynamics of Regional Land Use: The Clue - S Model [J]. Environmental Management, 2002, 30 (3): 391 -405.

[85] Wegener M. Operational Urban Models State of the Art [J]. Journal of the American Planning Association, 1994, 60 (1): 17 -29.

[86] Wei Y D. Restructuring for Growth in Urban China: Transitional In-

stitutions, Urban Development, and Spatial Transformation [J]. Habitat International, 2012, 36 (3): 396 -405.

[87] Wei Y Luo, J, Zhou Q. Location Decisions and Network Configurations of Foreign Investment in Urban China [J]. Professional Geographer, 2010, 62 (2): 264 -283.

[88] Wei Y. Planning Chinese Cities: The Limits of Transitional Institutions [J]. Urban Geography, 2005, 26 (3): 200 -221.

[89] Wei Y, Li W. M. Reforms, Globalization, and Urban Growth in China: The Case of Hangzhou [J]. Eurasian Geography and Economics, 2002, 43 (6): 459 -475.

[90] Wei Y D. Regional Development in China: States, Globalization and Inequality [M]. Routledge, 2013.

[91] Weng Q H. Land Use Change Analysis in the Zhujiang Delta of China Using Satellite Remote Sensing, GIS and Stochastic Modelling [J]. Journal of Environmental Management, 2002, 64 (3): 273 -284.

[92] White R, Engelen G, Uljee I. The Use of Constrained Cellular Automata for High - Resolution Modelling of Urban Land - Use Dynamics [J]. Environment and Planning B - Planning & Design, 1997, 24 (3): 323 -343.

[93] Wilson A G. Family of Spatial Interaction Models, and Associated Developments [J]. Environment and Planning, 1971, 3 (1): 1 -32.

[94] Wilson E H, Hurd J D, Civco D L, *et al.* Development of a Geospatial Model To Quantify, Describe and Map Urban Growth [J]. Remote Sensing of Environment, 2003, 86 (3): 275 -285.

[95] Wu F L. China' s Changing Urban Governance in the Transition towards a More Market - Oriented Economy [J]. Urban Studies, 2002, 39 (7): 1071 -1093.

[96] Wu K Y, Zhang H. Land Use Dynamics, Built - Up Land Expansion Patterns, and Driving Forces Analysis of the Fast - Growing Hangzhou Metropoli-

tan Area, Eastern China (1978 - 2008) [J]. Applied Geography, 2012, 34 (1): 137 - 145.

[97] Xi F M, Hu Y M, He H S, *et al.* Simulate Urban Growth Based on RS, GIS, and SLEUTH Model in Shenyang - Fushun Metropolitan Area Northeastern China [J]. 2009 Joint Urban Remote Sensing Event, 2009 (1 - 3): 959 - 968.

[98] Xiao J Y, Shen Y J, Ge J F, *et al.* Evaluating Urban Expansion and Land Use Change in Shijiazhuang, China, by Using GIS and Remote Sensing [J]. Landscape and Urban Planning, 2006, 75 (1 - 2): 69 - 80.

[99] Xu C, Liu M S, Zhang C, *et al.* The Spatiotemporal Dynamics of Rapid Urban Growth in the Nanjing Metropolitan Region of China [J]. Landscape Ecology, 2007, 22 (6): 925 - 937.

[100] Yeh A, Li X. Economic Development and Agricultural Land Loss in the Pearl River Delta, China [J]. Habitat International, 1999, 23 (3): 373 - 390.

[101] Yin J, Yin Z E, Zhong H D, *et al.* Monitoring Urban Expansion and Land Use/Land Cover Changes of Shanghai Metropolitan Area during the Transitional Economy (1979 - 2009) in China [J]. Environmental Monitoring and Assessment, 2011, 177 (1 - 4): 609 - 621.

[102] Yu X J, Ng C N. Spatial and Temporal Dynamics of Urban Sprawl Along Two Urban - Rural Transects: A Case Study of Guangzhou, China [J]. Landscape and Urban Planning, 2007, 79 (1): 96 - 109.

[103] Yuan F. Urban Growth Monitoring and Projection Using Remote Sensing and Geographic Information Systems: A Case Study in the Twin Cities Metropolitan Area, Minnesota [J]. Geocarto International, 2010, 25 (3): 213 - 230.

[104] Yue W Z, Liu Y, Fan P L. Polycentric Urban Development: the Case of Hangzhou [J]. Environment and Planning A, 2010, 42 (3): 563 - 577.

[105] Zhang H Y, Uwasu M, Hara K, *et al.* Sustainable Urban Develop-

ment and Land Use Change – A Case Study of the Yangtze River Delta in China [J]. Sustainability, 2011, 3 (7): 1074 – 1089.

[106] Zhang J X, Wu F L. China's Changing Economic Governance: Administrative Annexation and the Reorganization of Local Governments in the Yangtze River Delta [J]. Regional Studies, 2006, 40 (1): 3 – 21.

[107] Zhang Q A, Ban Y F, Liu J Y, *et al.* Simulation and Analysis of Urban Growth Scenarios for the Greater Shanghai Area, China [J]. Computers Environment and Urban Systems, 2011, 35 (2): 126 – 139.

[108] Zhang T W. Community Features and Urban Sprawl: The Case of the Chicago Metropolitan Region [J]. Land Use Policy, 2001, 18 (3): 221 – 232.

[109] Zhao P J. Too Complex To Be Managed? New Trends in Peri – Urbanisation and Its Planning in Beijing [J]. Cities, 2013 (30): 68 – 76.

[110] Zhao P J. Managing Urban Growth in a Transforming China: Evidence From Beijing [J]. Land Use Policy, 2011, 28 (1): 96 – 109.

[111] Zhao T, Liu J Y, Zhuang D F, *et al.* Environmental Effects of Urban Expansion in Medium – Sized Cities of China: A Case Study in Mianyang City [J]. Remote Sensing and Modeling of Ecosystems for Sustainability, 2004, 55 (44): 346 – 355.

[112] Zhou Y X, Ma L. China's Urban Population Statistics: A Critical Evaluation [J]. Eurasian Geography and Economics, 2005, 46 (4): 272 – 289.

[113] Zhou Y X, Ma L. Economic Restructuring and Suburbanization in China [J]. Urban Geography, 2000, 21 (3): 205 – 236.

[114] 毕秀晶，汪明峰，李健等．上海大都市区软件产业空间集聚与郊区化 [J]. 地理学报，2011，66 (12): 1682 – 1694.

[115] 蔡博峰，张增祥，刘斌等．基于遥感和 GIS 的天津城市空间形态变化分析 [J]. 地球信息科学，2007，9 (5): 89 – 93.

[116] 曹伟．城乡统筹发展下区域土地精明利用模式研究 [D]. 南京大学博士学位论文，2011.

［117］曾晖，杨平，朱建君．城市住宅价格影响因素的空间非平稳性分析［J］．湖南大学学报（自然科学版），2012，39（5）：88－92.

［118］潮洛濛，翟继武，韩倩倩．西部快速城市化地区近20年土地利用变化及驱动因素分析——以呼和浩特市为例［J］．经济地理，2010，30（2）：239－243.

［119］车前进，段学军，郭垚等．长江三角洲地区城镇空间扩展特征及机制［J］．地理学报，2011，66（4）：446－456.

［120］陈本清，徐涵秋．城市扩展及其驱动力遥感分析——以厦门市为例［J］．经济地理，2005，25（1）：79－83.

［121］陈江龙，高金龙，魏也华等．大都市区建设用地空间扩展机理研究——以南京市区为例［J］．地理科学，2013，33（6）：676－684.

［122］陈江龙，高金龙，徐梦月等．南京大都市区建设用地扩张特征与机理［J］．地理研究，2014，33（3）：427－438.

［123］陈明星，陆大道，张华．中国城市化水平的综合测度及其动力因子分析［J］．地理学报，2009，64（4）：387－398.

［124］陈爽，姚士谋，吴剑平．南京城市用地增长管理机制与效能［J］．地理学报，2009，64（4）：487－497.

［125］陈晓军，张洪业，刘盛和．北京城市边缘区土地用途转换宏观动因机制研究［J］．地理科学进展，2003，22（2）：149－157.

［126］陈佑启，周建明．城市边缘区土地利用的演变过程与空间布局模式［J］．国外城市规划，1998，12（1）：10－16.

［127］陈振汉，厉以宁．工业区位理论［M］．北京：人民出版社，1982.

［128］程兰，吴志峰，魏建兵等．城镇建设用地扩展类型的空间识别及其意义［J］．生态学杂志，2009（12）：2593－2599.

［129］程茂吉．基于精明增长视角的南京城市增长评价及优化研究［D］．南京师范大学博士学位论文，2012.

［130］崔雪竹，王要武．城市用地扩张的社会人文驱动机制——以上

海市为例的实证研究［J］. 土木工程学报，2012，45（2）：305－310.

［131］邓婧，唐文武，刘润润等. FUTURES：一种新型区域城市增长模型［J］. 地理科学进展，2013，32（1）：41－48.

［132］丁成日. 城市空间结构理论——单中心城市静态模型［J］. 城市发展研究，2006，13（4）：121－126.

［133］董冠鹏，张文忠，武文杰等. 北京城市住宅土地市场空间异质性模拟与预测［J］. 地理学报，2011，66（6）：750－760.

［134］董廷旭，秦其明，王建华. 近30年来绵阳市城市用地扩展模式研究［J］. 地理研究，2011，30（4）：667－675.

［135］段进，马清亮. 城市边缘区空间结构演化的机制分析［J］. 城市规划，1990，12（2）：38－42.

［136］樊纲，王小鲁，马光荣. 中国市场化进程对经济增长的贡献［J］. 经济研究，2011，12（9）：4－16.

［137］封建民，赵敏宁，李晓华. 近30年来西安市城市用地扩展时空变化研究［J］. 水土保持研究，2013，20（4）：183－188.

［138］冯健，周一星. 北京都市区社会空间结构及其演化（1982－2000）［J］. 地理研究，2003，22（4）：465－483.

［139］傅伯杰. 景观生态学原理及应用［M］. 北京：科学出版社，2011.

［140］傅伯杰，陈利顶. 景观多样性的类型及其生态意义［J］. 地理学报，1996，51（5）：454－462.

［141］高金龙. 城市建设用地扩张模式与机理研究：以南京市区为例［D］. 中国科学院大学硕士学位论文，2013.

［142］高金龙，陈江龙，袁丰等. 南京市区建设用地扩张模式、功能演化与机理［J］. 地理研究，2014，33（10）：1892－1907.

［143］顾朝林，陈田，丁金宏等. 中国大城市边缘区特性研究［J］. 地理学报，1993，48（4）：317－328.

［144］顾朝林，丁金宏，陈田等. 中国大城市边缘区研究［M］. 北京：

科学出版社，1995.

[145] 郭晋平，张云香．关帝山林区景观要素空间关联度与景观格局分析 [J]．林业科学，1999，35 (5)：28 - 33.

[146] 郭永昌．大城市边缘外来人口的空间集聚与重构——以上海市闵行区为例 [J]．地域研究与开发，2006，25 (5)：32 - 36.

[147] 何春阳，陈晋，史培军等．基于 CA 的城市空间动态模型研究 [J]．地球科学进展，2002，17 (2)：186 - 195.

[148] 何明俊．西方城市规划理论范式的转换及对中国的启示 [J]．城市规划，2008，32 (2)：71 - 77.

[149] 贺灿飞，潘峰华．中国城市产业增长研究：基于动态外部性与经济转型视角 [J]．地理研究，2009，28 (3)：726 - 737.

[150] 侯敏，朱荣付．北京地区交通对城市空间形态的影响研究 [J]．测绘通报，2007，12：59 - 61.

[151] 胡序威，周一星，顾朝林．中国沿海城镇密集地区空间集聚与扩散研究 [M]．北京：科学出版社，2000.

[152] 黄宝荣，张慧智．城乡结合部人—环境系统关系研究综述 [J]．生态学报，2012，32 (23)：7021 - 7067.

[153] 黄焕春，运迎霞．基于改进 Logistic - CA 的城市形态多情景模拟预测分析——以天津滨海地区为例 [J]．地球信息科学学报，2013，15 (3)：380 - 388.

[154] 黄季焜，朱莉芬，邓祥征．中国建设用地扩张的区域差异及其影响因素 [J]．中国科学 (D 辑：地球科学)，2007，37 (9)：1235 - 1241.

[155] 黄明，张学霞，张建军等．基于 CLUE - S 模型的罗玉沟流域多尺度土地利用变化模拟 [J]．资源科学，2012，34 (4)：769 - 776.

[156] 黄庆旭，何春阳，史培军等．城市扩展多尺度驱动机制分析——以北京为例 [J]．经济地理，2009，29 (5)：714 - 721.

[157] 解利剑，周素红，闫小培．近年来中国城市化与全球环境变化研究述评 [J]．地理科学进展，2010，25 (8)：952 - 960.

［158］晋秀龙．城市边缘区土地利用类型及空间扩展模式［J］．资源开发与市场，2000，16（6）：351－353.

［159］匡文慧，刘纪远，张增祥等．21 世纪初中国人工建设不透水地表遥感监测与时空分析［J］．科学通报，2013，58（5－6）：465－478.

［160］匡文慧，邵全琴，刘纪远等．1932 年以来北京主城区土地利用空间扩张特征与机制分析［J］．地球信息科学学报，2009，11（4）：428－435.

［161］黎夏，叶嘉安．基于神经网络的元胞自动机及模拟复杂土地利用系统［J］．地理研究，2005，24（1）：19－27.

［162］黎夏，叶嘉安，刘小平．地理模拟系统在城市规划中的应用［J］．城市规划，2006，30（6）：69－74.

［163］李灿，张凤荣，朱泰峰等．大城市边缘区景观破碎化空间异质性——以北京市顺义区为例［J］．生态学报，2013（17）：5363－5374.

［164］李春林，刘淼，胡远满等．基于增强回归树和 Logistic 回归的城市扩展驱动力分析［J］．生态学报，2014，34（3）：727－77.

［165］李飞雪，李满春，刘永学等．建国以来南京城市扩展研究［J］．自然资源学报，2007，22（4）：524－535.

［166］李加林，许继琴，李伟芳等．长江三角洲地区城市用地增长的时空特征分析［J］．地理学报，2007，62（4）：437－447.

［167］李建伟．空间扩张视角的大中城市新区生长机理研究［D］．西北大学博士学位论文，2012.

［168］李俊祥，王玉洁，沈晓虹等．上海市城乡梯度景观格局分析［J］．生态学报，2004，24（9）：1973－1980.

［169］李丽，迟耀斌，王智勇等．改革开放 30 年来中国主要城市扩展时空动态变化研究［J］．自然资源学报，2009，24（11）：1933－1943.

［170］李黎．广州城市边缘区规划管理研究［D］．华中科技大学博士学位论文，2006.

［171］李明杰，钱乐祥，吴志峰等．广州市海珠区高密度城区扩展 SLEUTH 模型模拟［J］．地理学报，2010，65（10）：1163－1172.

[172] 李小建. 经济地理学 [M]. 北京：高等教育出版社，1999.

[173] 李晓文，方精云，朴世龙. 上海及周边主要城镇城市用地扩展空间特征及其比较 [J]. 地理研究，2003，22 (6)：769-779.

[174] 李志，周生路，张红富等. 基于GWR模型的南京市住宅地价影响因素及其边际价格作用研究 [J]. 中国土地科学，2009，23 (10)：20-25.

[175] 梁进社. 中国建设用地省际分布的统计分析 [J]. 地球科学进展，2002，17 (2)：196-200.

[176] 廖从健，黄敬峰，盛莉等. 基于遥感的杭州城市建成区扩展研究 [J]. 城市发展研究，2013，20 (6)：58-60.

[177] 廖和平，彭征，洪惠坤等. 重庆市直辖以来的城市空间扩展与机制 [J]. 地理研究，2007，26 (6)：1146-1337.

[178] 林目轩，师迎春，陈秧分等. 长沙市区建设用地扩张的时空特征 [J]. 地理研究，2007，26 (2)：265-274.

[179] 刘登娥，陈爽. 近30年来苏锡常城市增长形态过程与聚散规律 [J]. 地理科学，2012，32 (1)：47-54.

[180] 刘纪远，匡文慧，张增祥等. 20世纪80年代末以来中国土地利用变化的基本特征与空间格局 [J]. 地理学报，2014，69 (1)：3-14.

[181] 刘纪远，邵全琴，延晓冬等. 土地利用变化对全球气候影响的研究进展与方法初探 [J]. 地球科学进展，2011，26 (10)：1015-1022.

[182] 刘纪远，邓祥征. LUCC时空过程研究的方法进展 [J]. 科学通报，2009，54 (21)：3251-3258.

[183] 刘纪远，张增祥，徐新良等. 21世纪初中国土地利用变化的空间格局与驱动力分析 [J]. 地理学报，2009，64 (12)：1411-1420.

[184] 刘纪远，战金艳，邓祥征. 经济改革背景下中国城市用地扩展的时空格局及其驱动因素分析 [J]. AMBIO-人类环境杂志，2005，34 (6)：444-449.

[185] 刘纪远，王新生，庄大方等. 凸壳原理用于城市用地空间扩展类型识别 [J]. 地理学报，2003，58 (6)：885-892.

［186］刘江，崔胜辉，唐立娜等．半城市化地区形态及空间分布特征——以厦门市集美区为例［J］．地理科学进展，2010（5）：579－585.

［187］刘克华．基于精明增长的城市用地扩展调控研究［D］．南京大学博士学位论文，2010.

［188］刘瑞，朱道林，朱战强等．基于 Logistic 回归模型的德州市城市建设用地扩张驱动力分析［J］．资源科学，2009，31（11）：1919－1926.

［189］刘盛和．城市土地利用扩展的空间模式与动力机制［J］．地理科学进展，2002，21（1）：43－50.

［190］刘盛和，吴传钧，沈洪泉．基于 GIS 的北京城市土地利用扩展模式［J］．地理学报，2000，55（4）：407－416.

［191］柳思维，周洪洋．人口城镇化、土地城镇化对流通业产出效率影响的空间计量分析［J］．经济地理，2016，36（12）：51－59.

［192］刘世薇，张平宇，李静．黑龙江垦区城镇化动力机制分析［J］．地理研究，2013，32（11）：2066－2078.

［193］刘书楷，曲福田．土地经济学［M］．北京：中国农业出版社，2004.

［194］刘曙华，沈玉芳．上海城市扩展模式及其动力机制［J］．经济地理，2006，26（3）：487－491.

［195］刘涛，曹广忠．城市用地扩张及驱动力研究进展［J］．地理科学进展，2010，29（8）：927－934.

［196］刘小平，黎夏，陈逸敏等．景观扩张指数及其在城市扩展分析中的应用［J］．地理学报，2009，64（12）：1430－1438.

［197］刘小平，黎夏，彭晓鹃．“生态位”元胞自动机在土地可持续规划模型中的应用［J］．生态学报，2007，27（6）：2391－2402.

［198］刘勇，吴次芳，岳文泽等．基于 SLEUTH 模型的杭州市城市扩展研究［J］．自然资源学报，2008，23（5）：797－807.

［199］龙瀛，毛其智，沈振江等．综合约束 CA 城市模型：规划控制约束及城市增长模拟［J］．城市规划学刊，2008，12（6）：83－91.

［200］隆学文，马新辉．首都圈“京津冀”三轴线城市空间格局的遥感分析［J］．地球信息科学学报，2011，13（3）：367－373.

［201］陆大道，姚士谋．中国城镇化进程的科学思辨［J］．人文地理，2007，22（4）：1－5.

［202］陆大道．我国的城镇化进程与空间扩张［J］．城市规划学刊，2007，10（4）：14－17.

［203］陆大道．区位论及区域研究方法［M］．北京：科学出版社，1988.

［204］罗罡辉．基于 GWR 模型的城市住宅地价空间结构研究［D］．浙江大学博士学位论文，2007.

［205］雒占福．基于精明增长的城市空间扩展研究［D］．西北师范大学博士学位论文，2009.

［206］吕萍，甄辉．基于 GWR 模型的北京市住宅用地价格影响因素及其空间规律研究［J］．经济地理，2010，30（3）：472－478.

［207］吕志强，代富强，周启刚．“交通廊道蔓延”视角下山地城市典型样带空间格局梯度分析［J］．生态学报，2014，34（9）：2442－2449.

［208］马荣华，陈雯，陈小卉等．常熟市城镇用地扩展分析［J］．地理学报，2004，59（3）：418－426.

［209］买静，张京祥．地方政府企业化主导下的新城空间开发研究——基于常州市武进新城区的实证［J］．城市规划学刊，2013，12（3）：54－60.

［210］麦肯锡全球研究院．迎接中国十亿城市大军［A］．2008.

［211］毛蒋兴，闫小培．国外城市交通系统与土地利用互动关系研究［J］．城市交通，2004，28（7）：64－69.

［212］毛蒋兴，闫小培．基于城市土地利用模式与交通模式互动机制的大城市可持续交通模式选择：以广州为例［J］．人文地理，2005，83（3）：107－114.

［213］米丽娜．基于 SLEUTH 模型的银川市空间扩展研究［D］．兰州

大学硕士学位论文，2008.

［214］牟凤云，张增祥，迟耀斌等．基于多源遥感数据的北京市1973~2005年间城市建成区的动态监测与驱动力分析［J］．遥感学报，2007，11（2）：257－268.

［215］聂婷，肖荣波，王国恩等．基于Logistic回归的CA模型改进方法——以广州市为例［J］．地理研究，2010，29（10）：1909－1919.

［216］宁越敏．中国都市区和大城市群的界定——兼论大城市群在区域经济发展中的作用［J］．地理科学，2011，31（3）：257－263.

［217］宁越敏．新城市化进程——90年代中国城市化动力机制和特点探讨［J］．地理学报，1998，53（5）：470－477.

［218］农宇，王坤，杜清运．利用多分类Logistic回归进行土地利用变化模拟——以湖北省嘉鱼县为例［J］．武汉大学学报（信息科学版），2011，36（6）：743－746.

［219］欧向军，甄峰，秦永东等．区域城市化水平综合测度及其理想动力分析——以江苏省为例［J］．地理研究，2008a，27（5）：993－1002.

［220］乔伟峰，毛广雄，王亚华等．近32年来南京城市扩展与土地利用演变研究［J］．地球信息科学学报，2016，18（2）：200－209.

［221］钱紫华，陈晓键．西安城市边缘区空间扩展研究［J］．人文地理，2005，20（3）：54－58.

［222］秦向东，闵庆文．元胞自动机在景观格局优化中的应用［J］．资源科学，2007，29（4）：85－91.

［223］邱扬，张金屯，郑凤英．景观生态学的核心：生态学系统的时空异质性［J］．生态学杂志，2000，19（2）：42－49.

［224］渠爱雪，仇方道．徐州城市建设用地扩展过程与格局研究［J］．地理科学，2013，33（1）：61－68.

［225］曲福田，陈江龙，陈雯．农地非农化经济驱动机制的理论分析与实证研究［J］．自然资源学报，2005，20（2）：231－241.

［226］全泉，田光进，沙默泉．基于多智能体与元胞自动机的上海城

市扩展动态模拟［J］. 生态学报，2011，31（10）：2875－2887.

［227］全泉，田光进，王健．长江三角洲四城市城镇化过程景观动态变化格局比较［J］. 生态学杂志，2009，28（4）：721－727.

［228］任奎．土地资源约束下区域精明发展研究［D］. 南京大学博士学位论文，2009.

［229］沈阳，周生路，李春华等．城市边缘区土地利用总体规划初探——以温州市鹿城区为例［J］. 经济地理，1999，19（3）：36－40.

［230］石忆邵，王贺封．经济全球化是否导致了更大的城市——世界与中国的实证分析［J］. 城市规划学刊，2012，12（1）：40－47.

［231］史春云，张捷，尤海梅等．四川省旅游区域核心—边缘空间格局演变［J］. 地理学报，2007，62（6）：631－639.

［232］史培军，王静爱，冯文利等．中国土地利用/覆盖变化的生态环境安全响应与调控［J］. 地球科学进展，2006，21（2）：111－119.

［233］史培军，陈晋，潘耀忠．深圳市土地利用变化机制分析［J］. 地理学报，2000，55（2）：151－160.

［234］宋家宁，张清勇．国内城乡结合部土地利用研究综述［J］. 中国土地科学，2009，23（11）：76－80.

［235］谈明洪，李秀彬，吕昌河．20 世纪 90 年代中国大中城市建设用地扩张及其对耕地的占用［J］. 中国科学（D 辑：地球科学），2004，34（12）：1157－1165.

［236］谈明洪，李秀彬，吕昌河．我国城市用地扩张的驱动力分析［J］. 经济地理，2003，23（5）：635－639.

［237］汤茂林，陈爽，陈雯．区域与城市发展论［M］. 北京：中国科学技术大学出版社，2004.

［238］汤庆园，徐伟，艾福利．基于地理加权回归的上海市房价空间分异及其影响因子研究［J］. 经济地理，2012，32（2）：52－58.

［239］唐礼智．我国城市用地扩展影响因素的实证研究——以长江三角洲和珠江三角洲为比较分析对象［J］. 厦门大学学报（哲学社会科学

版), 2007, 12 (6): 90 - 96.

[240] 田光进, 庄大方. 基于遥感与 GIS 的中国城镇用地扩展特征 [J]. 生态学杂志, 2004, 23 (1): 44 - 47.

[241] 田光进, 庄大方. 90 年代中国城镇用地动态变化的遥感监测 [J]. 资源科学, 2003, 25 (3): 77 - 82.

[242] 田光进. 基于遥感与 GIS 的中国城镇用地扩展特征 [J]. 地球科学进展, 2003, 18 (4): 504 - 508.

[243] 涂小松, 濮励杰, 吴骏等. 基于 SLEUTH 模型的无锡市区土地利用变化情景模拟 [J]. 长江流域资源与环境, 2008, 17 (6): 860 - 865.

[244] 王发曾, 唐乐乐. 郑州城市边缘区的空间演变、扩展与优化 [J]. 地域研究与开发, 2009, 28 (6): 51 - 57.

[245] 王海军, 贺三维, 张文婷等. 顾及障碍空间距离和区域差异的元胞自动机城市扩展模型构建 [J]. 武汉大学学报 (信息科学版), 2011, 36 (8): 999 - 1002.

[246] 王济川, 郭志刚. Logistic 回归模型: 方法与应用 [M]. 北京: 高等教育出版社, 2001.

[247] 王婧, 方创琳. 城市建设用地增长研究进展与展望 [J]. 地理科学进展, 2011, 30 (11): 1440 - 1448.

[248] 王俊松, 贺灿飞. 转型期中国城市土地空间扩张问题研究——基于 Muth - Mill 模型的实证检验 [J]. 城市发展研究, 2009, 16 (3): 24 - 31.

[249] 王雷, 李丛丛, 应清等. 中国 1990 ~ 2010 年城市扩张卫星遥感制图 [J]. 科学通报, 2012, 57 (16): 1388 - 1403.

[250] 王磊, 段学军. 长江三角洲地区城市空间扩展研究 [J]. 地理科学, 2010, 30 (5): 702 - 709.

[251] 王良健, 师迎春, 林目轩. BP 神经网络结合小波处理在城市扩张预测中的应用——以长沙市区为例 [J]. 中国土地科学, 2008, 12 (1): 39 - 47.

[252] 王祁春, 李诚固, 丁万军. 长春市城市地域结构体系研究 [J].

地理科学，2001，21（1）：81－88.

［253］王茜，林钰源，宋金平等．北京城市边缘区建设用地扩展分析：以大兴区为例［J］．北京师范大学学报（自然科学版），2014，50（1）：83－88.

［254］王涛，杨强．基于RS和GIS的城市扩展特征及驱动机制差异性分析——以南通地区为例［J］．遥感技术与应用，2011，26（3）：365－374.

［255］王伟武，金建伟，肖作鹏等．近18年来杭州城市用地扩展特征及其驱动机制［J］．地理研究，2009，28（3）：685－695.

［256］王勇，李广斌．权利的社会回归——论城市规划的非市场缺陷［J］．规划师，2009，25（2）：56－61.

［257］王钊，杨山，王玉娟等．基于最小阻力模型的城市空间扩展冷热点格局分析——以苏锡常地区为例［J］．经济地理，2016，36（3）：57－64.

［258］魏后凯，张燕．全面推进中国城镇化绿色转型的思路与举措［J］．经济纵横，2011，12（9）：15－19.

［259］魏后凯．外商直接投资对中国区域经济增长的影响［J］．经济研究，2002，12（4）：19－26.

［260］魏伟，周婕，许峰．大城市边缘区土地利用时空格局模拟——以武汉市洪山区为例［J］．长江流域资源与环境，2006，15（2）：174－179.

［261］魏冶，修春亮，孙平军．21世纪以来中国城镇化动力机制分析［J］．地理研究，2013，32（9）：1679－1687.

［262］邬建国．景观生态学——格局、过程、尺度与等级（第二版）［M］．北京：高等教育出版社，2007.

［263］邬建国．景观生态学——格局、过程、尺度与等级［M］．高等教育出版社，2000.

［264］吴桂平，曾永年，冯学智等．CLUE－S模型的改进与土地利用变化动态模拟——以张家界市永定区为例［J］．地理研究，2010，29（3）：460－470.

［265］吴桂平，曾永年，邹滨等．AutoLogistic方法在土地利用格局模拟中的应用——以张家界市永定区为例［J］．地理学报，2008（2）：156－164.

［266］ 吴莉娅，顾朝林．全球化、外资与发展中国家城市化——江苏个案研究［J］．城市规划，2005，29（7）：28－33.

［267］ 吴良镛．中国城市发展的科学问题［J］．城市发展研究，2004，11（1）：9－13.

［268］ 吴巍，周生路，魏也华等．中心城区城市增长的情景模拟与空间格局演化［J］．地理研究，2013，32（11）：2041－2054.

［269］ 吴巍，周生路，魏也华等．城乡结合部土地资源城镇化的空间驱动模式分析［J］．农业工程学报，2013，29（16）：220－228.

［270］ 吴巍，周生路，杨得志等．规划跨江通道对滨江副城建设用地增长的影响研究——以南京市浦口区为例［J］．地理科学，2011，31（7）：827－835.

［271］ 吴文斌，杨鹏，柴崎亮介等．基于 Agent 的土地利用/土地覆盖变化模型的研究进展［J］．地理科学，2007，27（4）：573－578.

［272］ 吴晓青，胡远满，贺红士等．沈阳市城市扩展与土地利用变化多情景模拟［J］．地理研究，2009，28（5）：1264－1275.

［273］ 吴铮争，宋金平，王晓霞等．北京城市边缘区城市化过程与空间扩展——以大兴区为例［J］．地理研究，2008，27（2）：285－293.

［274］ 郗凤明，贺红士，胡远满等．辽宁中部城市群城市增长时空格局及其驱动力［J］．应用生态学报，2010，21（3）：707－713.

［275］ 肖笃宁．环渤海三角洲湿地的景观生态学研究［M］．北京：科学出版社，2001.

［276］ 肖捷颖，葛京凤，沈彦俊等．基于 GIS 的石家庄市城市土地利用扩展分析［J］．地理研究，2003，22（6）：789－798.

［277］ 肖翔，李扬帆，朱晓东．基于土地利用驱动力的马尔科夫模型及其应用［J］．土壤，2011，43（5）：822－827.

［278］ 谢花林，李波．基于 Logistic 回归模型的农牧交错区土地利用变化驱动力分析——以内蒙古翁牛特旗为例［J］．地理研究，2008，27（2）：294－304.

［279］许学强，周一星，宁越敏．城市地理学［M］．北京：高等教育出版社，1997.

［280］徐杰，罗震东，尹海伟等．基于 SLEUTH 模型的昆山市城市扩展模拟研究［J］．地理与地理信息科学，2016，32（5）：59－64.

［281］薛东前．城市土地扩展规律和约束机制——以西安市为例［J］．自然资源学报，2002，17（6）：729－736.

［282］薛凤旋，杨春．外资：发展中国家城市化的新动力——珠江三角洲个案研究［J］．地理学报，1997，52（3）：193－206.

［283］闫小培，林彰平．20 世纪 90 年代中国城市发展空间差异变动分析［J］．地理学报，2004，59（3）：437－445.

［284］杨存建，张果，陈军等．基于遥感的成都市及其周边城镇的扩展［J］．地理研究，2008，27（1）：100－108.

［285］杨得志．跨江通道对滨江副城用地增长及地价的影响研究——以南京市浦口区为例［D］．南京大学博士学位论文，2010.

［286］杨青生，黎夏，刘小平．基于 Agent 和 CA 的城市土地利用变化研究［J］．地球信息科学，2005，7（2）：78－81.

［287］杨山，陈升．快速城市化地区城乡结合部及其用地结构演变——以无锡市为例［J］．地理研究，2009，28（5）：1255－1263.

［288］杨吾扬，杨齐．论城市的地域结构［J］．地理研究，1986，5（1）：1－11.

［289］姚士谋，陆大道，王聪等．中国城镇化需要综合性的科学思维——探索适应中国国情的城镇化方式［J］．地理研究，2011，30（11）：1947－1955.

［290］姚士谋，陈爽，吴建楠等．中国大城市用地空间扩展若干规律的探索——以苏州市为例［J］．地理科学，2009，29（1）：15－21.

［291］姚玉龙，刘普幸，陈丽丽等．近 30 年来合肥市城市扩展遥感分析［J］．经济地理，2013，33（9）：65－72.

［292］叶嘉安，徐江，易虹．中国城市化的第四波［J］．城市规划，

2006, 30 (增刊): 13 - 18.

[293] 殷文杰. 大都市郊区发展的理论与实践探索 [D]. 华东师范大学博士学位论文, 2007.

[294] 尹占娥, 殷杰, 许世远等. 转型期上海城市化时空格局演化及驱动力分析 [J]. 中国软科学, 2011, 12 (2): 101 - 109.

[295] 喻红, 曾辉, 江子瀛. 快速城市化地区景观组分在地形梯度上的分布特征研究 [J]. 地理科学, 2001, 21 (1): 64 - 69.

[296] 袁丰. 大都市制造业集聚格局、机理与城市化效应研究——以苏州和无锡为例 [D]. 中国科学院南京地理与湖泊研究所博士学位论文, 2011.

[297] 袁丰, 魏也华, 陈雯等. 苏州市区信息通讯企业空间集聚与新企业选址 [J]. 地理学报, 2010, 65 (2): 153 - 163.

[298] 约翰·弗里德曼, 曹新新. 重温规划理论 [J]. 国外城市规划, 2005, 12 (5): 37 - 42.

[299] 翟国强. 中国现代大城市中心城区边缘区的发展与建设 [D]. 天津大学博士学位论文, 2007.

[300] 张波. Logistic 回归模型中自变量相对重要性的评价方法 [D]. 宁波大学硕士学位论文, 2012.

[301] 张鸿辉, 王丽萍, 金晓斌等. 基于多智能体系统的城市增长时空动态模拟——以江苏省连云港市为例 [J]. 地理科学, 2012, 32 (11): 1289 - 1296.

[302] 张京祥, 吴佳, 殷洁. 城市土地储备制度及其空间效应的检讨 [J]. 城市规划, 2007, 31 (12): 26 - 34.

[303] 张京祥, 殷洁, 罗小龙. 地方政府企业化主导下的城市空间发展与演化研究 [J]. 人文地理, 2006, 21 (4): 1 - 6.

[304] 张景华, 吴志峰, 吕志强等. 城乡样带景观梯度分析的幅度效应 [J]. 生态学杂志, 2008, 27 (6): 978 - 984.

[305] 张庭伟. 1990 年代中国城市空间结构的变化及其动力机制 [J]. 城

市规划，2001，25（7）：7－14.

［306］张显峰．基于 CA 的城市扩展动态模拟与预测［J］．中国科学院研究生院学报，2000，17（1）：70－79.

［307］张晓明．长江三角洲巨型城市区特征分析［J］．地理学报，2006，61（10）：1025－1036.

［308］张新焕，杨德刚，陈曦．乌鲁木齐近50年城市用地动态扩展及其机制分析［J］．干旱区地理，2005，28（2）：263－269.

［309］张雪峰，杨晏立，何政伟等．苏、锡、常建成区遥感方法提取及城市扩展分析［J］．测绘科学，2011，36（2）：113－115.

［310］张振龙，李少星，张敏．南京市1988～2007年城市扩展空间要素分析［J］．城市问题，2007，12（9）：25－31.

［311］张治清，陈静，胡艳等．永川区城市时空扩展动力机制研究［J］．重庆交通大学学报（自然科学版），2011，30（1）：180－184.

［312］赵和生．城市规划与城市发展［M］．南京：东南大学出版社，1999.

［313］郑凯迪，徐新良，张学霞等．上海市城市空间扩展时空特征与预测分析［J］．地球信息科学学报，2012，14（4）：490－496.

［314］周捷．大城市边缘区理论及对策研究［D］．同济大学博士学位论文，2007.

［315］周民良．经济重心、区域差距与协调发展［J］．北京：中国社会科学，2000，12（2）：42－53.

［316］周伟林，严冀．城市经济学［M］．上海：复旦大学出版社，2004.

［317］朱喜钢．城市空间集中与分散论［M］．北京：中国建筑工业出版社，2002.

［318］卓莉，李强，史培军等．基于夜间灯光数据的中国城市用地扩展类型［J］．地理学报，2006，61（2）：169－178.

后　记

本书是在我的博士论文基础上修改完成的，是迄今为止我投入精力和倾注心血最多的一部学术研究。从最初的选题到现在的成书，期间经历了许多，既有取得博士学位、发表重要学术论文、获得国家青年基金资助的无尽喜悦，也经历了生活的跌宕与艰难、对学术的困惑与动摇。本书的完成和出版是对我硕博六年学习与研究的一个总结，见证了我的学术探索与成长过程。

本书是在周生路教授、魏也华教授的悉心指导下完成的。从研究的选题到工作的开展，再到本书的成稿，都倾注了两位导师大量的心血。两位导师品德高尚、胸怀坦荡、为人坦诚、学术严谨，特别是做人、做事、做学问的态度，都是我今后学习的榜样。自2008年进入南京大学学习以来，至今已经6年了，恩师周生路教授不仅在科学研究上对我严格要求，在生活上也给予了无微不至的关怀，“踏实做人、务实做事、抓紧时间学习”是他一直以来对我的忠告，“二吃”、“三色”、“四气”是他指导我做人做事的基本原则与方法。魏也华教授给了我到美国犹他大学地理系联合培养的机会，并在国外生活上提供了无私的关心与帮助，让我在攻读博士期间开拓了研究视野，汲取了较多的先进学术思想和研究方法。

在本书的完成过程中，还得到中园科学院南京地理与湖泊所的陈江龙研究员、南京师范大学的管卫华教授、南京大学的吴绍华副教授以及美国犹他大学的廖海峰博士的无私帮助与宝贵建议，在我遇到困难时总能给我指明前进的方向。

感谢妻子曹彬彬长期以来对我工作的理解、支持与鼓励，使我能够专心于研究工作，亲不言谢，唯有以不懈努力回报。

吴　巍

2017 年 7 月